U0539280

歷史文化叢刊

國民黨政權綏靖體系研究
（1945-1949）

王涵 著

本研究成果由「國家資助博士後研究人員計畫」（GZC2023078）資助。

自序

　　這份書稿最初構思醞釀於二〇二〇年十月，初稿寫就於二〇二三年三月，後不斷修改，直到如今呈現出目前的狀態。這一過程其實源自於我個人對國民黨政權組織架構及其組織體系的興趣。

　　除緒論外，本書內容總體分為五章。

　　第一章，主要探討「綏靖」在國民黨統治架構中的源流嬗變。「綏靖」一詞在傳統政治文化中具有豐富的意涵，國民黨從中汲取了有利於自身統治合法性構建的成分予以闡發。

　　第二章，聚焦戰後綏靖體系的重建及其初期組織形態。國民黨政權在戰後將重建綏靖體系與整軍復員雙軌並進。綏靖公署多由抗戰時期的戰區轉設而來，而綏靖區則多為集團軍或方面軍轉化而來。此番轉設不只是機構名稱的變更，更是體制機制的轉軌。

　　第三章，考察綏靖體系如何與國民黨政權原有統治架構進行銜接與配合。綏靖體系重建的過程，幾乎與國民黨中央軍事機構改組相伴隨。而綏靖機構的職責及其人員組成決定了其濃烈的軍事色彩，因而其首先要與新軍事中樞從軍令與軍政這兩條主線確立關係。綏靖體系始終以「一元化」為推進目標，勢必要與原有的地方黨政機構發生摩擦與衝突。

　　第四章，關注綏靖區綏靖政務推行的核心問題——土地問題與農村金融問題。社會輿論對此有「借水行舟」之呼籲，敦勸國民政府在綏靖區試點土地改革，嘗試解決土地問題。國民黨內部亦有力量積極推動，迫使高層意識到必須有所動作，方有《綏靖區土地處理辦法》

及配套法令出臺。法令條文雖然規定豁免田賦、重新分配土地等具體細節，但在政策推行中，因內外環境之故，又最終變質走樣或形同具文。與此同時，農村金融政策也是國民黨施行綏靖區政務、穩定社會局勢不可或缺的政策工具。在此期間，陳果夫一脈人馬借機掌控的中國農民銀行及中央合作金庫，但其向綏靖區鄉村拓展滲透的結果並不使人滿意，沒有發揮應有作用，反倒成為派系斂財的工具。

第五章，以綏靖區總體戰為中心來探討綏靖體系如何走向極端化。綏靖區總體戰方案出臺與綏靖體系自身的劇烈變化密切相關。綏靖體系至一九四七年下半年業已明顯運轉不暢，國民黨決定對其進行大手術，正式確立綏靖區制。綏靖區司令官直接兼任轄區行政長，職能權限大為擴充，綏靖區成為名副其實的軍政合一機構。國民黨此舉意在向總體戰邁進，藉以統一事權與革新陣容。綏靖體系在總體戰框架下逐漸走向極端化。圍繞綏靖區總體戰的方案設計，蔣、桂派系之間既有博弈又有妥協。白崇禧走上前臺主導方案制定，既與其意圖施展自身軍事理念有關，又有維護乃至強化桂系自身派系利益之意。以白崇禧出鎮華中為標誌，綏靖區總體戰方略全面推開。白崇禧督率所屬強力推行政治、軍事、經濟三位一體的方略，對民力進行竭澤而漁似的極致動員，擴充地方團隊武裝及驅使民眾。

總的來看，綏靖區總體戰的推行對於短期內穩定國民黨局部統治區的秩序以及個別戰役的成敗確有一定成效。但這種竭澤而漁似的作法，於國民黨政權而言更近乎於飲鴆止渴。綏靖體系也因之在國共兩黨戰略決戰中走向覆滅。

目次

自序 ………………………………………………………………… 1

緒論 ……………………………………………………………… 1
    一　選題緣起 …………………………………………………… 1
    二　研究綜述 …………………………………………………… 8
    三　研究思路 …………………………………………………… 19

第一章　「綏靖」在國民黨統治架構中的源流嬗變 ………… 23
    第一節　綏靖體系在國民黨內的思想淵源 …………………… 23
        一　「綏靖」在傳統政治文化中的意涵與蔣介石的經驗認知 23
        二　國民黨宣傳機器對於綏靖體系的合法性構建 …………… 30
    第二節　綏靖體系的雛形與早期實踐 ………………………… 36
        一　國民黨政權統一全國後鎮撫地方的初步安排 …………… 36
        二　國民黨彈壓國內政敵與辦理善後的中央派出機構 ……… 46
        三　地方實力派對於所轄地區的升級管控 …………………… 64
    第三節　全國抗戰時期綏靖機構的起落 ……………………… 74
        一　戰時體制從上至下逐步確立 ……………………………… 74
        二　全國抗戰期間綏靖機構的處境 …………………………… 79
    小結 ……………………………………………………………… 89

第二章　戰後綏靖體系的重建及其初期組織形態 ……… 91

第一節　整軍復員與體系轉換 …………………………… 91
一　整軍與綏靖雙軌並進：國民黨高層的戰略意圖 ………… 91
二　銜接與過渡：從戰區到綏靖公署與從方面軍、集團軍到綏靖區 ………………………………………………… 105

第二節　綏靖體系內部初期的組織形態 ………………… 117
一　綏靖公署、綏靖區的組織架構及其關鍵職權 ………… 117
二　矛盾與妥協：圍繞綏靖機構主官人事的派系博弈 …… 129

小結 …………………………………………………………… 140

第三章　綏靖體系與國民黨政權原有統治架構之關係 ……………………………………………… 143

第一節　綏靖機構與國民黨軍事中樞之互動 …………… 143
一　軍令與軍政兩條線的梳理：綏靖機構與新軍事中樞關係之確立 ………………………………………………… 143
二　軍事中樞指導綏靖區地方武力建設與組建「人民服務總隊」 …………………………………………………… 151
三　垂直而下的耳目：綏靖系統中的情報機構及其情報網 · 166

第二節　強行「一元化」：綏靖體系與地方黨政機構之關係 …… 174
一　編組保甲與「協助」地方自治：綏靖體系向基層的權力滲透 ………………………………………………… 174
二　「如何加強自己組織」：綏靖區黨政軍聯席會報之運作 … 184

小結 …………………………………………………………… 192

第四章　綏靖區政務的推行：以土地和金融問題為中心 195

第一節　綏靖區土地改革的啟動與挫敗 196
一　「借水行舟」：國統區輿論對綏靖區試點土地政策之呼籲 196
二　國民黨方面處理綏靖區土地問題的思路與困境 202

第二節　國民黨嘗試重建綏靖區金融體系 216
一　國民黨方面對綏靖區內「抗幣」處理的兩難困境 216
二　中國農民銀行、中央合作金庫觸角向綏靖區鄉村的滲透 223

小結 236

第五章　綏靖體系走向極端化：以綏靖區總體戰為中心 239

第一節　綏靖體系組織形態的劇烈變化 240
一　陳誠派系失勢與撤銷徐州、鄭州綏署 240
二　「向總體戰過渡」：增設綏靖區與確立綏靖區制 244

第二節　綏靖區總體戰戰略的確立 253
一　圍繞綏靖區總體戰方案制訂的蔣、桂博弈與妥協 253
二　綏靖區「三位一體」總體戰方略的確立 258

第三節　綏靖區總體戰於戰場上的成與敗 268
一　白崇禧與華中地區的綏靖區總體戰 268
二　戰略決戰：綏靖體系走向崩潰 278

小結 285

結語 287

    一 綏靖體系組織形態的發展演變 287

    二 綏靖體系內「軍事力量」與「政治力量」的衝突與平衡 289

    三 圍繞綏靖體系主導權的派系糾葛 292

    四 綏靖體系內部的自我審視及其與中共的對比 295

參考文獻 299

緒論

一 選題緣起

一九四五～一九四九年無疑是關乎整個中國前途命運的關鍵年代，在中國近現代史中具有決定性意義。國共兩黨在此期間為了實現自身的政治理想與目標展開了全方位的博弈與較量。雙方由政見攻防到兵戎相見，最終走向戰略決戰，而分出勝負。國共之爭不僅決定了國共兩黨兩軍的勝敗興衰，更是深刻改變了中國歷史的航程走向。

然而，對這一關鍵年代中國歷史進程演變的研究，卻不似其所蘊含的意義那般豐富，尤其是對於當時執掌中國政權卻最終黯然失敗的國民黨一方而言。「資料的不夠開放，評價的政治禁忌，近距離的敏感，鑒人知事的困惑，等等，在在影響到研究的開拓與深入。」[1]作為戰爭的失敗者一方，整個國民黨政權架構在國共內戰中如何運作，如何發動戰爭機器調動其手中所掌握的各項資源，將其投入戰場，如何穩固其統治區內的統治秩序，其實尚存不少可以深入探討的空間。有學者站在局外旁觀的角度，指出：「內戰讓共產黨人最終掌權，它是艱難的，結局絕非預先註定。靠後見之明，人們可以看到共產黨軍事體制與政權的根本力量。國民黨的弱點則因失敗而大白於天下。」「不過，假如國民黨人能明智地使用其仍相當可觀的資源的話，他們

---

[1] 汪朝光：《1945-1949：國共政爭與中國命運》（北京市：社會科學文獻出版社，2010年），頁2。

還是有可能像二十世紀三〇年代那樣將共產黨人限制於偏遠地區，讓後者只能達到農村暴動的水平。」[2]

時人業已注意到，在這場決定民心向背的「國共政治比賽」[3]中，雙方均窮盡一切辦法，調動自己手中所掌握的資源，以期占據上風而克制對手。而國民黨作為當時中國的執政黨，面對自己手中尚存的「相當可觀的資源」，其祭出的一張自認的「王牌」就是重新確立綏靖體系，並將其全面強化，旨在加強對綏靖區的掌控，調動人力物力財力資源，支撐一線戰局，實現與中共「以組織對組織，以宣傳對宣傳，以行動對行動」。[4]

所謂綏靖體系，主要是指國民黨政權在其規定的綏靖時期內，依託綏靖公署——綏靖區等綏靖機構，在曾與中共交戰的所謂收復區內，協調指導乃至凌駕其上指揮轄區黨政機構，執行綏靖政策與綏靖任務的統治體系。需要說明的是，本文所涉及的綏靖體系，包括綏靖公署、綏靖區（the Pacification Bureau, the Pacification Area）等相關機構及其所推行的綏靖政策、措施乃是就國民黨處理內政而言，與英法等國在第二次世界大戰爆發前後採取的縱容法西斯國家擴張侵略的綏靖政策（Appeasement Policy）並無直接聯繫。[5]同時亦須說明的是，國民黨官方的定義將與中共的交戰區和所謂收復區統稱為「綏靖

2　（美）沙培德（Peter Zarrow）著，高波譯：《戰爭與革命交織的近代中國（1895-1949）》（北京市：中國人民大學出版社，2016年），頁399。

3　〈綏靖區的問題〉，天津《益世報》，第1版，1946年10月23日。

4　〈綏靖區的區署〉，《江蘇省報》，第1版，1947年12月15日。

5　事實上，齊世榮主張：「馬克思主義者認為綏靖政策是縱容法西斯國家擴張侵略的政策，是在貶義上使用這個詞的。所以，如按綏靖政策的實質來論，可把Appeasement Policy譯為『姑息政策』或『縱容政策』……現在通行的譯法『綏靖政策』，其中『綏靖』一詞的中文含義是『安定平服』或『安撫平定』之類的意思，用以對譯Appeasement Policy，並不妥帖。」參見齊世榮：〈「綏靖」一詞的由來、含義演變及譯名商榷〉，《齊世榮文集》（北京市：首都師範大學出版社，2018年），頁142-143。

區」,但考慮到實際運行的情況,真正能為國民黨政權所實際掌控,且有相關政策可以為之貫徹落實的只能是「收復區」,故本文主要就華中地區相關「收復區」展開論述。

綏靖體系與原有的地方行政體系既有區別,又有較深的牽連,被國民黨官方輿論稱為主要從事「教養衛三事的綜合工作」。[6]其在轄區內力圖執行黨政軍團一元化的方針政策,既與軍務密切相關,也涉及繁雜的地方政務。

在這一體系中,尤以綏靖區為樞紐與核心。「綏靖區」在國共內戰時期的國民黨話語體系中其實存在雙重含義,既可以是需要「綏靖」的區域,也可指代執行綏靖任務的「綏靖區」這一層級的機構建制,後者常有序號編列。[7]而在中共看來,綏靖區則為「蔣侵佔區」。[8]此類區域則為在國共內戰總體攻守異勢之後,國民黨方面被迫調整強化綏靖機構職能,綏靖區機構職能大為強化,其司令官甚至已經發展到可以直接兼任轄區行政長官,綜理轄區內一切軍政事宜之地步,被

---

6 〈綏靖與建設〉,《武漢日報》,第1版,1947年6月9日。
7 在此需要指出的是,國民黨中央認為需要「綏靖」,並執行綏靖政策的區域,含義其實較為寬泛。按照國民黨中央官方的定義即為,凡有「共匪」武裝組織或有「共匪」武裝侵入可能之地區為綏靖區,實際包括作戰區與收復區(參見〈綏靖區黨政軍工作配合綱要〉,《中央黨務公報》第17期〔1946年〕,頁576)。而作為機構建制的「綏靖區」,則是逐步趨向於軍政合一,不僅關乎國民黨方面具體的軍事作戰,也涉及到相當多的民政措施。兩重含義其實相互交織纏繞,後者基本設立在前者所圈定的區域內的關鍵戰略要地,執行國民黨中央所頒布的相關特殊政策。而相關綏靖政策的推行,其實面向的是整個「綏靖區域」(不僅是設立了「綏靖區」建制的綏靖區域,還包括未設立「綏靖區」建制的為數不少的華北、西北縣份)。本文在論述綏靖體系的組織架構之時以作為機構建制的「綏靖區」為主,但在涉及到相關綏靖政策的推行時,則會不僅局限於設立綏靖區機構建制的區域,而是兼及其他「綏靖區域」。
8 〈白崇禧飛北平策劃華北內戰〉,《人民日報》,第1版,1947年3月1日。

稱之為「綏靖區制」。[9]此舉標誌著綏靖區逐步由臨時性建制向國民黨政權體制內固定層級建制轉化。在作戰用兵上，綏靖區司令官按照戰鬥序列之規定，受其上級指揮官之節制指揮，同時關於民事行政及經濟事項，受所隸省政府主席兼保安司令之指揮監督。[10]上承綏靖公署及省政府[11]，下轉綏靖縣份及鄉鎮，地位舉足輕重。然而，現有的相關研究對其源流演變、制度框架及組織機構卻關注不多。[12]

實際上，綏靖體系行之有年，在國民黨內政治生態中地位特殊而又重要。在國民黨人看來，「綏靖，萬端待理之第一先決問題也。不綏靖，統一無以完成，民生無以慰安，生產實業以及建設，均無從著手，至政治上之不克上軌道，國際地位之不能增高，更無一非國內不能綏靖之由作之梗也。」綏靖事項其實最初並非專事對付共產黨，亦包括國民黨改組派、地方殘餘軍閥及土匪武裝等能威脅南京國民黨政權統治秩序的所謂「惡勢力」。[13]但隨著國共兩黨對抗日趨激烈，中共逐漸成為綏靖體系的聚焦所在。在一九三七年七月之前，在各個中共武裝活躍地區，國民黨曾在各個戰略要地設置綏靖公署，並於轄區範圍內臨時劃分綏靖區。在其正規野戰部隊對各個蘇區紅軍武裝進行「圍剿」，並占領之後，由綏靖公署負責指揮綏靖區，進行所謂「善

---

9 張克俠：《佩劍將軍張克俠軍中日記》，1947年12月21日（北京市：解放軍出版社，2007年），頁335。

10 《綏靖區司令部行政公署組織規程》，國防部政工局編：《綏靖區總體戰之實施》（北京市：國防部政工局，1948年），頁16。

11 實際上，此時的省政府在名義上可以指導綏靖區，但實際運作上則不然，省政府往往處於被綏靖區架空的狀態。尤其是一九四七年底國民政府正式確立「綏靖區制度」以後，個別綏靖區甚至覺得自身地位特殊，較之於省政府為重。參見張克俠：《佩劍將軍張克俠軍中日記》，1947年12月21日，頁335。

12 趙諾：〈南京國民政府「綏靖區」制度流變述論〉，《山西師大學報（社會科學版）》第1期（2015年），頁130。

13 〈努力綏靖，此其時矣！〉，上海《民國日報》，1930年8月28日，第2張第1版。

後工作」，既包括繼續「清剿」紅軍殘餘抵抗力量，同時也加緊對原蘇區基層社會的管控和治理，尤其是對於江西中央蘇區執行「三分軍事、七分政治」的相關政策，更是成為國民黨高層自我認定的「得意之作」，一定程度上成為戰後國民黨重建綏靖體系的濫觴。

全民族抗戰爆發後，由於國共兩黨合作抗日，且國民黨政權逐步轉入戰時體制，綏靖機構因此多有撤廢，只在邊遠地區有所保留，起羈縻地方、維護後方社會治安之用。中日戰事進入相持階段後，國共兩黨摩擦增多，國民黨在部分地區有限地恢復了綏靖機構的設置，並重拾相關綏靖政策，重新將觸角和力量轉向與中共的局部對抗中來。

戰後，蔣介石對強化建設綏靖體系極為看重，早早就將「各綏靖區主力部隊及其將領之指定」排上自己的重要議事日程[14]，此舉滲透著蔣介石本人對於向中共發動軍事攻勢的盤算與謀劃。蔣介石早在一九四六年二月初，就曾指示時任軍事委員會參謀總長何應欽、副參謀總長白崇禧，要求二人以三個月為限，就綏靖工作，「亟應依據目前態勢擬訂整個具體方案」。[15]在此指導下，綏靖體系重建的過程與戰後復員整軍密不可分，蘊藏著國民黨軍隊體制如何轉軌，以及綏靖政策怎樣貫徹落實，可謂雙軌並進。白崇禧就此曾公開表示：抗日戰爭結束之後，國民黨軍隊系統最重要的兩大課題「第一當為整軍，其次為綏靖，在重劃五個或至七個綏靖區以前，陸軍總部將在最近期間召集原任各戰區司令長官，就整軍與綏靖兩大課題作一檢討。」[16]國民黨軍方高層密集磋商檢討的結果，便是將二者融為一體。在大規模整軍

---

[14] 《蔣介石日記（未刊稿）》（美國斯坦福大學胡佛研究院檔案館藏，1946年1月26日），藏所下同。

[15] 葉健青編輯：《蔣中正總統檔案：事略稿本》（臺北市：「國史館」，2012年），第64冊，頁549-550。

[16] 〈白崇禧接見顧祝同等詳詢蘇浙皖近況最近將出發赴各地巡視〉，《申報》，第1版，1946年1月9日。

過程中,將綏靖體系迅速推展至與中共交戰的中原、華北、華中前線,該套體系之運作幾與國共內戰相始終。

本文的研究旨趣不在於梳理綏靖體系下所轄軍事力量在國共內戰中的作戰史事,而是聚焦綏靖體系各層級的組織形態,及其與國民黨原有政權架構中的互動關係。同時,著重關注與分析該體系的運作過程,也就是其如何推進相關綏靖政策和業務,如何掌控綏靖區基層社會並調動乃至榨取綏靖區的人力物力財力資源,以及怎樣貫徹落實國民黨中樞的決策部署,嘗試解決相關重大社會問題以維護國民黨政權統治秩序等。在這其中,不可避免地要涉及到制度體系運作與決策者、具體執行的人物之間的複雜關係。研究這些問題,並非重新進行典章條文的羅列,而是要具體考察制度出現的背景、原因,尤其是不同力量在制度形成及體系運作過程中的討論和鬥爭,以及這些制度的具體「實踐」,即制度、體系與實踐的複雜互動關係。整個綏靖體系運作脫離不了國共內戰的大背景,其為支撐國民黨戰場局勢而設,又隨國民黨戰局崩潰而逐漸走向覆滅,因此在考察體系制度與人事的同時,均離不開對於整個國共戰場局勢的整體觀照。

綜上,在關照整個國共內戰大局的基礎上,從體系組織、權力紛爭及內戰局勢等角度出發來深入探討戰後整個國民黨綏靖體系的運行,會有以下幾點意義:

其一,有利於深化對於中國國民黨政權架構的認知和理解,豐富民國政治史研究。如前所述,綏靖體系不僅涉及軍務,而且涉及到綏靖區域繁雜的政務諸端設施。體系內部各層級之間的運轉與國民黨原有中央及地方行政體系之間構成頗為緊張的雙邊關係,而相關的綏靖業務之推進又離不開原有行政系統相關職能部門的密切配合,因而方有以負跨部門整合協調之責的行政院綏靖區政務委員會的組建。同時,國民黨內上下又反覆強調所謂「黨政軍團一元化」的理念,這些

都對綏靖體系的運轉產生了重要影響。而綏靖體系運轉本身涉及到由軍務到民政多個部門，由中央到地方各個層級，可以深刻反映國民黨統治末期政權架構的複雜面相。

其二，推進一九四五～一九四九年國共內戰時期國內整體局勢的研究。國共此一時期的較量是雙方全方位的對抗，且戰場局勢歷經劇烈轉變。戰爭初期，國民黨攻城略地，占據大量「收復區」，客觀上為綏靖體系的推行提供了空間條件。而隨著戰爭後期，國民黨整體局勢江河日下，其相關綏靖政策日益趨緊，最終走向竭澤而漁的「綏靖區總體戰」。綏靖體系本為因應國共戰局而設，整個政策推行亦以支撐國民黨戰場局勢為目標，自然與軍事史相關。綏靖體系內部人員紛繁複雜的國民黨派系背景，內部各層級的政權機構職能運轉又是政治史聚焦的重點領域。而綏靖區所推行的施政重心，同時亦是社會輿論呼籲亟待解決的土地、金融、難民報復等核心問題，其牽涉到整個綏靖區社會經濟運行的方方面面，自然需要有一個對國共內戰乃至國共兩黨政策趨向的整體觀照。對於相關問題的深入研究，應當會推進關於國共內戰時期局勢的整體把握，有助於從更深層次釐清國民黨政權何以在國共戰場上的走向根本失敗之途。

其三，關照相關民國時期國民黨重要軍政人物的研究。如前所述白崇禧、陳誠、顧祝同、谷正綱、劉峙、王耀武、劉汝明、康澤等曾先後出任綏靖體系要職的軍政要人，皆為國民黨政權的中堅人物。國共內戰時期，其在相關綏靖機構的任職經歷亦在各自軍政生涯中占據十分重要的地位。他們在國民黨內分屬不同派系，與當時國民黨政權最高領導人蔣介石的關係或遠或近，彼此之間對於權力的爭奪或明或暗，在各自任內頒布的法令政策對國共戰局的影響程度不一，考察他們在綏靖體系內任職時期的言行舉措，對中華民國時期重要政治人物及國民黨內派系鬥爭的研究也會起到添磚加瓦的作用。

二 研究綜述

（一）關於綏靖體系的組織形態

　　如前所述，綏靖體系是國民黨方面為與中共展開全面對抗而設置的一項系統性安排。其制度框架及組織形態本身較為龐大複雜，且存在一個發展演變的過程。學界圍繞此一問題，業已有所研究，對相關機構起迄時間，職能演變有所介紹，相關問題仍存在可以進一步探討的空間。

　　對於綏靖體系本身，錢端升曾依據當時國民黨各級政權所頒布的政府公報，對「綏靖主任公署之組織」、「綏靖主任之職權」進行了詳細的介紹。錢氏著重指出，儘管歷次組織條例或大綱之規定，在文字上不盡相同，但「綏靖主任之設立，大致均為辦理本轄區之綏靖事宜」。[17]王俯民針對整個中華民國時期中央及地方各層級的軍事機構，均予以通識性地梳理。就綏靖機構而言，王俯民著重指出，國民政府於一九三〇年開始設立綏靖督辦公署和「清剿」督辦公署，它們和行營、行轅一樣，都是跨省地方機構。各署設主任和副主任一、二人，秉承國民政府主席意旨辦事，受國防部參謀本部指導。綏靖公署下又設各綏靖區，區設司令官一人，副司令官若干，多為二人。[18]陳傳剛則針對解放戰爭時期包括綏靖公署在內的國民黨戰區級指揮機構的演變情況，做了較為詳盡的梳理，並簡要歸納出國民黨戰區級指揮機構設置的四個特點，即戰區級指揮機構的設置和變更完全是為了適應反共反人民內戰的需要；戰區指揮機構的設置是蔣介石集中軍權的一種

---

17 錢端升等著：《民國政制史》（上海市：上海人民出版社，2008年），下冊，頁429-432。
18 王俯民：〈民國軍制的形成和沿革（下）〉，《軍事歷史研究》第4期（1989年）。

手段;戰區指揮機構逐漸掌握了所在區域的軍政大權;戰區指揮機構的內部編制和機構設置上比較完備。[19]戚厚傑等人所編著的《國民革命軍沿革實錄》一書,對於各綏靖公署、綏靖區的設立與裁撤時間,所轄部隊及其變動情況均有較為詳實的梳理與介紹。[20]

上述研究目前主要還是對國民黨政權相關軍政機構,尤其是綏靖機構的起迄時間、所轄業務部門及作戰部隊加以梳理與介紹,對於有些重要機構職能演變的介紹略為籠統,缺乏對於各個時段的具體分析,同時對各機構的幕後運作及與相關重要人物的關聯缺乏深度的分析。

江沛、紀亞光注意到二十世紀三〇年代初,國民政府軍事委員會把全國劃分成若干綏靖區,成立綏靖公署。通過這些機構,軍事委員會的職能不僅限於軍事,而且控制了地方的政治、社會活動,形成對全國的軍事統治網。[21]徐矛則將綏靖公署、綏靖區等機構的設置視為國民政府為了應對「漸趨惡化」的軍事形勢,而「又一次改變了它的地方軍政制度,實行軍政與民政合一」的舉措,並初步探討了綏靖區內部的組織系統。但該書錯將國共內戰時期綏靖區的設立時間定為一九四八年五月[22],且對後續的相關著述影響較大,多部論著在此之後均因襲採信此說。[23]孔慶泰等學者一同合作撰寫的《國民黨政府政治制度史》一書,對於國共內戰期間國民黨的政治制度進行了通識性地

---

19 陳傳剛:〈解放戰爭時期國民黨戰區級指揮機構的演變〉,《軍事歷史研究》第4期(1996年)。
20 戚厚傑等編著:《國民革命軍沿革實錄》(石家莊市:河北人民出版社,2001年),頁729-820。
21 江沛、紀亞光:《毀滅的種子:國民政府時期意識形態管理研究》(西安市:陝西人民教育出版社,2000年),頁46。
22 徐矛:《中華民國政治制度史》(上海市:上海人民出版社,1992年),頁399。
23 參見廣東民國史研究會編:《廣東民國史(下)》(廣州市:廣東人民出版社,2004年),頁1251;陳長琦主編:《中國政治制度史》(北京市:高等教育出版社,2001年),頁320。

敘述介紹。遺憾的是，該書對綏靖機構的相關政治制度則沒有予以充分重視，未能深入討論。[24]

新近研究對於國民黨綏靖區的制度流變進行了探索與嘗試。趙諾利用現行刊布的彙編資料，指出綏靖區不應簡單作為一級軍事機構列入國民革命軍的序列，而是作為一種特殊的行政建制在國共爭奪最激烈的各個地區廣泛設置，並形成了一套具有顯明特點的「綏靖區」制度。對於國民黨人在綏靖區推行的政策措施，文章認為，國民黨在綏靖區的工作一方面是學習中共的組織動員方式，是對中共措施刺激的反饋；另一方面也在很大程度上受國民黨自身政治理想的指導。[25]

（二）關於綏靖區政務推行的效果與影響

前已述及，國民黨對於綏靖區域的控制其實也涉及到千頭萬緒的政務問題，而國民黨此時也願意在綏靖區推行一些改革，以爭取民心，穩固自身統治。在諸多綏靖區施政問題中，尤以綏靖區的「土地問題」、「金融問題」、「報復問題」為「第一步應該考慮的工作」，是國民黨頒布的《綏靖區施政綱領》，廣泛推行綏靖政策，辦理綏靖業務，所要解決的重點難點問題，亦是民間社會輿論關注重心所在。[26]

總體而言，學界目前對於綏靖區政務的研究多停留於是非判斷的定性層面，多以負面評價為主。如張憲文、方慶秋即認為：綏靖區是蔣介石「建立發動內戰的基地，而推行種種反動政策，進行所謂『綏靖』工作。」基於此，國民黨「在綏靖區採取欺騙和鎮壓兩手」，「給

---

24 孔慶泰等著：《國民黨政府政治制度史》（合肥市：安徽教育出版社，1998年），頁639-717。

25 趙諾：〈南京國民政府「綏靖區」制度流變述論〉，《山西師大學報（社會科學版）》第1期（2015年）。

26 〈綏靖區的問題〉，天津《益世報》，第1版，1946年10月23日。

農民開空頭支票，給予種種許諾，以攏絡人心」。同時，蔣介石竭力恢復保甲制度，旨在動員「綏靖區」各鄉鎮農村和國民黨反動派發動的反共軍事活動相配合。[27]然而，國民黨所以要大規模的劃分綏靖區，推行綏靖政策，歸根到底是要為了維繫其統治，而研究者除了進行必要的是非判斷之外，還應將目光聚焦於綏靖政策與相關機構之間的互動，其制度運轉的過程和機理更值得深入挖掘。

關於綏靖區的土地政策等相關問題，金德群等系統地論述了整個國民黨在中國大陸活動時期土地政策產生的社會條件、基本內容、演變過程及經驗教訓。尤其對孫中山提出的「平均地權」和「耕者有其田」理念與國民黨掌權後的相關實踐做了分析與研究。在綏靖區土地方面，也做了基本的史實與政策清理。[28]

至於國民黨解決綏靖區土地問題的基本思路，汪朝光認為：國民黨始終是想在不觸動地主根本利益的情況下，以和平、漸進、改良、贖買的方式解決土地問題。而在解決綏靖區土地問題上實際上仍未跳脫這一思路，因而，「可想而知，期望地主『覺悟』的土改又能夠走多遠」。[29]但亦有學者對此問題看法有所不同，綏靖區的土改是否也始終是「和平、漸進、改良」事實上也存有疑問。針對綏靖區施行以來所頒布的一系列政策法規，李翔則指出國共內戰末期國民黨頒布實施《綏靖區總體戰實施綱要》，其中特別提出平均農地使用權、軍人及遺族授田、組織合作或集體農場等條規，以實現耕者有其田，實際上

---

27 張憲文、方慶秋主編：《蔣介石全傳》（北京市：人民出版社，2010年），下卷，頁601-604。

28 金德群主編：《中國國民黨土地政策研究（1905-1949）》（北京市：海洋出版社，1999年）。

29 汪朝光：《中國近代通史：中國命運的決戰（1945-1949）》（南京市：江蘇人民出版社，2006年），頁325。

是在土地問題上急火攻心。[30]實際上,亦有學者承認此一時期國民黨頒布的多個關於綏靖區的土地法令,其出發點是好的,可惜的是部分土地法令胎死腹中,「唯一出生的《綏靖區土地處理辦法》也在試驗試辦中變成了一紙空文」。[31]至於因綏靖區內土地問題所衍生出的所謂「報復問題」,因事涉地主還鄉及農村土地歸屬權爭端,其實仍處於綏靖區農村土地問題範疇之內,但目前還未引起學界的足夠重視。

　　事實上,在綏靖區的土地政策推行之際,必須輔以相當的金融措施方能將政策落地,以致成為農地改革的先決條件。對此,民間輿論亦有聲音強烈呼籲,「在農地改革的過程中,在農業生產的改良中,中樞和地方必須加強農業金融機構與合作金融機構的地位與實力,使它們能配合政府的政策,絲絲入扣的一致推行,然後可望收到事半功倍之效。」[32]而目前關於綏靖區金融問題的研究,更多體現在對於國民黨統治時期金融史或農村金融研究中的通史性梳理當中[33],個別學者對於綏靖區相關金融政策的出臺,僅據法律條文而加以過高的評價,缺乏對當時時代背景的分析。[34]雖有學者對戰後國民政府統治下的江南農村的農村金融的演變歷程有所涉及,但與綏靖區治下的農村金融問題直接相關內容為數不多[35],尚缺乏對相關綏靖區個案的學術

---

30 李翔:〈最後的挽歌:國民黨軍隊覆滅之際的政治工作(1948-1949)〉,《江海學刊》第4期(2014年)。
31 姜愛林:《土地政策基本理論研究》(北京市:中國大地出版社,2001年),頁132。
32 〈農地改革的先決條件〉,《申報》,第2版,1946年8月30日。
33 龔關:《國民政府與中國農村金融制度的演變》(天津市:南開大學出版社,2016年),頁281-311;詹玉榮編著:《中國農村金融史》(北京市:北京農業大學出版社,1991年),頁159-179。
34 羅紅希:《民國時期對外貿易政策研究》(長沙市:湖南師範大學出版社,2017年),頁271。
35 笪金生:《江南農村金融研究(1912-1949)》(蘇州市:古吳軒出版社,2018年),頁53-60。

性敘述與分析。總體來看，目前的研究對於如何解釋中國農村銀行在此期間所發揮的作用、綏靖區農村金融體系如何向下鋪展等問題仍存一定距離。

（三）關於綏靖體系與國共戰局

綏靖體系從根本上講是國民黨著眼於內戰形勢，為了支撐一線戰事而設立的。其總體趨向是邁入「軍政合一」，既統轄指揮國民黨部分參戰軍隊，又在國民黨劃分的綏靖區內開展「綏靖政務」，故而其與國民黨內戰期間的戰場表現密不可分。誠如有學者指出：「國民黨軍事失敗乃是最重要的失敗，其他原因都是從這裡派生出來的，說到底還是軍事第一。」國民黨緣何在數年之間於軍事上全面崩潰，這一問題吸引了眾多研究者的目光，展開了多層次不同側面的研究，而這實際上與綏靖體系均有相當程度之關聯。

首先是海峽兩岸軍方所編撰的戰史資料及著作。長期以來，關於國共內戰戰史的研究話語權掌握於海峽兩岸軍方史政或學術研究機構的手中。就國民黨方面而言，國民黨政權敗退臺灣之初，蔣介石便著手組織湯恩伯、胡宗南等高級將領，依據自身經歷，撰述《剿匪重要戰役之追述與檢討》，旨在向國民黨軍方高層提供所謂經驗教訓。該書共六卷，對於國共之間歷次重要戰役均從不同角度加以反思與回顧。由於成書年代相對較早，臨近事發時間，且撰寫者多為國民黨高級將領身份特殊，因而頗具史料價值。隨後臺灣地區防務部門的史政機構還曾利用國民黨軍隊檔案，組織編寫了《戡亂戰史》。該書印量很少，多在臺灣地區軍方內部流通，不曾公開發行。全書共十五冊，除按照作戰區域，對主要戰役進行全般記述外，還專設一卷著重從政治、經濟、心理及總體戰力整建與運用等國家戰略上之缺失進行檢討，不僅僅是就軍事談軍事，對綏靖區、綏靖公署的作戰及相關政策

的推行也有所檢討和反思。[36]上述戰史從解讀軍方內部資料意義上來講固然難得，但亦誠如有研究者所指出，「長期以來，關於國民政府時期軍事相關問題的研究，多局限於軍事單位從事的戰略戰術研究，所出版之『戰史』，其體例與撰述方式，多為學術界所難以接受」。[37]

其次，學術界對於國民黨軍隊失敗的整體性分析。汪朝光從國共內戰初期國民黨軍事失利的史實入手來尋找國民黨軍事上的最終敗因，首先從戰略上來看，國民黨政權內部彼時雖然主戰派占據上風，但並未形成對戰爭指導的全盤戰略部署與戰術規劃。在戰術上的原因：其一為作戰保守，主動性不夠，尤懼夜戰、近戰和白刃戰；其二為協同不好，各戰場之間、各戰場內部、以至軍與軍、師與師之間，少有協同配合的成功範例；其三為國民黨軍派系複雜，又摻雜著各種不同的人脈關係，加劇了協同作戰之不易；其四為指揮和情報能力低下，對戰略戰術的理解近於教條與機械。[38]美國學者易勞逸（Lloyd E. Eastman）也指出：國民黨在戰場上的失敗並非是美國禁運武器導致國軍武器彈藥缺乏，而是「錯誤的戰術與戰略」；軍隊派系之間的缺少合作，「甚至在黃埔軍校的畢業生之間，嫉妒和敵意也在指揮結構上造成了很大的裂縫」；倒戈與軍隊運輸補給困難等[39]，這些因素共同促成了國民黨軍隊戰場上的失敗。但易書對於國民黨軍隊的指揮系統和制度運轉沒有進行深入的考察，而只是基於國民黨將領的個別回憶。

國民黨內派系林立，「派系傾軋久已成為國民黨組織機制中一大

---

36 「國防部史政編譯局」編：《戡亂戰史》（臺北市：「國防部史政編譯局」，1984年），第15冊，「編纂說明」頁。

37 劉維開：〈劉鳳翰——中國近代軍事史拓荒者〉，《近代中國史研究通訊》第26期（1998年），頁46。

38 汪朝光：〈全面內戰初期國民黨軍事失利原因之辨析〉，《民國檔案》第1期（2005年）。

39 （美）易勞逸（Lloyd E. Eastman）著，王建朗等譯：《毀滅的種子：戰爭與革命中的國民黨中國（1937-1949）》（南京市：江蘇人民出版社，2010年），頁149-155。

幽微而又突顯的政治現象。」[40]國共內戰後期，國民黨內部派系矛盾突出表現為蔣、桂兩大派系之間的對立。蔣永敬、劉維開即注意到國民黨內部「不同軍系之相互猜忌，是一九二〇年代北伐統一以來，久已存在的問題」，而此時「其間最大的矛盾為桂系李宗仁、白崇禧與蔣介石之間的猜忌。」[41]圍繞綏靖體系相關政策的出臺及制度運作，蔣介石、白崇禧均扮演了極為重要的角色。蔣、桂雙方之間既有分歧，更有妥協。桂系有別於其他地方實力派，它是最早參加廣東國民政府的地方實力派，並促成了兩廣統一，且在北伐中出力甚多，對國民黨貢獻非常之大，具備向國民黨中央叫板的歷史資本。因此，李、白一旦遇到適當的場合，就具有其他地方實力派不具備的挑戰蔣介石的實力和地位。[42]

隨著國民黨軍隊前方戰局的漸趨吃緊，國民黨軍政當局將綏靖體系的相關政策發展到極致，生成所謂「綏靖區總體戰」的戰略，以期在綏靖區域內進行極致動員，與中共展開全面對抗，其對整個國共戰局產生了深遠影響。白崇禧在此期間出力甚多，極力鼓吹、兜售自己「綏靖區總體戰」的相關理論，扮演了極為關鍵的角色，並借此機會出鎮地方，實際掌握兵權，為自己日後向蔣介石叫板積累了政治資本。學術界目前就綏靖區總體戰問題的相關研究亦基本上圍繞白崇禧這一中心人物所展開。[43]張學繼、徐凱峰所著的《白崇禧大傳》對白

---

40 王奇生：《黨員、黨權與黨爭：1924-1949年中國國民黨的組織形態》（北京市：華文出版社，2010年），頁365。

41 蔣永敬、劉維開：《蔣介石與國共和戰（1945-1949）》（太原市：山西人民出版社，2013年），頁198-199。

42 汪朝光、王奇生、金以林：《天下得失：蔣介石的人生》（太原市：山西人民出版社，2012年），頁27-28。

43 參見甘超遜、宋曉丹：〈白崇禧固守武漢的「總體戰」〉，《檔案記憶》第6期（2019年）；莫濟傑、（美）陳福霖主編：《新桂系史》（桂林市：廣西人民出版社，1995年），卷3，頁45-51。

崇禧的一生作了比較詳實的敘述，認為白崇禧是「新桂系的核心人物」，不僅有勇有謀而且有理論，尤其是在其擔任國防部長後，根據其對解放軍作戰特點的瞭解與分析，親自主持制定了華中綏靖區總體戰方案，鼓吹軍事政治經濟一元化，揚言要以「殘酷對殘酷」。[44]羅平漢、王續添亦就此問題指出，白崇禧其實業已意識到中共是有組織性、政治性和國際性的組織，「剿共」絕不能單靠軍事力量，必須政治、經濟、軍事緊密配合，以軍事保護政治，以政治培養經濟，以經濟充實軍事，從而使政治、經濟、文化與軍事密切配合，凝結成一戰鬥體，與共產黨開展「總體戰」。[45]但上述研究基本停留在梳理白崇禧等人所提倡的政策主張層面，還未能深入到白崇禧如何爭取國民黨內尤其是最高領導人蔣介石的支持，國民黨內怎樣就此展開討論，以及相關總體戰之政策如何在綏靖區落實的地步。

再次，從體制機制層面來介紹分析國共內戰時期的國民黨軍隊組織體系。劉鳳翰所著的《國民黨軍事制度史》對於包括國共內戰時期的國民黨軍隊各級單位沿革及組織更易有詳細的介紹，其中包括各個綏靖區、綏靖公署設置時間，所轄軍隊沿革、主管官員人事更動等相關情況的介紹，但對於其背後的歷史事件演變則付之闕如。[46]戚厚傑等人編著的《國民革命軍沿革實錄》一書，對國民革命軍中央軍及所屬海、空軍以及地方軍閥軍隊的發展，做了比較全面而又相對客觀的介紹，但更類似於工具書性質。[47]李寶明所著《國民革命軍陸軍沿革史》著重梳理國民革命軍各部隊駐防地點的重大調整，考察各部隊裁

---

44 張學繼、徐凱峰：《白崇禧大傳》（杭州市：浙江大學出版社，2012年），下冊，頁476-478。
45 羅平漢、王續添：《桂系軍閥》（北京市：中共黨史出版社，2001年），頁289-290。
46 劉鳳翰：《國民黨軍事制度史》（北京市：中國大百科全書出版社，2009年），下冊。
47 戚厚傑等編著：《國民革命軍沿革實錄》，2001年。

減、合併、撤銷、更改番號等情況，釐清每支部隊使用不同番號存續的時間段，探究每支部隊的最終去向，其與戚厚傑等人所編著的《國民革命軍沿革實錄》一書相比，存在相類似的特徵。[48]曹劍浪撰寫的《中國國民黨軍簡史》一書詳細地介紹了國民黨軍編制、沿革、作戰等基本歷史情況，但在涉及到整軍建軍的史實背景上其實尚存有錯訛之處。[49]臺灣學者陳佑慎新近出版的著作主要從軍令與軍政、政軍關係等角度對國防部的籌建與早期運作進行了深入研究，豐富了學界對國民黨軍事中樞的認識[50]，但尚未實質深入到軍事中樞以下的層面。從上述研究可見，對國共內戰時期國民黨政權架構制度建設及運轉層面的研究，實際尚存不少深入挖掘的空間。

最後，國共兩黨領袖人物的對比研究。體系制度如何完備與否，終究還脫離不開人來駕馭與執行，而歷史研究的核心仍舊是人。蔣介石與毛澤東二人作為國共雙方的最高領導人，無疑對整個國共戰局起著至關重要乃至他人無法比擬的作用。臺灣學者蔣永敬認為蔣介石所領導的國民黨軍事之所以挫敗，並非純粹的軍事問題，亦非純因中共勢力之強大而挫敗之，實由其本身諸多問題以促成之，尤以政治、經濟、社會等問題之影響最為顯著。[51]蔣永敬的論斷不可謂不深刻，但其實也為結合國民黨政權具體的體制機制問題留存了探討的空間，而綏靖體系從強化重設到走向崩盤，顯然是促成國民黨失敗的「自身諸多問題」中的重要一環。遺憾的是，蔣氏對整個綏靖體系的相關問題只是在文章敘述中偶有提及。金沖及在《決戰——毛澤東、蔣介石是

---

48 李寶明：《國民革命軍陸軍沿革史》（北京市：中華書局，2018年）。
49 曹劍浪：《中國國民黨軍簡史》（北京市：解放軍出版社，2010年），下冊。
50 陳佑慎：《國防部：籌建與早期運作（1946-1950）》（香港：開源書局出版公司，臺北市：民國歷史文化學社，2019年）。
51 蔣永敬：《蔣介石、毛澤東的談打與決戰》（臺北市：臺灣商務印書館，2014年），頁169。

如何應對三大戰役的》一書中，通過對戰略決戰階段三大會戰的詳細考察，認為蔣介石本人作為國民黨政權的黨政軍最高領導人，實在是缺乏宏觀的戰略眼光，不能對整個戰爭全域進行準確分析，而只是疲於應付，往往只根據眼前某些變動便做出重大決策，缺乏通盤且長遠的戰略考慮，更缺少對形勢發展存在多種可能性的冷靜估計。[52]但實際上，對此問題，學界亦存在不同觀點，劉統即認為蔣介石在與中共決戰的幾年中，「他（蔣介石）的想法大多數都是對的」，「在戰略上是有預見性的」。[53]這實質上也蘊藏著不同的解釋空間，蔣介石個人的看法或決策多大程度上是正確的，而即便是正確的又如何能夠貫徹下去，抑或是無法貫徹的主要原因何在，對此類問題實則應當從組織制度及其運作體系入手，推進相關研究。

　　總體而言，目前對國民黨政權綏靖體系及其相關問題的研究已取得一定成績，有三點突出特徵：其一，對於國民黨相關綏靖機構歷史沿革及其主官背景已有相當程度的梳理與介紹；其二，對於綏靖區相關政務的推行有所涉獵，尤其是對於綏靖區土地問題的討論是學界關注之焦點；其三，現有成果業已注意到綏靖體系之於國共整體戰局之作用。但在諸如綏靖體系的組織形態構成、綏靖機構與國民黨原有政權架構之關係、綏靖區農村金融問題，以及綏靖體系在整個國共內戰期間的劇烈演變等方面仍存在可以開拓之空間，需要將微觀與宏觀、制度與事件等有機結合加以整體考察。

---

52 金沖及：《決戰——毛澤東、蔣介石是如何應對三大戰役的》（北京市：北京大學出版社，2012年），頁18、42。
53 劉統：《歷史的真面目：現當代人物事件考信錄》（北京市：華夏出版社，2016年），頁212-213。

三 研究思路

　　本文研究的主要著眼點是在對國共內戰時期綏靖體系的歷史進程進行總體研究的同時，重點聚焦其組織形態、政策落實以及支撐戰局成效等問題。為實現這一目標，考慮從三個方向入手進行文章的撰寫：首先，探討綏靖體系內部的制度源流和組織形態，加深對於綏靖體系本身的認知理解，同時釐清其在整個國民黨政權架構中的地位和作用。其次，按照綏靖區政務推行的重心，對土地問題、金融問題等綏靖區內的政務核心問題多予關注，力圖深入剖析，以眼光向下的方式對重點區域採取個案研究。再次，綏靖體系本為因應國共戰局而設，此處落腳點仍為綏靖體系之於整個國共戰局的作用，操作上以國民黨在戰略決戰前後所採取的走向極端化的綏靖區總體戰為中心，深入考察綏靖體系之於整個戰場局勢的具體作用。最後，在結語部分對綏靖體系的運行進行總體評價，以期盡可能提升研究的高度，突出學術意義。

　　文章正文具體內容大致將分為以下部分：

　　第一章，考察「綏靖」理念在國民黨統治架構中的源流嬗變。綏靖體系其實並非憑空而來，「綏靖」之義在傳統政治文化中具有深刻的意涵。一九二七年以後，作為國民黨最高領導人的蔣介石從中汲取了有利於自身統治合法性構建的成分，予以闡發，並將其局部推廣。綏靖體系在全民族抗戰爆發前，還未能形成系統，多為應變臨時而設，局限於一省之域。而且隨著七七事變爆發，國共合作抗日，整個國內政治局勢發生劇烈轉變，國民黨政權逐步轉入戰時體制。全民族抗戰初期，綏靖機構因此多有撤廢，少數保留在邊遠地區，以羈縻地方，清剿土匪，維持治安。然而，抗戰進入相持階段之後，國民黨政策轉向，致使國共兩黨摩擦增多。國民黨在局部地區部分恢復了綏靖

機構的設置,將觸角和力量轉向與中共的對抗中來。

第二章,從縱向角度切入,探討綏靖體系自身內部各層級的制度源流和組織形態,加深對於綏靖體系本身的認知理解。綏靖公署多由抗日戰爭時期的各個戰區轉設而來,綏靖區基本戰鬥部隊最初多為集團軍及方面軍轉化而來,與戰後復員整軍密切相關,標誌著從抗日戰爭時期的戰時體制到國共內戰時期綏靖體系的轉軌。同時,綏靖體系從上到下有各個層級機構的設置,關鍵職位人選的派定,乃至綏靖區域的具體劃分,又蘊含著深刻的派系背景及國民黨內政治生態的複雜面相。

第三章,從橫向角度切入,研究綏靖體系與國民黨原有政權架構中的複雜關係。在內戰爆發之初,國民黨軍隊攻城略地,進展順利,大量收復區的存在無疑為綏靖區推行政策提供了施政空間。綏靖體系內,國民黨高層及負責具體運作的中層綏靖系統官員始終以「一元化」為推進目標,這不可避免的要與原有的地方黨政機構發生摩擦與衝突。國民黨為緩解此類問題,曾有綏靖區黨政軍聯席會報的制度安排。同時,綏靖區各項善後業務的推展又急需原有行政部門的配合,因而有了跨部門整合協調的嘗試,綏靖區政務委員會得以組建,但其運行過程中不僅未能實質解決上述問題,反倒陷入困境。

第四章,重點關注綏靖區綏靖政務推行的核心問題。綏靖區土地問題與農村金融問題是綏靖區政務的重中之重,亦是國統區民眾重點呼籲解決的難題。二者相互關聯,同時又能牽扯眾多當時國民黨統治區的社會問題。在親近國民黨的人士看來,綏靖區為從中共手中攻占搶奪而來,對國民黨本身而言沒有政策包袱,方便推行新的方針政策,所以社會輿論有「借水行舟」之呼籲,敦勸國民政府在綏靖區試點土地改革,嘗試解決土地問題。國民黨內部亦有相當部分人士積極推動此事,起草不同版本的改革方案呈交中樞,最終方有《綏靖區土

地處理辦法》及相關配套法令的出臺。法令條文雖然規定豁免田賦、重新分配土地等具體細節，但在政策推行中，因內外環境之故，又最終變質走樣或形同具文。與此同時，農村金融政策作為農村經濟發展的潤滑劑，也是國民黨施行綏靖區政務，穩定社會局勢不可或缺的政策工具。在此期間，國民黨一方面要打碎解放區原有的金融體系，收繳根據地原先發行的「抗幣」，對解放區進行金融封鎖；同時又要重建國民黨政權自身的貨幣體系，其間，陳果夫一脈人馬借機掌控的中國農民銀行及中央合作金庫並嘗試將觸角向綏靖區鄉村不斷擴展滲透。

第五章，以國共內戰末期國民黨醞釀出臺的綏靖區總體戰為中心，深入討論綏靖體系之於國共戰局的具體作用。事實上，圍繞綏靖區總體戰的方案設計及最終出臺，蔣介石和桂系之間展開了多輪的複雜博弈。白崇禧之所以提出綏靖區總體戰方針，既與其意圖施展自身軍事理念相關，又有維護乃至強化桂系自身派系利益之意。以白崇禧外放華中地區領兵為標誌，綏靖區總體戰方略全面推開，在華中地區廣泛實踐，強力推行政治、軍事、經濟三位一體的方略，制定了詳細的方針計劃。在綏靖區內，強制推行一元化政策，對綏靖區民力進行竭澤而漁似的極致動員，強化地方團隊武裝及組訓民眾。結合具體戰例來看，總體戰的推行對於短期內穩定國民黨局部統治區的秩序以及個別戰役的成敗確有一定成效。但總體來看，這種竭澤而漁似的作法，於國民黨政權而言更近乎於飲鴆止渴。此外，本章還要敘述國民黨政權綏靖體系最終走向崩潰的歷史過程。在國共戰略決戰前後，國民黨的綏靖體系愈發難以為繼，出現政策鬆動倒退的現象。與此同時，各個綏靖區之形勢並未因開展綏靖區總體戰而迎來持續好轉，反而因軍事形勢的驟然變化而遭到撤並，乃至被中共所消滅。而為了應付戰略決戰，國民黨高層將部分綏靖區改組為主力兵團，投入參戰。綏靖體系無法支撐國民黨軍隊與中共交戰中獲勝，最終只能走向覆滅。

結語部分，承接前文各章節所做之分析，對一九四五～一九四九年間國民黨政權的綏靖體系之運行進行總體評價，從更深層次對國民黨政權在國共戰場上的最終失敗做出更為合理的解釋，以期盡可能提升論文分析的高度，突出本研究的學術意義。

第一章
「綏靖」在國民黨統治架構中的源流嬗變

國民黨政權在抗戰結束後所祭出的綏靖體系，其實並非憑空生成。綏靖體系不僅本身存在著一定的思想淵源，也於國民黨自身脈絡架構內蘊藏著源流演變。一方面，「綏靖」是中國傳統政治文化中特有的概念。在漫長的中國歷史演變歷程中，「綏靖」一詞背後的政治色彩愈發濃厚，為國民黨統治上層所汲取並有所發揮。另一方面，國民黨在取得地盤後，為穩固自身統治秩序，因應當時國內複雜政治局面，在其統治區域內也始終存有這一類建制，其自身源頭甚至可以追溯至國民革命軍發動北伐戰爭之前，並在「圍剿」中央蘇區的善後工作中發揮了作用，堪稱體系雛形的早期實踐。

第一節　綏靖體系在國民黨內的思想淵源

一　「綏靖」在傳統政治文化中的意涵與蔣介石的經驗認知

「綏靖」的說法古已有之，在中國傳統政治文化中有著特殊的意涵。「綏」，本義是藉以指登車的繩索，多引申為局勢安定、安撫地方，保持平靜之意。《詩‧大雅‧民勞》曾言：「惠此中國，以綏四方」。「靖」，則多表平定，使安定之意。《詩‧周頌‧我將》也有過

「儀式刑文王之典,日靖四方」的記載。

「綏靖」一詞最早應來源於《漢書》,《漢書》卷九十九〈王莽傳〉曾稱讚傳主王莽「制禮作樂,有綏靖宗廟社稷之大勳,普天之下,惟公是賴。」[1]《三國志》卷五十八〈吳書·陸遜傳〉則記載陸遜:「君其茂昭明德,修乃懿績,敬服王命,綏靖四方。」[2]在此可以看出,「綏靖」一詞在最初多用於歌頌古代重要政治人物的重大事功,一般即指以安撫(綏)的手段,使局勢達到安定(靖)的地步。

值得注意的是,在中國古代大一統國家格局業已形成,並不斷強化之際,「綏靖」一詞的內涵也不斷擴充,其不再只是「綏靖四方」,從而使相關地區局勢安定之意,更滲透著統治者對封建帝國疆域版圖中處於邊遠之地的少數民族部落及其所處地區採取鎮撫之意,常與「羈縻政策」密切相關。如桂南沿海地區,長期以來是土著民族的聚居地區,在唐代初期向嶺南的進軍途中,唐代統治者就曾採取「綏靖」招撫的政策,各地土著首領紛紛響應,迎風歸順。而唐朝也授予其相應的官職,仍命令其管轄原境。此後唐代亦曾在南方邊遠地區設置節度使、經略使,「廣州為嶺南五府經略使理所,以綏靖夷僚,統經略、青海二軍,桂管、容管、鎮南、邕管四經略使。」[3]

清代統治者更是以「綏靖」一詞命名政治實體,更加深了「綏靖」一詞的政治意涵和象徵意義。乾隆年間,清廷曾將位於塔爾巴哈臺楚呼楚(今新疆塔城縣地)命名為「綏靖城」。據《重建塔爾巴哈臺綏靖城碑記》記載:

---

[1] (東漢)班固撰:《漢書》(北京市,中華書局:1962年),卷99上,〈王莽傳〉,頁4047。

[2] (晉)陳壽撰:《三國志》(北京市,中華書局:2011年),卷58,〈吳書·陸遜傳〉,頁1353。

[3] 《元和郡縣誌》,卷34,〈嶺南道一〉,轉引自馬大正主編:《中國邊疆經略史》(武漢市:武漢大學出版社,2013年),頁245。

國家龍興遼沈。綏靖萬邦，聲教所訖，南至於濮鉛，北至於祝栗，西極壽靡，東極開梧，莫不候月獻琛，瞻雲奉律，猗歟盛哉！幅員之廣，古未嘗有也。

唯準噶爾夷部，怙其險遠，不貢苞茅。乾隆年間，高宗純皇帝聖謨廣運，命將出師，掃穴犁庭，騷除甗甋，拓地萬餘里，收名城數十，塔爾巴哈臺其一也。

按《漢書》康居國，即今塔爾巴哈臺地，自隸版圖後，建城於伯雅爾，設參贊大臣以鎮撫之。既以其地嚴寒，軍民不堪其苦，經阿文成公奏請，改建於楚呼楚地方，命曰綏靖城。舉牧興屯，生聚教誨，民夷向化，蔚為西北重鎮。[4]

「鎮」作為清朝時期重要的軍事建制，統轄綠營軍隊，負責轄區的鎮守事宜。與「綏靖城」相類似的是，清代統治者亦曾使用「綏靖」來命名關鍵地區的軍鎮。乾隆、嘉慶時期苗民起義後，清朝統治者深感湘西一帶「永綏協各塘汛『地遠兵單』，對苗民難於防守，於嘉慶二年在花園設立綏靖鎮」。綏靖鎮置總兵一員，管理永綏、保靖兩地軍務。鎮有中、右兩營，分轄三角岩、依溪、望城坡、涼水井、躍馬卡、得勝坡、望高坡、洞悉坪、河口及保靖敖溪等十二個營汛。進入民國後，沿襲清制。一九一八年，「永綏協」頭目和「綏靖鎮」頭目發生火併而解體。[5] 以「綏靖」命名極具象徵意義，一則表現出統治者對於在此類邊遠地區及少數民族聚居地帶重建平穩安定的統治秩序的期許，同時又與羈縻政策相關，對於此類地區，居於帝國中心的統

---

4 〈重建塔爾巴哈臺綏靖城碑記〉，塔城市政協文史資料研究委員會編：《塔城市文史資料》，第2輯（1987年），頁27。

5 湖南省花垣縣地方誌編纂委員會編：《花垣縣誌》（北京市：生活・讀書・新知三聯書店，1993年），頁447。

治者擺出「懷柔遠人，恩威並用」的姿態，其實背後做了「鎮」與「撫」的兩手準備。

「綏靖」與「羈縻政策」密切相關，其實深刻地反映出古代中國人的天下觀念及朝貢體系的認知。晚清以來，中外貿易與文化衝突頻發。士大夫階層仍然抱持舊有觀念，認為對這些「化外之邦」的「夷人」應該以「暫示羈縻」。兩廣總督阮元在處理此類事件時，就曾「飭令委員諭知小西洋夷人，曉以天朝法度，設來年奉有國王示諭，來粵無須帶領多船，將來到後亦不許其多人登案，總當兩邊妥為彈壓，不使爭競，以仰副聖主柔懷遠人，恩威並用，綏靖海疆之至意。」[6]

蔣介石生於晚清時期，彼時國家貧弱，朝貢體系坍塌。民國初年，更是軍閥當道，國家瀕於四分五裂，中央政權重心失墜。蔣介石於此環境下接受教育、逐漸成長，並參加國民黨（同盟會）的革命活動。以孫中山為首的國民黨人致力於通過武力統一中國。而在早期，蔣介石專門從事軍事工作，並且歷任部隊各級參謀長，輔佐孫中山之軍事工作。國民黨內其他高層因此亦視其為專門的軍事領導人，而非全域領袖。後來隨著時局轉換，蔣介石通過多輪國民黨內政治博弈，逐漸轉為國民黨全域性的政治領導人，其對於政治與軍事手段之並用，漸漸生發出新的想法。而綏靖之理念與手段對於其穩定社會的統治秩序無疑是有利的。

當然，蔣介石對於「綏靖」相關理念的體認也存在一個發展變化的過程。早期作為國民黨內的軍事領導人，蔣介石其實對「綏靖」的相關機構的作用也並未多麼看重，而更注重一線戰場的直接戰果。一九二七年六月，國民黨軍隊進駐上海不久，蔣介石便曾致電時任上海

---

[6] 〈兩廣總督阮元等奏陳飭諭小西洋人嗣後無須帶領多船來粵片〉，廣東省人民政府參事室等編：《廣東海上絲綢之路史料彙編》（廣州市：廣東經濟出版社，2017年），清代卷，頁69。

特別市政府市長黃郛，提議取消綏靖處建制。[7]後來經張靜江等國民黨元老勸說，尤其是電文中「立即裁（撤）恐外人誤解」這套說辭使蔣頗為受用，方才同意緩撤。[8]至淞滬警察廳籌組完畢之際，蔣介石即認為綏靖機關的相關職能其實可以由警察廳這類機構代替承擔，「此後地方治安當有市政府負責維護」，「綏靖處似屬駢枝機關」，決定提請予以撤銷。[9]在北伐軍事進展順利之時，綏靖地方工作顯然還未進入到蔣介石的視野和重要議事日程當中。至少在此時的蔣介石看來，純軍事觀點似乎可以助力其實現中國統一的目標，而有關綏靖的相關事項則多屬日常地方治安問題，交由「警察廳」一類的政府機構處理即可。

而在國民黨最高層級黨政軍機構逐漸站穩腳跟之後，蔣介石逐漸意識到「純軍事觀點」是不足以維護自身統治的，於是致力於尋求所謂治本之道。一九三〇年一月二日，蔣介石與其英籍顧問白懷德（Sir A. Frederick Whyte）討論黨務與政治等問題。白懷德顧問提出「確定預算，懷柔敵黨，訓練民眾，行使民權，注重黨務等事」。在此基礎上，白氏又建言：應當「政治為體，武力為用。」蔣介石對此均表同意。宋美齡此時亦從旁幫腔，告誡蔣介石「事事應從根本解決，今年以徹底澄清為望雲。」[10]在當時的國民黨人看來，「今日中國最迫切之問題，第一綏靖，第二建設。」[11]「綏靖」是開始從事「建設」的重

---

7 〈蔣中正電告上海黃郛由沈毓麟接任淞滬公安局局長並取消綏靖處〉（臺北市：「國史館」藏，「蔣中正總統」文物檔案，1927年6月5日，典藏號：002-010100-00009-013。）

8 〈張人傑電蔣中正綏靖處方成立即裁恐外人誤解禁煙處若早日發表較妥〉（臺北市：「國史館」藏，「蔣中正總統」文物檔案，1927年6月9日，典藏號：002-080200-00025-024。）

9 〈綏靖處遵令撤消一切事宜移交警察辦理〉，上海《民國日報》，第3張第2版，1927年7月15日。

10 《蔣介石日記》（未刊稿），1930年1月2日。

11 〈綏靖後之建設問題〉，上海《民國日報》，第2張第1版，1930年9月2日。

要前提。蔣介石在國民黨三大即曾表示：「中國的政治既然沒有達到統一，一切建設計劃自然不能實現。」[12]換言之，蔣介石本人認為如若無法「綏靖」，則建設無從著手。

　　與古代統治者沒有多大區別的是，「綏靖」對於蔣介石而言，既是目的，也是手段。作為國民黨政權實際意義上的最高領導人，蔣介石此時自然希望其統治區域內能夠「綏靖」，只不過比之統一時期的中國封建王朝，此時的國民黨政權被迫需要開展「綏靖」工作的不止是邊疆地區，而是包括其統治核心區長江沿岸諸省在內，甚至以後者更為棘手。蔣介石曾在其一九三〇年的元旦文告中明白昭示「共產黨人」、「改組派」、「殘餘軍閥」均是其要綏靖的對象。而這其中，中共在湘鄂贛三省交界地帶的力量是其最「不易奏綏靖之功者。」[13]

　　蔣介石所認定的綏靖辦法也是從晚清時期的歷史演變中尋找借鑑，並逐漸將「綏靖辦法」與其所尋求的「治本之道」聯繫起來。一九三二年，蔣介石曾發表兩篇文字，一為致鄂豫皖三省主席之函，函中提及曾國藩胡林翼削平洪楊之往事；一為自編胡林翼軍政語錄之序文。其中，蔣介石在致三省主席函中所發揮之要旨，「曰整理國防，蓋吾國地方之大，當其伏莽遍地，其惟一防衛之法，曰團練，曰保甲。」為此，需要「軍民人等務要各守本分，安居天理，不許煽惑搬移，妄生事端，大戶毋逼債負，小民毋激仇嫌，鄉落居民，各自會推家道殷實行止端莊一人，充為約長，二人副之，將各人戶編定排甲，自相巡警保守，各勉忠義，共勤國難。」「綏靖與軍政」這其實就是蔣介石反覆提及「曾胡」時，所關切的重要課題，曾國藩、胡林翼等人所提及的「保甲與團練」也是蔣介石認為的「吾國歷代相傳，所以

12　〈第三次全國代表大會開幕日演詞〉（臺北市：「國史館」藏，「蔣中正總統」文物檔案，1929年3月15日，典藏號：002-060500-00009-002。）
13　〈努力綏靖，此其時矣！〉，上海《民國日報》，第2張第1版，1930年8月28日。

肅清土匪，綏靖地方之法。」[14]

在理念與政策確立後，蔣介石還在逐步探索執行綏靖政策的機構建制。中原大戰結束後，北方地區亟待善後，國民政府曾設立三大綏靖督辦公署執行綏靖任務。時人看來，「綏靖督辦之名義，從前並無所聞，今中央獨取此種名稱，吾人顧名思義，以為綏之意義為安，而靖之意義為定。綏靖云者，即安定之意也。某某省綏靖督辦者，即付以安定某省之責任。使某省人民，俱得享其安定之幸福也。其職權之範圍，實較清鄉剿匪種種名義，皆為重大。蓋不止關係軍事，即在相當範圍之民事問題，該督辦亦未嘗不能過問。」[15]而實際上，三大綏靖督辦公署究竟應用何種名義命名來體現其核心職能，國民政府高層曾展開深入討論，究竟該用「清鄉」抑或「綏靖」，因事涉省政府職權，國民政府各位委員在討論中莫衷一是。最終，還是時任國民革命軍總司令的蔣介石親自拍板：「清鄉改為綏靖。」[16]從中可以看得出「綏靖」之概念在此時的蔣介石心中較之於「清鄉」更為廣泛而重要，前者基本上涵蓋了後者，並在日後的實踐中職能逐漸擴充。

而在「圍剿」中央蘇區得手以後，綏靖區和綏靖公署等綏靖機構按照國民政府軍事委員會之要求依次設立，其職責權柄更重。蔣介石在此期間嚴加督促各綏靖公署及綏靖區按照綏靖程序推進相關綏靖工作。一九三五年初，蔣介石將「各區綏靖程序確定」與「整軍計劃完全確定」等量齊觀，一同視作當年所預定的「重要工作」。[17]蔣介石心目中所謂的「綏靖程序」大概分為如下幾大步驟：「一、劃分綏靖區

---

14 〈綏靖與軍政：蔣介石口中之曾胡〉，《庸報》，第1版，1932年8月25日。
15 〈綏靖督辦之責任〉，天津《益世報》，第2版，1930年11月5日。
16 〈蔣中正電胡漢民邊防字樣改為邊區清鄉改為綏靖〉（臺北市：「國史館」藏，「蔣中正總統」文物檔案，1930年10月30日，典藏號：002-070100-00014-058。）
17 《蔣介石日記》（未刊稿），1935年2月28日，「自記本月反省錄」。

域；二、肅清各地殘匪；三、完成各重要公路；四、完成民眾之組訓；五、處理『匪區』善後。」[18]理念、機構、政策、實施程序等逐漸有了雛形與輪廓，綏靖體系早期實踐此時業已展開。

戰後初期，蔣介石在考慮如何與中共較量的過程中，意圖重新激活綏靖體系，親自確立了所謂「綏靖軍官司須知」，其內容包括：「甲：恢復地方秩序；乙：清查戶口；丙：組織保甲；丁：組訓保甲長，實行連坐；戊：慎發身份證；己：封鎖匪區，禁止貿易與交通；庚：組訓情報人員，建立情報網；辛：組訓民眾自衛隊，挑選最優秀有智識之下級連排長，充任隊長；壬：調查與登記糧食；癸：施食與施醫。」[19]比之十餘年前蔣介石自己所擬定的「綏靖程序」而言，「綏靖軍官司須知」實則更為嚴密，也成為了日後指導國民黨政權各系統開展綏靖工作的總體指南。

蔣介石對於綏靖理念的經驗認知其實充滿了功利性，其與古代統治者對於「綏靖」的理解並無本質差別，均以居高臨下之態度，對威脅或潛在威脅其統治的政治勢力採取「鎮」與「撫」兩種手段。只不過不同的是，蔣介石統治時期，其所要開展的綏靖工作不在局限於邊遠地區，而是以其統治核心區作為綏靖工作重中之重。蔣介石在此尤其強調「政治力量之運用」，視為其軍事力量之補充，並將其拔高到「治本之途」的高度。

二 國民黨宣傳機器對於綏靖體系的合法性構建

在國民黨政權形式上統一全國之後，國民政府理當與民休息，從

---

[18] 〈贛閩兩省及鄰接邊區綏靖計劃〉（臺北市：「國史館」藏，國民政府檔案，1935年4月7日，典藏號：001-072460-00018-002。）

[19] 《蔣介石日記（未刊稿）》，1946年8月25日。

事基本建設,然而卻在後相當長的一段時間內,將大量人力物力投入到所謂「綏靖」工作中來。作為國民黨的宣傳機器,其各級黨報黨刊顯然有必要向全國民眾,尤其是其黨內成員解釋何為綏靖政策、綏靖工作的對象,以及綏靖工作的意義等重大問題,以利於其相關決策部署的落實,其整個過程相當於對於國民黨綏靖體系的「合法性構建」。

何謂「綏靖」?在國民黨官方輿論看來,「所謂綏靖者,當然即摧毀惡勢力之謂也」。如前所述,歷史上的「綏靖」一詞一般指以安撫(綏)的手段,使局勢達到安定(靖)的地步。而國民黨官方輿論卻在此將其與「摧毀惡勢力」之舉等量齊觀,以相反相成來自圓其說。「夫摧毀與綏靖,似恰為相反之名詞,何以綏靖同時必須摧毀?曰:所欲摧毀者為惡勢力也,惡勢力一日不摧毀淨盡,即綏靖之工作,永無完成之期!」[20]

而至於綏靖之對象,國民黨官方喉舌根據蔣介石元旦文告,歸納為「共產黨、改組派、殘餘軍閥合併而成之惡勢力。」也就是說,綏靖之主要對象最初並非專指中共,而是上述三大勢力之集合。這三大勢力可以威脅到南京國民黨中央掌權者的執政地位。因此,在南京方面國民黨人看來,「彼輩初猶分道揚鑣,各有所為,近則利害相結,形成一反動大集團,以破壞整個中國為惟一企圖。此種惡勢力之大集團,為國人所摒斥,為政府所力欲摧毀者,已不待煩言矣;苟不於此努力,而欲求實現人人共望之治安的國家,猶農夫不去惡草而冀嘉禾之茂也,嗚呼可哉!」當然,即便三大勢力都需要「綏靖」,國民黨人內心中也是有主次分別的,在其看來,「共產黨出沒無常」,堪稱「惡勢力中之最不易奏綏靖之功者也」。[21]而在「改組派」逐漸式微,

---

20 〈努力綏靖,此其時矣!〉,上海《民國日報》,第2張第1版,1930年8月28日。
21 〈努力綏靖,此其時矣!〉,上海《民國日報》,第2張第1版,1930年8月28日。

汪精衛出任行政院長，南京呈現蔣汪合作之局面，同時國民黨內其他地方實力派又不足以公然挑戰南京中央權威的情況下，綏靖體系的施政重心自然也就逐漸轉向中共及其所領導的各個蘇區。而地方實力派在無意問鼎國民黨中央的情況下，反而成為了南京方面需要拉攏與團結的對象。國民黨當局以「綏靖」為名，授予一些地方實力派以綏靖公署主任之職銜，使其在地位上高於普通省主席，甚至可以在名義上節制多省。

關於綏靖與建設之關係，一九三〇年九月初，即國民黨內各派系軍事力量相互內鬥的中原大戰即將分出勝負之際，國民黨中央黨報《民國日報》就已經急不可耐地宣布：「今日中國最迫切之問題，第一綏靖，第二建設。」[22]在此，南京方面將彈壓地方實力派之後的國內重要政治議題一併拋出，明確將綏靖事項與建設問題相捆綁。綏靖要成為建設的先決條件。

實際上，就綏靖與建設問題而言，時任《申報》總主筆陳景韓早在一九二九年十月就曾向蔣介石建言：「今日要務，在整頓軍事，以滅叛逆，注重財政，以備急需；此外，則為浚河築路。於此半年至一年之間，專與反動派奮鬥，然後再談建設。」所謂「專為反動派奮鬥，然後再談建設」這一論調其實就是先專心綏靖，而後從事建設，蔣介石對此引為「知己之談」，「甚獲我心」。[23]在此基調指引下，也就不難理解日後國民黨方面會公開宣稱：「綏靖，萬端待理之第一先決問題也」。而一旦樹起「綏靖」的大旗，如果有政治勢力違背國民黨中央的意旨，即「不綏靖」，則不僅「統一無以完成，民生無以慰安，生產實業以及建設，均無從著手，至政治上之不克上軌道，國際

---

22 〈綏靖後之建設問題〉，上海《民國日報》，第2張第1版，1930年9月2日。
23 《蔣介石日記（未刊稿）》，1929年10月1日。

地位之不能增高，更無一非國內不能綏靖之由作之梗也。」[24]

國民黨最初在曾經遭受中原大戰波及的省份，設立綏靖督辦公署，授權綏靖督辦處理善後事宜。「以為綏之意義為安，而靖之意義為定。綏靖云者，即安定之意也。某某省綏靖督辦者，即付以安定某省之責任。使某省人民，俱得享其安定之幸福也。即貪官汙吏，土豪劣紳，間接有妨於地方誌平定，人民之安寧者，亦須剔除淨盡，必如此方有合於綏靖之義。」[25]其中，西北軍出身的張之江出任江蘇綏靖督辦。對此，國民黨江蘇省黨部機關報注意到國民黨中央「以於四中全會之後，百政緊縮聲中，而猶有江蘇綏靖督辦之設，譬之窮人之家，方在減衣縮食之時，面有膏肓之病，不得不先其所急，延醫求治，是故綏靖江蘇雖為消極之剿匪，而且責任，則為人民求安定，為建設除障礙。」[26]

事實上，國民黨自己亦深知，當時中國的社會環境可謂病來如山倒，病去如抽絲，「今日之建設問題，千頭萬緒，自非一時可理，求遠自邇，又豈一蹴而就可幾！今日中國社會之病，複雜已極，療法不易著手」。在此情況下，國民黨一方面鼓勵青年深入基層，從事建設工作，「若真有志改造中國之新青年，應自政府肅清反動以後，分頭努力，去做下層工作以督促輔助我政府，革除社會之弊病，逐漸擴大建設之事業」。同時，開出以「綏靖」為引子的藥方，為民眾描繪國家社會步入「綏靖」的狀態，為其執行綏靖政策粉飾：

> 是故今日之中國，若幸而從此日進於綏靖的狀態中，則休養生息，為當務之急，力謀發達國家之生產，以提高國民經濟之低

---

24 〈努力綏靖，此其時矣！〉，上海《民國日報》，第2張第1版，1930年8月28日。
25 〈綏靖督辦之責任〉，天津《益世報》，第2版，1930年11月5日。
26 〈江蘇綏靖觀〉，《新江蘇報》，第5版，1930年11月27日。

落,解救國民生活之困苦為鵠的。其次則如胡先生所言,由治標之「政」,使上不致無禮;由治本之「教」,使下不致無學,庶乎救國不落空言,而建設問題,亦可循序漸進,登宏廓光明之道,造遽皇璀璨之宮也。然而此豈易言哉!

群眾之言曰:「吾民忍痛久矣!何時能解除吾民之痛苦乎?」吾應之曰:「國家一入於綏靖之境,幸福之途即隨以俱來。若夫建設之成功,則有待諸大眾之努力,願全黨同志全國同胞交勉之!」[27]

國民黨一方面高唱綏靖意義之高調,調集重要人力物力資源用以對付中共,與之伴隨的卻是國難危機日益深重,國民黨政權對於整個社會日趨嚴密的管控以及綏靖機構職能的大為擴充。此舉使得國民黨輿論機器對於綏靖體系與政策的種種宣傳都顯得十分蒼白。國內社會輿論對國民黨當局的種種做法其實也屢有不同聲音。例如,本該以禦侮圖存為主題的國難會議,卻將「綏靖」作為大會主要內容加以討論。《申報》對此發表社論〈論綏靖〉,公開指出此時綏靖之對象主要為共產黨,「而共黨究何自而來乎?究何由而日益蔓延乎?此乃為吾人所應探討之根本問題。不探其根因,而徒談『綏靖』,是正有類於『緣木而求魚』。」同時,斷言:「以故吾人認為今日之『匪』,絕非『剿』所可『滅』,思想不可禁錮,亦絕非禁錮所可阻遏。欲言『綏靖』必從澄清政治,建立適合大多數人民之利益之民主政治著手,民主政治建立,由解決土地問題,進而建設非資本主義之民生主義的社會,而後民乃得生,社會乃得繁榮。社會秩序乃能永久安定,除此而外吾人誠未見綏靖之道,如其有之,應亦不過殘民以逞耳。」[28]在此

---

27 〈綏靖後之建設問題〉,上海《民國日報》,第2張第1版,1930年9月2日。
28 〈論綏靖〉,《申報》,第1版,1932年4月12日。

之後，《申報》又連續與國民黨當局公開唱反調，評議其大政方針，使得蔣介石頗為惱怒，甚至要求「交通部電各郵局將寄往豫、鄂、皖、贛四省之《申報》、《生活週刊》扣留。」[29]

抗戰結束後，國民黨方面面臨著新的複雜形勢，意欲重拾綏靖體系與中共展開全方位較量。與之相配合的是，國防部新聞局長鄧文儀在此間撰寫的《蔣主席傳略》一書由國防部新聞局公開出版。該書可以被認作是國民黨官方意識形態的宣講。作為國民黨軍隊政工系統的實際負責人，鄧文儀專門論述了蔣介石所以實行所謂「綏靖政策」之原因，營造其苦心孤詣的形象：

> 我國歷史教訓，「大戰之後，必有凶年，瘟疫流行，水旱並至，饑寒交迫，土匪盜賊紛起」這次空前的對外長期戰爭之後，上述現象勢所難免，主席高瞻遠矚，在抗戰之始，即已提出國策為抗戰建國並進，指示建國工作比抗戰工作將更艱苦，意即預為指明，今日戰後之局勢，為不可避免之過程，如何恢復秩序，安定社會，發展生產，改造經濟，革新政治，除暴安良，興辦學校，改進教育，於實行民族主義之餘，加緊實行民權民生主義借便解決政治經濟問題，實行統一建國，主席都已熟籌密劃，統一為一切建設之前提，亦為和平之先決條件，現統一必須掃除統一之障礙，為達成此一目的，乃實行綏靖政策。[30]

在此基礎上，鄧氏更進一步提煉出所謂「綏靖主旨在求以和平方式國內問題，非萬不得已不用武力」。具體來講要做到：在政治上主張政

---

[29] 呂芳上主編：《蔣中正先生年譜長編》（臺北市：「國史館」、「國立中正紀念堂」、財團法人中正文教基金會，2014年），第3冊，頁694。

[30] 鄧文儀：《蔣主席傳略》（北京市：國防部新聞局，1946年），頁52-53。

治民主化，聯合各黨各派，充實國民政府，召開國民大會，議制憲法，使國民黨還政於民，實行地方自治，使民眾切實行使四權；在軍事上主張軍隊國家化，實行整編國軍，辦理復員退伍，提倡國防科學，發展國防工業，恢復並建設全國交通，改建警察制度，充實地方自衛力量，安定地方，保障民生。[31]實際上，鄧文儀筆下所謂的「綏靖主旨」相當於國民黨此一時期標語口號政治的集合，將其統統囊括到「綏靖主旨」之名下，而模糊了綏靖體系與政策的本來面目，是配合此間國民黨文宣攻勢的舉動。

總之，國民黨方面的文宣部門賦予綏靖以極高的政治象徵意義，成為國民黨自身意識形態的一部分，用以指引其組織行動。如若有政治勢力違背國民黨政權的意志，威脅動搖其統治，其就有可能祭出「綏靖」這一旗幟，賦予其應對措施（無論是軍事手段，亦或是政治手段）以正當性，以便於其調動自身系統乃至社會方面的各項資源。

第二節　綏靖體系的雛形與早期實踐

一　國民黨政權統一全國後鎮撫地方的初步安排

早在國民黨政權統治範圍當時還處於珠江流域之時，國民黨人實際上就已意識到自身統治區域達致地方「綏靖」的重要意義。辛亥革命爆發之際，廣州光復後成立的廣東軍政府之下就曾於一九一二年有總綏靖處之設置，由陳炯明出任總辦，龍濟光擔任會辦。[32]這一時期

---

[31] 鄧文儀：《蔣主席傳略》，頁52-53。
[32] 〈總綏靖處職員一覽表〉（1912年8月16日），汕尾市人物研究史料編纂委員會編：《汕尾市人物研究史料》，
第3輯（1993年），頁86。

設置的總綏靖處，名為「綏靖」，實則工作側重「安插未解散之民軍，用以治各屬盜賊者也」。總綏靖處的職能與軍政府都督的民政職權實際上難以區分，況且「中央官制未定，暫行而已」，只是起到過渡作用，不久即告裁撤。[33]一九二三年，孫中山率國民黨第三次開府廣州。在重新站穩腳跟之後，為穩固並擴展自身統治，國民黨政權於常規軍事力量之外，綏靖機構建制也在其轄區內有所安排。國民黨當局在廣東省邊遠地區劃分若干綏靖區，設立綏靖處，清剿土匪，組訓民眾，維持地方治安，執行相關綏靖政策。

在準備北伐時期，以李宗仁、黃紹竑等為首的新桂系歸附到廣州國民政府旗下，被賦予了「廣西全省綏靖處」的名義。彼時，為便宜處置廣西省內情勢，經胡漢民與赴粵的黃紹竑商定，並由國民政府委員會討論通過，特做出決定：「廣西總司令、廣西省長均著裁撤，於籌備改組以前，所有廣西全省軍政、民政、財政著李宗仁、黃紹竑暫以廣西全省綏靖處名義辦理。」[34]此舉對於當時統一廣西事權，促成兩廣聯合，穩固北伐大後方的局勢至關重要。

自北伐戰爭打響以來，國民黨政權的統治區域日趨向北推進，長江中下游省份逐漸被納入統治。進入一九二八年，尤其是南京國民政府發動二次北伐之後，國民革命軍正規部隊隨戰線推進，陸續開赴北方地區作戰，長江一帶區域漸次成為國民黨政權新的後方。以安徽為例，新近走馬上任的省主席陳調元面對「大兵之後，伏莽遍地」，極

---

33 張金超輯錄，鐘榮光著：〈廣東人之廣東〉，林家有主編：《孫中山研究》（廣州市：中山大學出版社，2010年），第3輯，頁287。廣東省地方史志編纂委員會編：《廣東省志・大事記》（廣州市：廣東人民出版社，2005年），頁217-218。
34 李劍農：《中國近百年政治史》（上海市：上海人民出版社，2015年），頁539。〈國民政府著李宗仁等以綏靖名義督理桂省軍政訓令〉（1925年8月6日），中國第二歷史檔案館編：《中華民國史檔案資料彙編》（南京市：鳳凰出版傳媒集團，1991年），第4輯，第2冊，頁909。

其錯綜複雜的省內情勢，即認為：「惟軍事方殷以鞏固後方為要，政務待理以維持公安為先」。為鞏固作為後方的安徽計，陳調元鄭重向蔣介石及國民政府建言，「惟有援廣東成例，設立安徽全省綏靖處以弭各縣之匪患，而固北伐之後方。」[35]在國民革命軍正規軍事力量開拔之後，綏靖機構之於國民黨後方穩固與否的意義則更顯重大。而陳調元在此著重強調的「惟有援廣東成例」，其實一定程度上反映了綏靖建制及其相關經驗認知在國民黨人心目中的地位。所謂成例，其實是國民黨當局應對當時處理複雜的軍事社會形勢的工具之一，以至於新自北洋系統歸附的陳調元在主政一方之時，也要主動靠攏，表示「援引」。

而具體到當時的實際情形，安徽擬請設立省綏靖處的處置思路，在國民黨新近納入的統治區域內其實也並非孤例。江蘇省約在同時也擬具了相應的綏靖辦法，計劃執行綏靖政策，以期儘快穩定地方秩序，做好地方善後工作。為此，淞滬警備司令部專門行文，諮請江蘇省政府，彙報經其議決的綏靖辦法，大致的內容為：「第一步擇定重要地點，酌量分配部隊，責成各該地方限期檢舉及聯保由各師長對於各警備區內負責辦理；第二步扶助地方組織自衛團體，舉行清鄉，並請省政府通令行政機關查清戶口等因。」[36]安徽、江蘇等地的舉措，此時仍是局部性的，在省一級的框架下的臨時性應急舉措。國民黨高層此時雖已意識到，「現在政治上應注意建設及綏靖地方及整理民眾運動之辦法等」[37]，但真正由國民黨中央牽頭布置的綏靖舉措至少要

---

35 〈安徽省政府主席陳調元呈國民政府為成立安徽省綏靖處及其組織條例和警備隊編制預算表請鑒核備案〉（臺北市：「國史館」藏，國民政府檔案，1928年5月14日，典藏號：001-012071-00151-008。）
36 〈綏靖地方辦法〉，上海《民國日報》，第3張第2版，1928年6月15日。
37 王仰清、許映湖標注：《邵元沖日記（1924-1936年）》，1928年3月11日（上海市：上海人民出版社，1990年），頁406。

等到國民政府形式上完成對全國的統一之後。

一九二九年初，國民政府在南京召開全國軍事編遣會議，旨在討論軍隊復員編遣問題。這一時期關於綏靖制度設計思路在於，由國民黨中央頂層謀劃，將編遣部隊與綏靖地方職責相掛鉤。一方面，國民政府認為北伐功成，大戰已告終結，應著手實行部隊編遣，以減輕國家養兵負擔。同時圍繞如何編遣，則按照綏靖地方成效幾何，來決定各部隊裁汰與否。國民政府為此期間反覆召集會議，最終討論通過了《編遣程序大綱》，提出擬斟酌各省治安情形，將每省劃為若干區，定名為綏靖區或綏靖分區。分駐各師旅，以六個月為期，直承編遣會之命，並受各省政府之指導，任綏靖地方之責。[38]立法院為此通過《國軍「剿匪」條例》，其中關於執行綏靖任務的具體規定為：

> （第三條）剿匪區域。按編遣委員會劃定各編遣區或直轄分區，為剿匪區域。其不屬編遣區或直轄分區之省份，即以各該省各為一區。（第四條）前條所定各區應劃分若干綏靖分區。其區內駐軍，遇匪剿辦。並將各綏靖區或綏靖分區暨駐軍地點，詳報編遣委員會。駐紮綏靖區或綏靖分區內剿匪之部隊，仍用原有編組及名稱，不得另立其他名義。[39]

然而，原本作為善後安排的編遣、綏靖相關事宜，相關政策非但沒有貫徹落實，反倒成為點燃新一輪國民黨黨內派系紛爭的導火索。誠如惲代英當時所作之分析，「他們（國民黨各派系勢力——引者注）仍舊是各人關起門來做事，像以前『為裁減而陰圖擴張』，『或虛報遣散

---

[38] 〈編遣會四次會日期〉，《申報》，第4版，1929年1月16日。《國軍編遣程序大綱》，《申報》，第4版，1929年1月18日。

[39] 〈立法院通過國軍「剿匪」條例〉，《申報》，第16版，1929年10月10日。

之名額，以掩蔽事實』的事情，一定還要照舊做下去。」[40]國民黨各派系軍事力量之間，圍繞編遣善後安排各執一詞，互不相讓，導致矛盾衝突激化。各方甚至為此大打出手，展開了大規模的軍事混戰。因而，這一次以南京中央政府牽頭布置的綏靖計劃，實際上胎死腹中，沒有認真貫徹執行。在此前後，代表南京政府出席湖北省主席就職儀式的中央代表劉峙，對此曾表示：「這是因為叛逆迭起，政府的力量多用在軍事方面，故對於政治上設施。未能按照預定的計劃實行。尤其是原來綏靖部隊，奉令討逆。」[41]「討逆」實則與「綏靖」相衝突，以蔣介石為首的南京國民黨中央此時實在難以將其兩全。

一九三〇年中原大戰結束後，國民黨各派系的軍事衝突大體上暫告一段落。國民黨軍政決策層自認為：「政府自信此後不致再有內戰發生。」[42]國民政府終於得以騰出精力，處理善後及應對各地中共工農武裝割據問題。[43]在各方戰爭行將結束之際，國民黨中央黨報喉舌就已將「綏靖」問題擺到檯面，明確提出：「今日中國最迫切之問題，第一綏靖，第二建設。」[44]綏靖工作甚至被國民黨官方輿論稱為「實訓政時代討逆平叛後之最重要工作」[45]，其重要性於此可見一斑。

為了解決「今日中國最迫切之問題」，國民政府在此前後以中央政府的名義，設立了三大綏靖督辦公署。[46]這一新生的綏靖機構則明

---

40 〈編遣會議的結果便是這樣了罷〉（1929年1月23日），《惲代英全集》（北京市：人民出版社，2014年），第9卷，頁134-135。

41 〈鄂主席何成濬就職紀〉，《申報》，第8版，1929年12月22日。

42 何應欽：〈十年來中國之軍事〉，《申報》，第7版，1934年10月10日。

43 在國民黨人看來，「共產黨、改組派、殘餘軍閥合併而成之『惡勢力』」，而這其中「共產黨出沒無常」，堪稱「惡勢力中之最不易奏綏靖之功者也」。參見〈努力綏靖，此其時矣！〉，上海《民國日報》，第2張第1版，1930年8月28日。

44 〈綏靖後之建設問題〉，上海《民國日報》，第2張第1版，1930年9月2日。

45 〈江蘇綏靖觀〉，《新江蘇報》，第5版，1930年11月27日。

46 何應欽：〈十年來中國之軍事〉，《申報》，第7版，1934年10月10日。

確針對各省邊區及江蘇省內中共的活動情形,「特設綏靖督辦,以專責成,而靖地方」。[47]國民政府為此特任張之江為江蘇綏靖督辦,李鳴鐘為豫鄂皖邊區綏靖督辦,劉鎮華為豫陝晉邊區綏靖督辦。此種設置在當時應屬制度上的創舉,在時人看來,「綏靖督辦之名義,從前並無所聞」。[48]而且,是在「四中全會之後,百政緊縮聲中,而猶有江蘇綏靖督辦之設,譬之窮人之家,方在減衣縮食之時,面有膏肓之病,不得不先其所急,延醫求治。」[49]

實際上,處理地方善後及中共工農武裝割據問題究竟以何種名義施行,國民政府高層曾為此頗費一番思量。在討論醞釀階段,就名義和職能劃分問題而言,其實還存在著一定的爭議。公署之建制究竟是以「邊防」還是「邊區」來命名,以及核心職能究竟是用「清鄉」還是「綏靖」的名義?國民政府高層為此展開討論,一九三○年十月召開的國民政府國務會議認為,「邊防」顯係對外,「擬宜就所定區域職責為名」。至於「清鄉」或「綏靖」,因事涉省政府職權,國民政府會議莫衷一是。最終,還是時任國民革命軍總司令的蔣介石親自拍板:「邊防字樣改為邊區,清鄉改為綏靖。」[50]這裡的討論及結果實際上決定了事後綏靖制度及體系的政策走向。一方面表明「邊區綏靖督辦公署」是國民政府因應錯綜複雜的國內政治局勢而設立的臨時性機構,同時也看得出「綏靖」之概念在蔣介石心中較之於「清鄉」更為廣泛而重要,前者基本上涵蓋了後者,並在日後的實踐中職能逐漸擴充。

---

47 《綏靖督辦公署暫行組織條例》(1930年12月11日),中國第二歷史檔案館編:《中華民國史檔案資料彙編》,第5輯,第1編,軍事(一)(南京市:江蘇古籍出版社,1994年),頁19。

48 〈綏靖督辦之責任〉,天津《益世報》,第2版,1930年11月5日。

49 〈江蘇綏靖觀〉,《新江蘇報》,第5版,1930年11月27日。

50 〈蔣中正電胡漢民邊防字樣改為邊區清鄉改為綏靖〉(臺北市:「國史館」藏,「蔣中正總統」文物檔案,1930年10月30日,典藏號:002-070100-00014-058。)

綏靖督辦直接受國民革命軍陸海空軍總司令蔣介石之指揮。所有綏靖區內保安團隊、地方之警備隊等均歸綏靖督辦指揮，期間暫定四個月。以兩個月專司「剿匪」，兩個月專司清鄉。其中「剿匪」期，歸綏靖督辦負責辦理，清鄉期則由該督辦商同各省政府按照清鄉條例，督促所屬施行之。[51]

綏靖督辦公署組織分參謀、秘書、軍務、副官、軍需、軍法六大處。[52]這樣一來，綏靖督辦公署雖然有六大處之設，「但完全屬軍事範圍，與民政無關也」。而且，至少組織條例理論上設定了任職期限，突出其臨時性質，「非國家永久之官制可比」。[53]這樣的設置，其實使綏靖督辦不便於直接插手地方黨務政務，且國民政府頒布的組織條例明確規定：「綏靖督辦公署及分區指揮及對於所轄區域內之地方行政、黨務、司法、財政，不得逕行干涉。」[54]這其實與社會輿論在條例規定正式頒布前所放出的消息不盡一致。[55]事實上，圍繞綏靖督辦的制度建制，時人當時即有隱憂，擔心其成為北洋政府時代的「某省剿匪督辦」或「某省剿匪司令」，最終實際成為「割據之變象」，導致「省政仰其鼻息，稅收供其支配，一省政治，雖有軍民之分，而樞紐實操於兵事長官之手……時局安定，則坐食其利，時局搖動，則首先變態，此中國曆十餘年不見治平之根本禍源也。」[56]這種富有見地的

---

[51] 《綏靖督辦公署暫行組織條例》（1930年12月11日），中國第二歷史檔案館編：《中華民國史檔案資料彙編》，第5輯，第1編，軍事（一），頁19-20。

[52] 〈三綏靖督辦今日宣誓就職〉，《申報》，第4版，1930年11月24日。

[53] 〈江蘇綏靖觀〉，《新江蘇報》，第5版，1930年11月27日。

[54] 《綏靖督辦公署暫行組織條例》，1930年12月11日，中國第二歷史檔案館編：《中華民國史檔案資料彙編》，第5輯，第1編，軍事（一），頁20。

[55] 天津《益世報》最初放出消息，稱「蓋不止關係軍事，即在相當範圍之民事問題，該督辦亦未嘗不能過問。」參見〈綏靖督辦之責任〉，天津《益世報》，第2版，1930年11月5日。

[56] 〈江蘇綏靖觀〉，《新江蘇報》，第5版，1930年11月27日。

言論實則深刻反映了綏靖體制機構與地方行政機構之間的深刻矛盾。實際上，綏靖機構存在一日，這類矛盾就始終縈繞，或隱或現，不曾得到根本解決，幾乎貫穿了其發展的主線。[57]而且，隨著日後國民黨統治局勢的漸趨惡化，綏靖機構更是愈發凌駕於黨政機關之上。

三位綏靖督辦此時的管轄區域還主要位於長江以北之各省交界地帶，這些地區其實原本多為馮玉祥或閻錫山集團長期盤踞之地，之前實際上均非南京國民黨政權根基深厚之地。而此次所任命的三位綏靖督辦，原本皆係西北軍馮玉祥之舊部。後來因政治局勢所迫，逐漸脫離馮玉祥陣營而投靠南京方面，並非蔣介石之黃埔嫡系，時人稱其為「在馮部中為比較的腦筋清醒志向堅定之人物」。此次任命顯然是出於籠絡來投之馮玉祥西北軍舊部，兼具懷柔北方之意。一方面，三位綏靖督辦皆為資歷深厚之將領，對當地情形亦較為熟稔，便於撫輯地方，何況「現在分駐各省握有實力之武人，非其舊部，即其僚友。將來如需用軍力以綏靖地方之時，決不至有運轉不靈之慮」。同時，國民政府此舉，又可以對外展示南京方面「用人之一秉大公」，「不存絲毫門戶歷史之見」。[58]

雖然國民政府正式發表的綏靖督辦公署制度條文明確提出，三大綏靖督辦公署乃是因應中國共產黨武裝割據而設。然而事實上，各省之間，「一省有一省特異之情形，一省有一省受病之癥結」。對此，社會輿論曾有明確呼籲：「如豫如皖，當戰線之沖，人民受炮火摧殘，最為劇烈。游兵土匪之散步於地方者，亦以此兩省為最多，若晉陝甘

---

57 時人就曾援引北洋政府時期前例，對當時職權界限模糊的情形發出警告，認為「我們應當注意從前督軍團的故事，從前的省長是督軍團的秘書長，謹防現在的省主席再變為綏靖主任的副官長。」參見〈軍民分治與綏靖主任〉，《時代公論》第2期（1932年），頁3-4。

58 〈綏靖督辦之責任〉，天津《益世報》，第2版，1930年11月5日。

雖未直接感受戰禍,然以貧瘠之區,為軍閥盤踞數年之久,百萬軍人均仰食於此地。又值天災流行,連年水旱,人民身受苦痛,較豫皖兩省,似有過之而無不及。以言綏靖,江蘇湖北應以消滅『赤禍』為先,河南安徽應以肅清土匪為急。陝甘省宜注重救災,山西一省宜力除苛政。」[59]

實際上,此時為綏靖督辦所統轄的各個省情形千差萬別,各自省內突出矛盾也互不相同。尤其湖北一省,鄂東地區內的紅軍武裝力量非常活躍,直接威脅到南京國民黨政權統治的核心地帶,確實成為各方當時矛盾焦點所在。紅軍此時活動以鄂東為中心,向外延伸拓展,牽涉湘贛兩省,使南京方面頗為頭疼。國民政府關於綏靖政策的試點與布局因此也多向湘鄂贛省交界傾斜。但此時綏靖建制還處於草創階段,系統運轉並不流暢。結合數月以來的「剿匪綏靖」經歷,豫鄂皖邊區綏靖督辦李鳴鐘就曾在湖北內部的綏靖會議上表示:「指揮不甚統一,隊伍常常調動,開封行營和武漢行營的命令,常常發生抵觸,使剿匪部隊無所適從。」除此之外,參與綏靖工作的各路雜牌軍將領紛紛抱怨待遇不公,且軍餉後勤受制於地方政府。[60]

彼時,綏靖督辦名義上直轄於國民革命軍總司令蔣介石,但在實際運轉中又不得不接受蔣介石的「駐外代表──行營」的「指導」。尤以湖北省的綏靖區域夾在「開封行營」及「武漢行營」之中,不僅轄區地域劃分不清,權責統屬也釐定不明,形成九龍治水之局面,使作為綏靖督辦的李鳴鐘及其所部於其間無所適從。加之,最初任命的三位將領皆出身於馮玉祥的西北軍系統,在南京政權內部其實還缺乏

---

59 〈綏靖督辦之責任〉,天津《益世報》,第2版,1930年11月5日。
60 〈湖北全省綏靖會議紀事錄〉(臺北市:「國史館」藏,「陳誠副總統」文物檔案,1931年2月18日,典藏號:008-010702-00052-001。)

根基,能夠調動的資源力量亦著實有限[61],致使綏靖效果不彰。執行綏靖政策期限最初本以四月為期,但實際上相關任務無法完成,被迫一再展期。[62]而且,對於綏靖督辦的設置,外間其實一直也有所議論,疑慮其成為北洋軍閥時代之「督軍」或「剿匪司令」,乃至演化為變相之巡閱使,「今日付以安定之職權,他年反種下紛亂之種子,是豈中央設官安民之本意哉」。[63]這類機構的設置無疑均是以軍事長官高於一切自居,凌駕於地方政府之上,加重民眾負擔。[64]

更為重要的是,隨著中共工農紅軍聲勢愈來愈大,尤其是以贛南、閩西為中心的中央蘇區漸成氣候,國民黨政權日益將之視為「心腹之患」。整個大形勢無疑也在驅使著國民黨中央政府此時必須立即調集更多的資源,制定更為詳盡的政策方針,投入更為精幹的力量來到應對中。在這一過程中,將綏靖系統強化與整合的呼聲也甚囂塵上。[65]

---

61 在「正式就職」近一個月後,豫陝晉邊區綏靖督辦劉鎮華仍舊向南京方面抱怨:「豫陝晉邊區綏靖區域及應歸節制部隊未蒙明令指派,不免進行困難」。參見〈蔣中正電何應欽豫陝晉邊區綏靖區域及應歸節制部隊等問題已直接復劉鎮華〉(臺北市:「國史館」藏,「蔣中正總統」文物檔案,1930年12月9日,典藏號:002-070100-00016-009。)

62 〈何成浚電徐源泉等各綏靖督辦展長半年系專指劉鎮華等三人〉(臺北市:「國史館」藏,閻錫山史料檔案,1931年7月22日,典藏號:116-010103-0121-058。)〈綏靖區展期半年撤消〉,《申報》,第16版,1931年7月24日。

63 〈綏靖督辦之責任〉,天津《益世報》,第2版,1930年11月5日。

64 〈江蘇綏靖觀〉,《新江蘇報》,第5版,1930年11月27日。

65 在此期間,社會輿論甚至有將國民革命軍總司令部所轄各行營改為綏靖區之說。而蔣介石也在考慮撤銷行營後如何設立綏靖機構等問題。參見〈各行營將改綏靖區〉,《申報》,第10版,1931年11月18日。〈蔣中正決定總司令部及各地行營撤銷後特派何應欽為駐贛綏靖主任並與傅作義等詳談與日接戰機宜等〉(臺北市:「國史館」藏,「蔣中正總統」文物檔案,1931年11月28日,典藏號:002-060100-00042-028。)

二 國民黨彈壓國內政敵與辦理善後的中央派出機構

前已述及，在國民政府於個別省與省邊區交界地帶設立綏靖督辦，處置綏靖事宜時期，統一協調指揮從始至終都是一個棘手的問題。綏靖督辦名義上直隸於國民革命軍總司令部，但其實還要受到各方掣肘，尤其是開封行營與武漢行營均可以插手綏靖督辦事務，且二者命令常有齟齬之處，使綏靖督辦公署夾在其中無所適從。

在中國國民黨在形式上統一全國後，南京方面便常以居高臨下的姿態，不僅宣稱要掃除「改組派」、中共、「軍閥殘餘」等「一切惡勢力」，而且將中共及其武裝蔑稱為「匪」。國民黨政權此時執行綏靖事務的思路，多以歷朝歷代尤其是晚清時期「清剿土匪」的方式方法處置。綏靖機構設置為臨時性機構，「非國家永久之官制可比」。[66]綏靖期限最初只是規定為期數月，一方面意在向外表明「剿匪」兵貴神速，另一方面也體現出國民政府上下此時的樂觀態度，起碼尚未能意識到相關問題的嚴重性，以為可以憑藉「純軍事觀點」來解決問題。

執行「綏靖」任務初期，國民黨軍政力量在深入中共實際控制區域，尤其是與中共武裝交手之後，就愈發感到形勢的複雜嚴峻，各方面傳遞回來的實際進展並不順利。李鳴鐘在湖北內部綏靖會議上就曾坦言：其本人就任了兩個多月，「表面上雖有進展，實則無成績可言」。[67]各綏靖督辦公署的綏靖任務實際上始終無法徹底完成，原定的時間期限，被迫一再展期。[68]更為重要的是，國民黨前方一線將領業

---

66 〈江蘇綏靖觀〉，《新江蘇報》，第5版，1930年11月27日。
67 〈湖北全省綏靖會議紀事錄〉（臺北市：「國史館」藏，「陳誠副總統」文物檔案，1931年2月18日，典藏號：008-010702-00052-001。）
68 一九三〇年底，國民政府決定設置綏靖督辦公署伊始，曾對外宣布綏靖時間，明確規定期限為四個月。至一九三一年三月，國民政府委員會第十四次會議議決，「決議各綏靖督辦公署暫行組織條例內所規定之綏靖期間，均予展延四個月」。四個月後的

已意識到，僅靠國民黨軍隊的純軍事力量著實無法戰勝共產黨，因中共「最大的力量是宣傳」，其可以充分發動並組織群眾。為此，諸多國民黨軍隊前線將領也希望能用「宣傳的力量來抵制他（中共），喚醒民眾」，而「組織民眾，僅靠軍隊是不行的，故必須要有良好黨政人才去辦，方能持久。」[69]

這其實涉及到「政治」與「軍事」的配合運用，實際上也是國民黨政權系統內黨政軍各部門的協同問題，更是事關國民黨「剿匪」與綏靖的重大戰略策略問題。此等問題顯然是當時在南京政權內部根基不深的綏靖督辦，乃至其他國民黨嫡系將領無法切實解決的，需要更高層級的人物和機構來出面組織協調，用塑造體系與調整人事的方式來將各方面的力量充分動員並加以整合。而作為彼時國民政府實際上的最高領導人，蔣介石其實對此也並非沒有體認。蔣介石曾在國民政府行政院內部會議上著重強調，對於中共，「軍事只能治其標，政治方能清其本。」[70] 而此前「圍剿」中央蘇區迭經失敗，也讓蔣介石此時深刻意識到，國民黨勢力在深入中央蘇區之後，「政治關係軍事至為密切，應由各區軍事長官負責處理。茲擬定各該總指揮部設立政務處，由各該軍事長官督率辦理地方政治事宜，其政治人員亦由各軍事

一九三一年七月，「各綏靖督辦，准再展長半年，必須清鄉任務完成，再行撤消可也。」一九三二年初，又因為面臨國內複雜的政治外交形勢，尤其是日本發動一二八事變在上海挑起戰端，國民政府軍事委員會為此通電全國，表示：「國難當前，全國綏靖區均暫緩結束。」參見〈第十四次國府會議〉，《申報》，第8版，1931年3月14日；〈何成浚電徐源泉等各綏靖督辦展長半年系專指劉鎮華等三人〉（臺北市：「國史館」藏，閻錫山史料檔案，1931年7月22日，典藏號：116-010103-0121-058。）〈綏靖區展期半年撤消〉，《申報》，第16版，1931年7月24日；〈綏靖區暫緩結束〉，《新聞報》，第5版，1932年3月3日。

69 〈湖北全省綏靖會議紀事錄〉（臺北市：「國史館」藏，「陳誠副總統」文物檔案，1931年2月18日，典藏號：008-010702-00052-001。）

70 呂芳上主編：《蔣中正先生年譜長編》，第3冊，頁306。

長官薦任。惟應如何組織？如何設施？」[71]顯然，蔣介石此時還只是徵詢部下建議，自己心中尚未有清晰的答案，但其大體輪廓則與日後的綏靖區體制趨於相近。

一九三三年五月，國民政府將南昌行營升級為「軍事委員會委員長南昌行營」，授予蔣介石全權處理江西、廣東、福建、湖南、湖北五省軍政及「剿共」事宜之責。[72]更為重要的是，蔣介石此前業已主動求變，一改之前「以軍隊為主，黨政為從」的方針，採納楊永泰的建議，決心以所謂「七分政治、三分軍事」的方略，兼施並進。[73]為此，蔣介石親自坐鎮南昌，統率各路國民黨軍隊，採取「戰略攻勢，戰術守勢」、「步步為營，節節推進，碉堡公路，連線不斷，經濟封鎖，滴水不漏」之策略，積極部署第五次「圍剿」。[74]在主客觀因素疊加的情況下，中央紅軍在本次反「圍剿」戰役中遭遇失利。紅軍主力因此被迫實施戰略轉移，國民黨軍隊得以攻占以贛南、閩西為核心地帶的中央蘇區。所謂「七分政治，三分軍事」的特別之處就在於，其不專恃武力「清剿」，而是將重頭戲放在了所謂「政治力量」的運用，蔣介石稱其為「標本兼施，本用政治，標用『兜剿』」[75]。

而這其間，對於相關收復區域（即後來國民黨所稱的「綏靖區」）的善後問題，尤其是在善後起見對相關組織機構與人事制度的

---

71 〈手諭呈報政務處之組織與設施以適合辦理匪區政治事宜〉（1933年5月16日），何智霖主編：《陳誠先生書信集——與蔣中正先生往來函電（上）》（臺北市：「國史館」，2007年），頁96。

72 呂芳上主編：《蔣中正先生年譜長編》，第4冊，頁94-95。

73 呂芳上主編：《蔣中正先生年譜長編》，第3冊，頁678。

74 呂芳上主編：《蔣中正先生年譜長編》，第4冊，頁95。

75 「國軍政工史編纂委員會」編纂：《國軍政工史稿》（臺北市：「國防部總政治部」，1960年），上冊，頁494。

謀劃，實乃「政治力量」運用的重中之重。[76]早在謀劃第三次「圍剿」中央蘇區，即蔣介石首次親自統兵，坐鎮南昌指揮部署時期，其本人就已經考慮：「本部為指導督促『剿匪』區域黨務政務之設施改善，及謀地方之善後起見，特於行營設立黨政委員會，業經組織成立。查照該會組織條例第四十條之規定，應就『剿匪』有關之地方劃為若干區，各設黨政委員會分會，以使就近處理各縣黨政諸務。茲將江西『剿匪』區域劃為九區，共轄四十三縣。」[77]前線將領也曾向蔣介石反饋：「軍事進展僅能治標，欲期徹底肅清，仍須黨政軍民極誠團結努力進行，收效乃宏。且對於『匪區』內綏撫流亡、組織民眾、判別良莠等事，亦非軍隊所能辦理」，因而懇請國民黨中央出面，組織善後機關，並嚴督各省以黨政幹員各組善後委員會，隨軍工作，收復『匪區』後，專辦宣傳、組織、綏撫各種工作，使地方充實自衛力量。」[78]然而，當時國共之間的戰場局勢仍舊膠著，這些規劃與建議在當時其實還尚未具備實施的條件。

當國民黨軍隊逐步攻占中央蘇區，迫使紅軍主力實施戰略轉移之後，「從前兵站及作戰之一切組織已告結束」，各縣駐軍「亦已努力於

---

[76] 在個別國民黨高層人士看來，國民黨「每當一次勝利之後，必隨即遭受重大之困難與失敗，推原其故，實由本黨之實力，與所獲之範圍，不能齊頭並進，切實把握，尤其當運用之際，體用失調，換言之，即政治善後之設施，不足以鞏固軍事已得之勝利也。」可見「政治善後」問題此時在國民黨高層心中擺到了前所未有的高度。參見〈函呈時弊日亟請迅為根本部署以圖挽救危亡〉（1936年9月30日），參見何智霖編：《陳誠先生書信集——與蔣中正先生往來函電（上）》，頁222-223。

[77] 高素蘭編輯：《蔣中正總統檔案：事略稿本》（臺北市：「國史館」，2007年），第11冊，頁373-374。

[78] 〈蔣中正電曹浩森頃王均電懇由中央組織剿赤善後機關並嚴督各省組匪區善後委員會赴赤區隨軍工作收復匪區後專辦綏撫流亡組織民眾充實地方自衛力量等請參考之〉（臺北市：「國史館」藏，「蔣中正總統」文物檔案，1932年6月22日，典藏號：002-090106-00009-164。）

綏靖工作,積極編練地方警衛隊,注重治安建設。」[79]「綏靖工作」在大規模軍事作戰行動告一段落之後得以擺上檯面。這一時期,國民黨前線將領與蔣介石,蔣介石與南京方面國民黨中央大員之間圍繞此問題展開了廣泛商討。

身處江西戰場前方一線的陳誠,在此前後向蔣介石建言:

> 嗣後為「肅清殘匪」撫綏地方計,似可將贛粵閩浙鄂五省「剿匪」軍戰鬥序列即行取消。而按各被「匪」禍區域之實際需要,各設綏靖機關,指定部隊,分區「清剿」,以專責成,而收速效。其方法,以築路為主,碉堡則為掩護道路之用,尤以廣昌至寧都,由寧都經雲都至贛州為最重要。其次,由寧都經瑞金至會昌筠門與寧都至興國,將贛撫兩河貫通及瑞金長汀之連線。以上各幹線,如能於年內完成,則於國防關係甚巨。一旦南疆有事,鎮壓亦不成問題也。[80]

陳誠在此明確提出,撤銷戰鬥序列,新設「綏靖機關」,劃分綏靖區域,以專責成。而欲達此目的,實踐路徑則端在修路築堡。在陳誠看來,如此一來不僅可以加強對於原中央蘇區的實際控制,並可以震懾此時實際處於半獨立狀態的粵系與桂系集團,這項條陳多數內容日後實際為蔣介石所採納。[81]

對於軍事作戰之後的善後問題,蔣介石其實也極為看重。在蔣介

---

79 〈閩贛粵邊劃為綏靖區〉,《申報》,第8版,1934年12月14日。
80 〈電呈為肅清殘匪擬具方案敬乞鈞裁〉(1934年11月3日),何智霖編:《陳誠先生書信集——與蔣中正先生往來函電(上)》,頁142-143。
81 在此條陳中,陳誠曾向蔣介石建議由顧祝同與蔣鼎文分別負責江西與福建兩省的綏靖之責,日後公布的人選也是如此。

石眼中,這不僅涉及到綏靖區被國民黨收復之後能否把控得住,更是「試驗吾人治理之性能何如」的試金石。為此,蔣介石特別叮囑下屬,「切勿以為不緊要而疏懈也」。[82] 而早在江西、福建戰場分出勝負之前,蔣介石就已經與在南京主持國民政府行政院工作的汪精衛一同商洽綏靖區善後經費籌措問題。蔣介石向汪精衛明確表示,此時必須軍事與政治相輔而行。「軍事縱告勝利,如無健全之政治設施,相輔而行,則終必徒勞無功。……則此後『剿匪』,非努力於『匪區』民眾之奪回,而扶植其農村自衛自養之能力,決難收拔本塞源、一勞永逸之效,已彰彰明甚。……顧條理萬端,標本兼治,在在非財莫舉。……凡治本之一千五百萬元,切盼通盤規劃,乃早籌定,以備陸續提用,治標之一百八十萬元,尤冀迅賜令飭財部儘早設計撥付,以應目前之急需,事關『剿匪』成敗,民族存亡之根本要圖,想中央同志必能共鑒及此也。」[83]

而在國民黨軍隊攻克中華蘇維埃共和國臨時中央政府所在地江西瑞金的當日,蔣介石更是一時難掩興奮之情,在軍事委員會委員長南昌行營召集各方人士,「垂詢辦理善後意見。關於收撫民眾,賑濟難民,及衛生、交通、建設、地方政治、財政、民團、保甲等項,均擬定具體方案,面諭各機關負責辦理。」[84] 在辦理善後過程中,最為突出的重大舉措便是在原中央蘇區,以國民黨中央系統的力量直接插入,布置了綏靖體系,以綏靖公署──綏靖區等綏靖機構為抓手,儘

---

82 〈蔣中正電熊式輝楊永泰共區收復後經濟制度應頒布切實施行〉(臺北市:「國史館」藏,「蔣中正總統」文物檔案,1934年11月21日,典藏號:002-020200-00020-074。)
83 〈蔣中正電汪兆銘析陳豫鄂皖贛剿匪軍事外收撫民眾之工作請力予主持核定其治標治本各費〉(臺北市:「國史館」藏,「蔣中正總統」文物檔案,1933年8月21日,典藏號:002-090300-00067-443。)
84 呂芳上主編:《蔣中正先生年譜長編》,第4冊,頁471。

量將國民黨的統治力量下探到原中央蘇區的社會基層。[85]

在此前後,蔣介石實際上便已在國民政府軍事委員會高層內部通報了綏靖機構主官人選及相關部署,擬任命顧祝同為駐贛綏靖公署主任,蔣鼎文為駐閩綏靖公署主任,並以國民黨中央嫡系將領為主,來充任兩大綏靖公署下轄綏靖區司令官,綏靖計劃「自十二月一日起施行,但各部隊在未負綏靖任務,或未交接防務以前,仍舊完成各原來任務。」[86]

最終,國民政府明令發表,駐贛綏靖公署下轄八個綏靖區,駐閩綏靖公署則下轄四個綏靖區,所轄區域以江西、福建為主,兼及湖北、浙江部分地區,覆蓋了原來的中央蘇區所轄區域。[87]兩大綏靖公

---

[85] 實際上,蔣介石心中早有此類盤算。早在國民黨軍隊大舉進攻鄂豫皖蘇區之際,蔣介石就曾指示下級,要求「辦理善後人員及協助進剿鄉紳應即保選。每縣須保正副二人,每三、四縣劃一善後區,每區亦各保選正副二人,予以特權,隆其禮貌,使其能為鄉國努力,並負責協剿也。」蔣介石口中由三、四個縣所組成的「善後區」,其實與日後於閩、贛兩省成立的綏靖區大致相似。參見〈蔣中正電何成濬夏鬥寅曹浩森共區辦理善後人員及協助進剿鄉紳應急保選〉(臺北市:「國史館」藏,「蔣中正總統」文物檔案,1932年6月22日,典藏號:002-020200-00022-023。)

[86] 〈蔣中正電朱培德唐生智等茲規定贛閩綏靖部署以顧祝同為駐贛綏靖主任孫連仲劉興等八人為綏靖區司令官蔣鼎文為駐閩綏靖主任劉和鼎衛立煌為綏靖司令官等〉(臺北市:「國史館」藏,「蔣中正總統」文物檔案,1934年11月24日,典藏號:002-090300-00028-293。)

[87] 有學者曾指出:「二十世紀三〇年代,國民黨政權於圍剿紅軍過程中就開始在靠近蘇區地域劃定『綏靖區』,在區內或臨近的中心城市設『綏靖公署』,將此地區的軍事、財政、民政等工作統一於綏靖公署。」(參見趙諾:〈南京國民政府「綏靖區」制度流變述論〉,《山西師大學報(社會科學版)》第1期〔2015年〕,頁130。)事實上,這種說法其實是不盡準確的。以第五次「圍剿」中央蘇區為例,所謂「綏靖區」其實是國民黨從紅軍手中「攻克」下來的,是國民黨的「收復區」,因此綏靖區的設置並非「靠近」蘇區,而以原來的中央蘇區地域為核心,重行劃定,分區執行綏靖任務。綏靖區之劃分發生在國共兩黨軍隊主要戰事之後,而非之前,或進行當中。以一九三四年這次典型的贛、閩兩省的劃分綏靖區為例,可以看出,國民政府所直接設置的十二個綏靖區基本覆蓋了原來的中央蘇區所在地。

署主任與所轄綏靖區司令官具體人選及管轄縣域如下表所示：

表一 駐贛及駐閩綏靖公署及所轄綏靖區情況一覽表

駐贛綏靖公署主任：顧祝同 駐贛預備軍總指揮：陳誠 副總指揮：羅卓英					
綏靖區	主官	省別	行政區	所屬各縣局	備註
第一綏靖區	司令官：孫連仲	江西	一	新淦、豐城	兩縣
			七	臨川、金谿	兩縣
			八	南城、崇仁、樂安、宜黃、南豐、（鳳岡）、（新豐）	全區（縣七局一）內劃黎川、光澤兩縣屬第七綏靖區管轄
			一二	廣昌、寧都、石城	三縣
第二綏靖區	司令官：劉興 副司令官：李生達	江西	九	吉安、吉水、永豐、泰和、萬安、興國、峽江（藤田）、（龍崗）	全區（縣七局二）
			一一	良富江口之線（含）以東地區	
第三綏靖區	司令官：毛秉文	江西	一二	瑞金、會昌、雩都	全區（縣六）內劃廣昌、寧都、石城三縣屬第一綏靖區管轄
第四綏靖區	司令官：陳繼承 副司令官：郭汝棟	湖北	一	咸甯、嘉魚、蒲沂縣、崇陽、通城	全區（縣七）武昌、漢陽不含
			二	大冶、鄂城、通山、陽新、（大畈）	全區（縣四局一）

駐贛綏靖公署主任：顧祝同　駐贛預備軍總指揮：陳誠　副總指揮：羅卓英					
綏靖區	主官	省別	行政區	所屬各縣局	備註
		江西	一	安義	一縣
			三	武甯、修水、靖安、泰新、銅鼓、永修、（我橋）	全區（縣六局一）
			四	九江、湖口、星子、德安、都昌、瑞昌	全區（縣七）內劃彭澤縣屬第八綏靖區管轄
第五綏靖區	司令官：譚道源	江西	一	高安、清江	兩縣
			二	萍鄉、宜豐、上高、新余、分宜、宜春、萬載、（慈化）	全區（縣七局一）
			一〇	永新、安福、寧岡、遂川、蓮花、（洋溪）、（大汾）	全區（縣五局二）
第六綏靖區	司令官：余漢謀	江西	一一	贛縣（良富江口之線以東地區不含）、南康、信豐、上猶、崇義、大庾	全區（縣六）內劃贛縣之良富江口線（含）以東地區屬第二綏靖區管轄
			一三	龍南、安遠、尋烏、虔南、定南	全區（縣五）
第七綏靖區	司令官：張鈁	江西	七	資溪	一縣
			八	黎川、元澤	兩縣
		福建	九	邵武、順昌、將樂、泰甯、建寧	全區（縣五）

駐贛綏靖公署主任：顧祝同　駐贛預備軍總指揮：陳誠　副總指揮：羅卓英					
綏靖區	主官	省別	行政區	所屬各縣局	備註
第八綏靖區	司令官：趙觀濤	江西	四	彭澤	一縣
			五	鄱陽、樂平、浮梁、婺源、德興、萬年、餘干	全區（縣七）
			六	上饒、玉山、廣豐、鉛山、橫峰、弋陽	全區（縣六）
			七	貴溪、余江、東鄉	三縣
		浙江	未定	江山、常山、開化、遂安	四縣

駐閩綏靖公署主任：蔣鼎文　駐閩預備軍總指揮：衛立煌					
綏靖區	主官	省別	行政區	所屬各縣局	備註
第九綏靖區	司令官：劉和鼎	福建	三	南平	一縣
			一〇	浦城、建陽、崇安、松溪、政和、建甌	全區（縣六）
第十綏靖區	司令官：衛立煌 副司令官：李默庵	福建	七	龍岩、永定、上杭、武平、寧澤、漳平、華安	全區（縣七）
			八	長汀、連城、寧化、清流、明溪、永安	全區（縣六）
第十一綏靖區	司令官：李延年	福建	一	長樂、平潭、福清、永泰	全區（縣七）內劃閩侯、羅源、連江三縣屬第十二綏靖區管轄
			三	沙縣、尤溪	全區（縣五）內劃南平縣屬第九綏靖區管

綏靖區	主官	省別	行政區	所屬各縣局	備註
					轄,並劃古田、閩清兩縣屬第十二綏靖區管轄
			四	仙遊、德化、大田、永春、莆田、惠安	全區（縣六）
			五	同安、晉江、南安、安溪、思明、金門	全區（縣六）
			六	漳浦、南靖、龍溪、長泰、海澄、平和、雲霄、東山、詔安	全區（縣九）
第十二綏靖區	司令官：王敬久	福建	一	閩侯、羅源、連江	三縣
			二	福安、壽寧、福鼎、霞浦、屏南、寧德	全區（縣六）
			三	古田、閩清	兩縣

駐閩綏靖公署主任：蔣鼎文　駐閩預備軍總指揮：衛立煌

資料來源：《贛粵閩湘鄂剿匪北路軍第三路軍五次進剿戰史：第十二章清剿與綏靖》（臺北市：「國史館」藏，「陳誠副總統」文物檔案，一九三七年十月，典藏號：008-010702-00073-003。）〈蔣中正電朱培德唐生智等茲規定贛閩綏靖部署以顧祝同為駐贛綏靖主任孫連仲劉興等八人為綏靖區司令官蔣鼎文為駐閩綏靖主任劉和鼎衛立煌為綏靖區司令官等〉（臺北市：「國史館」藏，「蔣中正總統」文物檔案，一九三四年十一月二十四日，典藏號：002-090300-00028-293。）〈贛閩兩省及鄰接邊區駐軍指揮系統表〉,〈贛閩兩省及鄰接邊區綏靖計劃〉（臺北市：「國史館」藏，國民政府檔案，一九三五年四月七日，典藏號：001-072460-00018-002。）〈閩綏署之組織〉,《申報》一九三四年十二月十五日，第十版；〈蔣鼎文在綏署接見新聞記者〉,《申報》一九三四年十二月九日，第三版。

在此尤其需要強調的是，此時國民黨政權在江西、福建兩省所設立的綏靖公署與綏靖區，比之以往成立的綏靖督辦公署，乃至同時期為了安撫國民黨黨內重要地方實力派而先後設立的其他綏靖公署（如太原綏靖公署、陝西綏靖公署、廣西綏靖公署、北平綏靖公署等）而言，其所掌控的資源和力量是後兩者所無法比擬的。

按照由國民政府隨後頒布的《駐贛綏靖公署組織條例》及《駐閩綏靖公署組織條例》（以下簡稱《組織條例》）規定，綏靖公署主任「由國民政府任命之，隸屬軍事委員會委員長，並受參謀總長、軍政部長之指導」。[88]條例的明文規定看似與之前綏靖督辦公署差別不大，但其實由於此次綏靖機構主官多由國民黨中央嫡系將領充任，且組織條例明確了可以在一定程度上放鬆綏靖機構對地方黨政機關干預的限制[89]，此舉可謂將綏靖機構的權能做到了真正的名實相符，從而為向綏靖區域貫徹國民黨中央的政策意旨提供政策及制度保障，綏靖公署及綏靖區得以成為名副其實的國民黨政權的中央派出機構。[90]

在《駐贛綏靖公署組織條例》及《駐閩綏靖公署組織條例》正式

---

88 《駐贛綏靖公署組織條例》（1935年2月14日）、《駐閩綏靖公署組織條例》（1935年2月14日），《國民政府公報》總第1666期（1935年2月15日），頁1、2。

89 綏靖公署之職權，「在肅清殘匪、完成交通、訓練民眾、匪區善後、整理編練地方團隊與省保安隊。所轄區內軍隊、地方團隊均歸指揮。為實施綏靖，對轄區及鄰近邊區行政專員、區保安司令、縣府軍政機關得隨時指揮，所轄各綏靖區內黨政事，商同各省黨部省政府辦理，必要時得便宜處理之，按閩贛綏署同一組織。」這裡可以看出，綏靖公署之職權幾乎涉及到綏靖區域的方方面面，而且可以協調乃至指揮國民黨地方黨政機構。參見〈閩贛綏署組織條例頒到〉，《申報》，第3版，1934年12月10日。

90 之前於長江以北地區成立的三大綏靖督辦公署，雖然名義上直轄於國民革命軍總司令蔣介石，但實際上要受開封行營及武漢行營之指導。而駐贛及駐閩綏靖公署則不同，當其成立不久，蔣介石即考慮撤銷南昌行營，兩者幾乎沒有同時存在的時間。參見〈蔣中正電熊式輝行營撤銷時期及辦法與楊永泰洽商妥議〉（臺北市：「國史館」藏，「蔣中正總統」文物檔案，1934年12月25日，典藏號：002-020200-00020-085。）

頒布之前,蔣介石就已經對綏靖區所轄部隊的使用原則進行了規劃。蔣介石曾為此事,致電江西省主席熊式輝及駐贛綏靖公署主任顧祝同,指示二人將綏靖區部隊按照任務類型分為「清剿」和整頓兩大類:

> 綏靖區域與責任雖已頒布規定,但各區域內之各師旅應分別清剿與整頓之二種部隊,以便從事整頓,務以半數部隊著手整頓,即在匪區重要都市負維持治安之責,一面駐防照新編制,一面訓練補充也。[91]

蔣介石此時的意圖在於將「清剿」與「整頓」雙線並進,但二者又並非絕對的五、五開。伴隨局勢的演變,「整頓」的重要性愈發突顯。隨著中央紅軍主力的逐漸西進,國民黨軍隊的工作重心也在逐漸變化。一方面,國民黨中央軍組成「追剿軍」不斷西進,跟蹤尾隨追擊中央紅軍主力。另一方面,留駐原中央蘇區的國民黨軍政力量則逐漸將工作重心轉移到「整頓」上來。[92]按照《組織條例》的原則規定,綏靖公署對轄區及鄰近邊區行政專員、區保安司令、縣府軍政機關得隨時指揮,此舉對於提高綏靖機構主官事權,提高辦事效率不無裨益,也是國民黨前數次「圍剿」中所積累的經驗教訓。[93]但涉及到省

---

91 〈蔣中正電熊式輝顧祝同綏靖區域內各師旅應分清剿與整頓二種部隊〉(臺北市:「國史館」藏,「蔣中正總統」文物檔案,1934年11月24日,典藏號:002-020200-00020-076。)

92 隨著中央紅軍主力實施戰略轉移,撤離中央蘇區,紅軍此時只有少部分武裝留守抵抗,這一時期紅軍的鬥爭形勢極其惡劣。然而在此時的國民黨人看來,此間則是國民黨軍隊各部進展頗為順利,「經各官兵之奮勇努力。清剿方面成績甚佳。」參見〈贛省殘匪短期內可肅清〉,《申報》,第8版,1935年4月12日。

93 在此之前,何應欽曾向蔣介石建議:「剿匪區域內,必須黨務、軍事、政治合力並進,尤宜事權統一,方能收指臂之效。茲擬定各地區剿匪部隊之最高級長官,對於有關剿匪事宜之該地黨務政治,應有監督指揮之權。」參見〈何應欽電蔣中正剿共

級層面，綏靖機構則還需要與相關省政府和國民黨省黨部協商辦理。為此，駐閩綏靖公署主任蔣鼎文於漳州走馬上任後不久，便趕赴福建省城，與福建省主席陳儀「晤商軍政聯繫辦法。在限期內肅清全省散匪，及收復匪區施政計劃，制定方案實施，並擬召集各綏靖區司令官開會，面示方針。」[94]最終經多次商洽，駐閩綏靖公署與福建省政府達成了「綏靖事宜軍政聯繫事項」，規定保安團隸綏靖區司令指揮，必要時得指揮各區保安司令；綏輯流亡，如與省府規定不抵觸，得督促專員縣長辦理；民眾有不法組織，得督促從嚴取締；省保安隊之整理訓練，由省府綏署計劃。[95]綏靖公署與省級黨政機構之間的關係，存在著發展變化的過程，往往因時因勢因人而異，是觀察綏靖體系走向的一條線索。

綏靖區則是在綏靖公署的直接領導下，開展綏靖與善後的各方面工作，並得以指揮地方團隊及黨政機構。以贛南的第六綏靖區為例，其綏靖區司令部制定了詳細具體的綏靖計劃。其指導思路上強調由軍政兩方力量，同時並進，來「清剿殘匪」，並由編組保甲著手實行聯保連坐法。各區團隊概由綏靖司令部指揮，以期一致，而便調遣。各軍隊一律採取游擊政策，限五月底以前「肅清」。按照國民黨歷次「圍剿」中央蘇區的經驗教訓，第六綏靖區也不無例外地將「完成公路交通事項」擺在了突出位置，要求「凡關於軍事主要交通，悉由綏靖司令部重新計劃，由贛省府建廳辦理，駐防軍隊協助之，並實施工兵政策；其關於行政及商業上之交通，由地方辦理，綏靖司令部規劃督促之。」除此之外，綏靖區還要負責招徠綏撫救濟墾荒等事情，並

　區域必須黨政軍合力並進事權統一〉（臺北市：「國史館」藏，「蔣中正總統」文物檔案，1932年5月16日，典藏號：002-020200-00019-012。）
94 〈蔣鼎文晤陳儀商軍政聯繫辦法〉，《申報》，第8版，1934年12月26日。
95 〈閩省府頒布軍政聯繫事項〉，《申報》，第6版，1935年2月28日。

力圖通過編組保甲及壯丁隊等，以督促指導民眾組織與訓練。[96]

前已述及，「綏靖與建設」在蔣介石看來是一體兩面，理當捆綁一併看待，屬實難以截然兩分。如同時論所言，「兵燹之後，亟待善後，在理綏靖工作，當較建設為先，因治安不保，建設又將何從？惟細按事實，又毋寧謂建設事業至少須與綏靖工作同時並重，因殘破之餘，苟不急事建設，民將安居樂業之不得，又何能久保治安？」[97]為此，蔣介石曾在一九三五年初公開致電各綏靖公署主任及相關省份省主席，著重強調其對於相關問題的看法及對下屬的布置安排：

> 善後最急之務，非努力建設，不足以其復興；非切實綏靖，不足以清殘孽；尤非軍政協作，兵民合力，不足以速泓建設與綏靖之實效。自本年三月份起，各綏靖司令官及各區行政專員，應會同自行選定一二件建設事業，及綏靖方面應致力之中心工作，聚精會神，合力以赴。統以三個月為一期，每一期必須依照其預定之計劃，切實辦到。第一期之中心工作，限於本年五月底完成。並應將選定工作之進行辦法，呈由各綏署及省府轉報行營備案，其未設有綏靖區司令之省份，則應由各行政區內駐在之軍長或師長會同各該區行政專員依照上列規定辦理。區內駐軍，對於此項工作，尤應儘量協助。[98]

---

96 《〈廣州民國日報〉報道第六綏靖區贛南綏靖計劃（摘錄）》（1935年3月10日），中國人民解放軍歷史資料叢書編審委員會編：《南方三年游擊戰爭・贛粵邊游擊區》（北京市：解放軍出版社，1991年），頁414。
97 〈限期清匪與綏靖建設〉，《綏遠日報》，第1版，1935年2月24日。
98 〈蔣中正電張學良何成濬張群劉鎮華等地方殘破善後最急自三月起各綏靖區司令官各區專員選定一二件建設事業與綏靖中心工作全力以赴限於本年五月底完成辦法轉報〉（臺北市：「國史館」藏，「蔣中正總統」文物檔案，1935年2月14日，典藏號：002-090300-00125-193。）〈蔣委員長分電五省關於建設及綏靖確定中心工作〉，《申報》，第3版，1935年2月16日。

在蔣介石的嚴加督促和直接部署下，各綏靖公署及綏靖區按照綏靖程序推進相關綏靖工作。一九三五年初，蔣介石將「各區綏靖程序確定」與「整軍計劃完全確定」等量齊觀，一同視作當年所預定的「重要工作」。[99]蔣介石心中所謂的「綏靖程序」大概分為如下幾大步驟：「一、劃分綏靖區域；二、肅清各地殘匪；三、完成各重要公路；四、完成民眾之組訓；五、處理匪區善後。」[100]駐贛、駐閩綏靖公署及相關綏靖區基本按照蔣介石的指示部署，做了許多規劃，多以分期形式完成相關綏靖工作。如駐閩綏靖公署按照一、分三期完成閩東及閩永古屏各縣公路；二、構成本區各縣通訊網；三、清查戶口、收編民軍等步驟完成所謂中心建設工作。[101]各綏靖機關所秉持的方針基本為：「（一）收復贛南閩西各縣，同時以護路及封鎖目的構築碉線；（二）劃區綏靖，發展交通，組織民眾，以樹立復興基礎。」[102]

以屬駐贛綏靖公署的第四綏靖區為例，其計劃「以（一九三五年）三月至五月為第一期，六月至八月為第二期，九月至十一月為第三期，以期分段完成本區內之綏靖工作。」依託軍隊力量，分三期修築五條公路；同時為了動員和組織民眾，組織「鏟共義勇隊」[103]，加

---

99 《蔣介石日記（未刊稿）》，1935年2月28日，「自記本月反省錄」。
100 〈贛閩兩省及鄰接邊區綏靖計劃〉（臺北市：「國史館」藏，國民政府檔案，1935年4月7日，典藏號：001-072460-00018-002。）
101 〈閩第四綏靖區會商綏靖建設計劃〉，《申報》，第9版，1935年3月24日。
102 《贛粵閩湘鄂剿匪北路軍第三路軍五次進剿戰史：第十二章清剿與綏靖》（臺北市：「國史館」藏，「陳誠副總統」文物檔案，1937年10月，典藏號：008-010702-00073-003。）
103 此類性質組織在國民黨內部人士看來，是其在「收復區」推行組訓民眾工作的「成功經驗」。在此之前的湖北綏靖會議上，朱懷冰就曾向與會代表推介其「在麻城曾經組織過民眾鏟共團」的經驗，並且「覺得這樣的組織，如果嚴屬執行，比較切於實際，才可以使『共匪』沒有藏留的地步，此種力量，並可為軍隊的補助。」參見：〈湖北全省綏靖會議紀事錄〉（臺北市：「國史館」藏，「陳誠副總統」文物檔案，1931年2月18日，典藏號：008-010702-00052-001。）

強對民眾的反共教育和宣傳等。[104]

　　應當承認,此次國民黨政權挾第五次「圍剿」中央蘇區獲勝之「餘威」,在占領蘇區各地之後,由國民黨中央及蔣介石本人親自出面協調各方力量,統籌部署的綏靖體系,基本上保證了按期完成綏靖任務,比之以往確實發揮了更為明顯的成效。各個綏靖機構按照蔣介石所定的綏靖程序,分期實施推進了相關工作。修築的大規模公路交通網,一方面使國民黨軍隊往來調動更為便利,將國民黨的武裝力量投送到縣域基層,助力其「清剿」紅軍留守武裝抵抗力量。另一方面,綏靖工作也確實起到了陳誠等人原先估計的震懾地方實力派的作用,有利於南京國民黨中央在與兩廣方面的博弈中更加趨於主動。同時,在綏靖區試行恢復保甲制,儘量將民眾組織訓練,確實對於原中央蘇區社會起到了一定程度的掌控作用,有助於國民黨政權儘快重建當地的統治秩序。

　　蔣介石及國民黨中央對綏靖公署及綏靖區的相關工作大體也是滿意的。至一九三五年九月前後,駐贛綏靖公署相關綏靖任務基本完成,蔣介石即開始謀劃撤銷駐贛綏靖公署建制,同時亦在思慮「對於川局處理」及「規定四川各綏靖區與日期」。[105]當年十月,國民政府明令發表,決定撤銷駐贛綏靖公署,「今後只須地方團隊,擔當搜索警戒工作。故中央以贛省綏靖工作,已到相當程度,乃於三日明令將贛省綏靖署裁撤。」[106]駐贛綏靖公署機構形式雖然撤銷,但其辦理綏靖任務的方法和指導精神,卻一直保留下來。尾隨紅軍主力進入大西南滇黔兩省的薛岳「追剿軍」所部,在紅軍主力北上之後,也積極布置

---

104 〈駐贛第四綏靖區司令部召集本綏靖區各專員談話會筆錄〉(1935年3月12日),《駐贛第四綏靖區綏靖季刊》第1期(1935年),頁14-17。
105 《蔣介石日記(未刊稿)》,1935年9月25日。
106 〈贛綏靖署裁撤〉,《申報》,第8版,1935年10月8日。

貴州的所謂「綏靖善後」工作，按計劃辦理清鄉，編組保甲，整理民團，構成十字形碉樓區，完成十字公路等事宜。[107]同時，將貴州分為黔東南（第一綏靖區）、黔西（第二綏靖區）、黔北（第三綏靖區）三個綏靖區，分掌其事。[108]不惟如此，成立於一九三六年的「閩浙贛皖邊區主任公署」，其主要任務旨在「圍剿」福建、浙江、江西、安徽四省交界地帶的紅軍南方游擊隊，在其綏靖計劃中依舊是劃分區域，分區「清剿」，軍政配合，組訓民眾，修建交通設施，辦理收復區善後等事宜，與之前的思路基本一致。與此同時，相關方面亦著重強調政治力量的運用：「為求軍事政治之效率增大起見，各軍事政治長官，應密接協同；在軍事方面，宜竭力協助政治之推行；在政治方面，亦宜竭力協助軍事之進展，雙方銜接確實，則可收事半功倍之效也。」[109]

而原駐贛綏靖公署主任顧祝同此後則立即調任國民政府軍事委員會委員長四川行營主任。從這一人事調整中也可以看出，蔣介石對顧祝同本人及其領導下的綏靖機構之工作是相當滿意和認可的。再度走

---

107 《貴州綏靖計劃》（臺北市：「國史館」藏，「蔣中正總統」文物檔案，1935年3月17日，典藏號：001-072460-00018-003。）

108 〈陳誠電蔣中正轉報薛岳擬定貴州部署計劃黔南東為第一綏靖區黔西為第二綏靖區黔北為第三綏靖區以吳奇偉楊森郝夢齡分任司令官等文電日報表〉（臺北市：「國史館」藏，「蔣中正總統」文物檔案，1936年10月14日，典藏號：002-080200-00477-109。）

109 該部綏靖計劃要點為：「本邊之清剿要領，應以政治為主，軍事為從。在匪區以軍事為先，政治繼後。在半匪區軍事與政治同時並行。在非匪區，以政治為先，助以必要之軍事。軍事之任務，在以兵力摧破匪之武力，使其危害地方之實力消失，俾我之政治方策，得以逐步實施。政治之任務，首在舉辦地方人民之自衛，即從組織和訓練民眾著手，編組完成，即配以相當武器，切實訓練，而使軍隊化，在不需龐大經費原則下，得以自行維持地方之治安；其次對於輔助軍事與政治推行之交通，通信設備，及其他一切善後事宜，亦逐次舉行，而求地方完全恢復常態，使共匪永無死灰復燃之可能。」參見《閩浙贛皖邊區主任公署關於〈閩浙贛皖邊區綏靖計劃〉》（1936年12月），中國人民解放軍歷史資料叢書編審委員會編：《南方三年游擊戰爭・浙南游擊區》（北京市：解放軍出版社，1993年），頁517。

馬上任後，顧祝同協助蔣介石處理國民黨中央勢力入川綏靖事宜。四川省的綏靖方案，大體借鑒了江西模式的經驗和思路。[110]而顧祝同本人於此間的角色則更為吃重，尤其體現四川的分區綏靖方案規定，「綏靖區司令官，由軍事委員會委員長行營委任」[111]，其話語權有增無減。

概而言之，國民黨在歷次「圍剿」蘇區時期，均注意所謂「善後」問題。隨著國民黨第五次「圍剿」中央蘇區得手，綏靖公署、綏靖區等機構依次設立，駐閩與駐贛綏靖公署分別統轄若干綏靖區，以國民黨中央勢力為主體，向原蘇區社會基層滲透，廣泛開展善後工作，此舉有利於重建國民黨對於綏靖區的統治秩序。此一時期開展的綏靖工作為國民黨高層日後頻頻稱道，甚至被概括成為所謂「江西經驗」。

三 地方實力派對於所轄地區的升級管控

國民黨自一九二七年定都南京，直至全民族抗戰爆發，十年之間，其政權始終沒有徹底解決國內統一問題。不僅中共始終與其政治對立，而且即便國民黨內也有眾多地方實力派與南京中央貌合神離，甚至走向刀兵相向。國民黨黨內地方實力派治下的地域之於南京中央政權保持了相當的獨立性，國民政府之政令難以徹底推行到其統治範圍。然而，此時處於政治對立的國民黨內兩方，無論是南京中央，還是地方實力派在應對轄區複雜局面時，都慣以「綏靖」之名義，建立相關機構，專司其職，以清除其統治障礙，穩固地方局面。但地方實力派對於「綏靖」意涵的解釋，有時卻與南京中央不盡一致，甚至名

---

110 〈四川綏靖工作設八區司令不得干涉黨務行政司法〉，《立報》，第2版，1935年10月7日。
111 〈四川省劃區綏靖辦法大綱〉，《四川省政府公報》第23期（1935年），頁63-64。

同實異,反映了兩者所面對的主要矛盾不同,因而產生了迥異的政策走向。

　　一九三一年五月,蔣介石與胡漢民之間爆發了約法之爭,二人合作主持南京中央政權的局面不復存在。雙方交相攻訐,進而產生政爭,導致寧粵對立。這一時期,兩廣集團以國民黨西南方面自居,奉胡漢民為精神領袖,在胡漢民掩護下與南京對立。[112]粵系集團外連桂系,內整軍備,充實自身實力,形成了比較有代表性的地方實力派集團。以粵系為首的兩廣集團也積極致力於其自身的「綏靖」工作,強化自身對於轄區的基層管控,南京方面一時無法插手,具有一定地方特色。此一時期,北方地區雖曾存在的一些冠以「綏靖公署」名義的國民黨機構,但不具備綏靖體制的明顯特徵。一則存續時間為時尚短(如張學良之北平綏靖公署);二則為安撫國民黨內資歷背景較深的地方實力派,使之處於超然於地方省府之地位(如閻錫山之太原綏靖公署),但並未真正實施綏靖區制度,執行南京方面相關綏靖政策;三則主要執行對日折衝樽俎之任務,施政重心對外,而非在內(如宋哲元之冀察綏靖公署)。上述綏靖機構只是有其名而無其實,其所開展的工作自然不像廣東方面一般具備地方特色。

　　在此之前,國民政府還在計劃執行軍隊編遣時期,廣東當局大體尚能與南京中央保持一致。此時,陳濟棠擔任廣東編遣特派員。特派員辦事處名下設軍務局,內分編練、綏靖、衛生、兵器、執法五股。[113]這一時期「編遣」與「綏靖事宜」密切相關,考慮到「粵省自軍興後,土匪遍地,民不寧息。軍事當局擬先行剿匪,以現有兵力。分酌東南西北四綏靖區,積極清匪工作。限期將區內土匪肅清,將以綏靖

112　程思遠:《白崇禧傳》(北京市:華藝出版社,1995年),第162頁。
113　〈粵編遣處成立後〉,《申報》,第10版,1929年4月11日。

工作之成績,為裁編之標準。故以現勢而論,廣東各部隊之編遣,須俟各地土地肅清方行著手。」[114]而此後政局紛亂,國民黨各派系之間紛爭不已,不僅廣東本省的編遣計劃無從著手,甚至粵軍系統內部之間也陷入相互爭鬥,故此時粵軍總部召開綏靖會議,將「消滅叛軍」擺在了綏靖任務最為突出的位置。[115]

一九三一年五月,國民黨內粵系黨政要人糾集其他反蔣派系勢力,於廣州組建國民黨「中央非常委員會」,並打出「國民政府」旗號,同時下設軍事委員會,將粵、桂兩省的軍隊改編,以同南京政權分庭抗禮。不久之後,日軍在瀋陽蓄意製造九一八事變,造成大兵壓境之勢,致使東北大片國土淪喪。寧粵雙方在全國輿論壓力下,被迫相互妥協,聲稱要「共赴國難」。雙方在此期間圍繞權力重組與分配,及合併後政府黨務關鍵人選問題,往復磋商,信使不斷。在這其中,關於「綏靖」地方的相關問題亦是雙方討價還價的一個重要環節。然而,寧粵雙方圍繞「綏靖」及其相關問題,無論是含義理解,還是政策走向都呈現明顯的不同之處,粵方在這其間自有一套理解和行事考量。

首先,從「中央機構設置」的層面來講,對於南京方面的協商要求,粵方代表孫科曾公開表示,寧粵合作之後:「至軍事分會,中央既未設立軍事委員會,自可取銷」。[116]而如果「軍事委員會」撤銷,廣州方面的應對之策,則是「改組軍委會為西南綏靖處,歸政委會管轄,設正副處長,陳正李或白副之。」[117]廣東方面第一集團軍總司令

---

114 〈粵省積極辦理善後〉,《申報》,第11版,1929年7月22日。
115 〈粵綏靖會議〉,《中央日報》,第1張第3版,1929年7月6日。
116 〈孫科發表談話說明粵事真相〉,《申報》,第8版,1932年1月17日。
117 〈天津特訊執行部決議改組軍委會為西南綏靖處歸政委會管轄設正副處長及整理西南五省黨軍政事宜等〉(臺北市:「國史館」藏,閻錫山檔案史料,1932年1月15日,典藏號:116-010108-0185-018。)

陳濟棠並要求海空軍歸其節制，[118]陳濟棠也成為了日後廣東當局致力於本省綏靖工作的核心人物。「陳濟棠各個綏靖區的設置，其目的就是為了『肅清』這些小割據的局面，以利於陳對蔣介石政權的大割據」。[119]因而，粵方此舉主要是以「綏靖」為名，意在保存自身軍事實力，維持「西南方面」相對獨立性，力圖阻止南京方面插手粵方政務的情況發生。

其次，就自身地方建設來說，推行「綏靖」政策，也是粵方加強域內地方控制與治理的慣用手段。對此，孫科代表粵方曾向南京方面喊話，公開表示：希望「仍照各省成例設立綏靖區，負該區『剿匪』專責。前十日間，中央同人曾為此問題，商量一補救辦法，將來可由中央斟酌情形，另頒條例俾法理事實均能顧全，與大局統一，自無妨礙。」同時，鑒於贛南中央蘇區毗鄰廣東省，孫科表示可以與南京採取合作，公開聲稱：粵方曾派代表「與軍政部會商『協剿』計劃，並定日內即實行派兵入贛，會同該地駐軍協力『剿匪』，亦可為廣東並非與中央割裂之明證。」[120]

而所謂「並非與中央割裂之明證」，在實際執行中卻與南京中央方面的願望背道而馳。在南京方面看來，「共產黨出沒無常」，堪稱「惡勢力中之最不易奏綏靖之功者也」[121]，成為其強力推行的「綏靖政策」的重點關照對象，因而其自然盼望廣東方面能與之相向而行，並曾計劃許陳濟棠以「廣州綏靖主任」之名義。[122]耐人尋味的是，廣

---

118 〈粵設新機關案在磋商疏解中〉，《申報》，第9版，1932年1月15日。
119 林廷華：〈「南區綏靖委員公署」的「剿共」與「防共」〉，海南省政協文史資料委員會編：《瓊島風雨：國民黨軍圍剿瓊崖革命根據地紀事》（1989年），頁46。
120 〈孫科發表談話說明粵事真相〉，《申報》，第8版，1932年1月17日。
121 〈努力綏靖，此其時矣！〉，上海《民國日報》1930年8月28日，第2張第1版。
122 一九三二年三月，蔣介石曾致電何應欽表示：「陳伯南（陳濟棠，引者注）對國防積極準備，對中央亦無二意，不再受政客挑撥，意志已加堅決，同舟共濟，相濟

東方面此後卻以致力於自身「綏靖工作」為藉口，搪塞乃至拒絕南京方面的合作「綏靖」與「剿匪」的要求。

一九三二年八月間，南京方面就已獲悉，陳濟棠「前以粵軍傾師出發『剿共』，省防空虛，一旦西鄰有事殊覺危險，現以綏靖為名，急調各軍回防，對『剿共』有中止意。」[123] 為此，蔣介石不得不親自出面，致電陳濟棠疏通，對其加以籠絡：

> 中央與粵已成互相依倚之局。凡欲搖動中央者，均思變動粵局。……兄當粵沖，恒與各方接觸，無論政治上、黨務上、軍事上凡有關於方針向背及大局安危者，固賴兄堅貞主持，尤盼隨時以經過實情及應付方法電告，俾相互呼應，共濟艱危。令兄維周能撥冗蒞漢埠一談，尤所切盼。現國難益趨嚴重，華北慘變已屬早晚問題。贛鄂剿匪若不能速告一段落，專力對外，必將全域瓦解。粵中綏靖工作，盼趕速就緒，克日移兵入贛夾擊。[124]

蔣介石希望粵方可以「趕速就緒，克日移兵」，陳濟棠對此回電只是表示「一俟就緒，即可增兵入贛」，這顯然是搪塞敷衍之詞。同時，陳濟棠婉拒了蔣介石前電中要求其胞兄作為陳本人代表，赴南京一

為國，深佩！其名義或為廣州綏靖主任。」隨後陳濟棠亦確實將部分部隊派往粵贛交界地帶。參見：〈蔣中正電何應欽請與陳濟棠切實商定名義〉（臺北市：「國史館」藏，「蔣中正總統」文物檔案，1932年3月19日，典藏號：002-070100-00024-016。）康普華主編：《李漢魂將軍文集》（北京市：中國社會出版社，2014年），上冊，頁32。

123 〈吳鐵城電蔣中正據香港報紙報導陳濟棠黃紹竑南下未返及廣東軍隊以綏靖為名急調回防有中止剿共之意等〉（臺北市：「國史館」藏，「蔣中正總統」文物檔案，1932年8月23日，典藏號：002-080200-00054-104。）

124 呂芳上主編：《蔣中正先生年譜長編》，第3冊，頁738。

行，商討合作「剿共」事宜，而是表示：「維兄因環境關係未便抽身。俟『剿共』有辦法，時機許可時，再囑其來也」。[125] 這實際上是對蔣介石之要求予以實質上的拒絕。不過，陳濟棠在回電中所稱「粵省綏靖工作現正積極進行」倒確實是實情。

在此之前，陳濟棠就以軍事告終，各部隊此後當注意「全粵綏靖工作」，計劃分區實施綏靖辦法，「呈粵國府核准實行，當經粵國府於昨日國務會議通過，但其組織辦法則交軍事委員會審核修正，軍委會奉飭後，經召集參謀團會同商議修正。」[126] 粵方為此將全省劃分為東、南、西北、中四個綏靖區。各區地域範圍計：「中區管轄廣州府屬各縣及恩平、開平；東區管轄潮梅三屬；西北區管轄肇陽、羅南、韶連等屬；南區管轄高雷欽廉四屬。中區駐軍內定為第二軍香翰屏部；東區駐軍為第三軍李揚敬部；西北區駐軍為第一軍余漢謀部[127]；南區駐軍為第二獨立團鐘繼業部、第三獨立團張文滔部、第四獨立團劉起時部、第四獨立旅李潔芝部。以上各軍防地指定後，業已紛紛移防。」各綏靖區主官人選為：「李揚敬兼東區綏靖委員，香翰屏兼中區綏委，余漢謀兼北區綏委。」東區綏靖署設於潮安，南區綏靖署設於梅菉，中區綏靖署設於廣州，西北區綏靖署設於韶州。綏靖署之編制及預算，亦已決定。署內設置綏靖委員辦公廳及軍務處、軍法處、總務科。同時，陳濟棠還決定：各軍從奉令之日起，一律依限移防，並依期開到指定之綏靖區域戍防；各區綏靖部隊依限到防地後，限一

---

125 〈陳濟棠電蔣中正粵省綏靖工作正積極進行一俟就緒即可增兵入贛〉（臺北市：「國史館」藏，「蔣中正總統」文物檔案，1932年9月21日，典藏號：002-080200-00056-073。）

126 〈全粵綏靖計劃：設東南西北中五綏靖區先剿匪後組民眾自衛團〉，天津《益世報》，第3版，1932年1月10日。

127 一九三二年三月，原廣東西北區綏靖主任余漢謀調兵入贛，由李漢魂接任。參見康普華主編；《李漢魂將軍文集（上）》，頁32。

星期內布置完竣,開始綏靖地方工作,並決定三個月內辦竣。[128]

　　廣東當局所設置的綏靖區,與南京方面所設置的綏靖機構明顯不同,「這是一種軍政合一的行政機構」,主其事者當時也以「地方長官」自居[129],而非像駐贛、駐閩綏靖公署下轄綏靖區那樣,只是作為「中央臨時性派出機構」,涉及到地方政務時尚須與地方黨政長官合作商討辦理,而非「軍政合一」。作為「軍政合一的行政機構」,廣東當局所劃分的綏靖區不可避免地要對常規的地方縣區市行政機構職權範圍有所干涉。最初,擬赴任廣東省主席的伍朝樞就曾對此極為忌憚,遲遲不願就任,「因各綏靖區有監督區內行政權,恐省府無事可辦」。[130]

　　以李漢魂擔任綏靖委員的廣東西北區為例,李視自己為所轄區域的地方長官,總攬各端事務。李漢魂上任之初,主要從以下幾個方面入手開展工作:一、整頓吏治;二、清除盜匪;三、整頓教育;四、建設廣東西北區公路網。這其實與一般地方長官處理轄區政務的思路沒有多大差別,但李漢魂不同之處在於,其在此時可以假綏靖委員之名義,協調運用綏靖署及軍隊力量來解決問題,以期促進轄區內的軍民合作,並提高辦事效率。尤其值得一提的是,由於身兼綏靖委員,比之於普通地方官員,李漢魂此時有條件動用綏靖署的力量,改善所轄地區交通。「他認為搞好公路之建設,既有利於軍事之調動,人物之往來,信息之傳達,而且利於把農副產品運出市場,增加農民收入,促進農副產品的發展。所以,加速建築公路,已是急不容緩。當

128　〈粵省劃分四綏靖區各軍防地從新支配綏靖公署組織內容〉,《申報》,第10版,1932年1月19日。

129　政協廣東省委員會辦公廳等編:《枕上夢回——李漢魂吳菊芳伉儷自傳》(廣東人民出版社,2012年),第44頁。

130　廣東軍政當局甚至為此被迫中止了原定於一九三二年二月十八日為各綏靖委員舉行的就任儀式,而是應允將綏靖區權限縮小。參見〈陳濟棠白崇禧納胡漢民勸告〉,《申報》,第4版,1932年1月21日。

時修築公路，所有橋樑涵洞均由綏靖公署負責設計、繪圖、測量、材料、監督、施工等。經鄉鎮村莊的路段，則由各鄉村抽調壯丁擔任鋪路填土工作。由於公私合營，大家出力，所以不日功成。」[131]除此之外，李漢魂還在一九三二年底創建了西北綏靖區的移墾局，由綏靖區參謀長、軍法處長負責移民開墾，擬以軍屯、民墾的方法，助軍實而紓民困。

綏靖署機關和李漢魂所轄部隊的師部實則為兩套人馬，甚至分駐兩地，綏署駐韶關，師部則在南雄，以致李在處理軍務與政務時，必須往返奔波兩地。而「剿共」在李漢魂任內工作比重中其實並不大，當南京方面大舉謀劃部署第五次「圍剿」中央蘇區之際，李漢魂所轄部隊主要「加強了警戒」，防止紅軍直入南粵。[132]

廣東當局在轄區內所設立之綏靖區，最初也被宣稱作為臨時性機構，但在設置之後的實際運轉過程中，則礙於內外環境難以如期裁撤。一九三二年底，廣東當局曾經計劃整理全省地方警衛處，以期樹立所謂地方自衛武力之基礎，曾經計劃裁撤五綏靖區署即組織全省警衛總處，以利便指揮統率。惟警衛區成立後，即牽涉到綏靖區署存廢問題，廣東當局不能不審慎考慮，「蓋時值冬防，各地防軍正著手剿辦土匪，以靖地方，萬一對於綏靖制度有所改革，將影響現時各區綏靖之進行」。廣東當局為此連日召集各高級軍官會議，最終議決各區綏靖署暫行維持，並繼續施行原定綏靖計劃。但各縣警衛隊則由各區直接管理，每區各設一警衛處，指揮區內警衛隊，積極從事整理，待到各縣地方警衛隊訓練完竣，始將各區綏靖署裁撤。[133]

---

131 周天任：〈李漢魂綏靖廣東西北區的建樹〉，韋燕徹主編：《吳川文史專輯》，第6輯（1988年），頁121-128。
132 政協廣東省委員會辦公廳等編：《枕上夢回——李漢魂吳菊芳伉儷自傳》，頁44-46。
133 〈粵省整理地方警衛隊〉，《申報》，第6版，1932年11月7日。

綏靖機關此時不僅未能如期裁撤，結果反倒職能範圍有所擴充，廣東當局賦予綏靖機關以訓練地方警衛隊伍，培植地方武力的使命。在陳濟棠看來，「認真訓練警衛隊，造成強勁之民眾武力，捍衛地方，直接自衛，間接衛國。」[134]陳濟棠所謂「直接自衛」其實就是加強了粵系集團對於轄區的社會管控，穩固了其自身的統治。如是之故，廣東當局對綏靖機構的工作也是滿意的。一九三四年，陳濟棠的參謀長繆培南曾公開宣稱：「粵省綏靖工作甚佳，各縣已無股匪，治安亦好」。在其看來，此時廣東綏靖工作取得了階段性進展，接下來工作重心將要轉移到「注意警衛編練及聯防保甲事宜。」[135]一九三六年，廣東當局公開宣稱業已完成三年施政計劃，「就政治上看去，很容易看至治安上已得到很大的成績，迨實施三年施政計劃以後，一方面劃分五個綏靖區，各設專員負責綏靖，一方面積極編練地方警衛隊，充實地方自衛力量，由是不僅肅清境內的共匪，而各股土匪也跟著撲滅，現在人民相安，商施無阻，這是廣東人所認為最滿意而樂於稱道的。」[136]

　　然而，廣東當局這種半獨立的狀態與南京政權謀求國內統一的政策取向終究是不可調和的矛盾。一九三六年胡漢民逝世後，廣東當局與南京方面矛盾徹底公開化。陳濟棠此時聯合桂系，發動六一事變，公開打出「抗日反蔣」旗幟，寧、粵雙方戰端一觸即發。蔣介石此時成功實施分化拉攏策略，瓦解了粵系軍政集團，迫使陳濟棠黯然下野。南京方面隨後委任余漢謀出任廣東綏靖公署主任。余漢謀上臺後，隨即改弦更張，以「謀為求廣東一切政制咸與各省一致起見」，

134　〈粵開警衛會議〉，《申報》，第10版，1935年7月19日。
135　〈廣州廿日新聞電昨西南聯合紀念周繆培南報告粵省綏靖工作甚佳〉（臺北市：「國史館」藏，閻錫山檔案史料，1934年11月21日，典藏號：116-010108-0857-024。）
136　〈粵省第一期三年計劃完成〉，《申報》，第6版，1936年4月27日。

將與綏靖事宜密切相關之警務處建制，從原屬綏靖公署改隸省府，並更名為保安處。[137]

不久後，余漢謀報請南京方面批准，廣東省廢除綏靖區制度，改設五軍區。軍區司令雖仍負責全區綏靖事宜，[138]但由廣東當局主導的地方綏靖區制度實質上已告結束，此時南京方面得以插手廣東地方的政務與人事。一九三六年八月，蔣介石飛抵闊別多年的廣州，面對包括五位軍區司令在內一眾廣東新任黨政軍高層，蔣介石明確要求眾人「應實行新生活，建設新廣東」，並嚴詞警告「粵與中央不可分離」。[139]

廣東當局之所以能將具有自身特色的綏靖區制度行之有年，這根本上得益於其本身當時相對獨立於南京中央政權的政治地位。同時，陳濟棠等人冀圖利用綏靖區制度來強化對自身轄區的控制，維護社會治安，加強社會治理，協調軍民關係等，是旨在專注於轄區內政建設的重要舉措。相反，對於南京方面希望其北上贛南協助「剿共」，參與更大規模的「綏靖任務」，陳濟棠對此則並不熱衷，反而一度以「綏靖地方」為由，拒絕南京方面的要求。寧粵雙方在此期間微妙的互動關係以及粵系當局在此前後所採取的政策措施，實則反映了粵系地方實力派與南京中央對於綏靖體制機構的不同定位與不同的政策取向。

---

137 〈余漢謀呈蔣中正廣東綏靖狀況及軍事工作方面情形報告書等文電日報表〉（臺北市：「國史館」藏，「蔣中正總統」文物檔案，1937年2月24日，典藏號：002-080200-00479-107。）
138 〈粵改劃五軍區〉，《申報》，第4版，1936年8月8日。
139 〈粵黨政軍長官黃慕松等宣誓就職蔣委員長監誓授印後致訓辭囑建設新廣東並提示六要點〉，《申報》，第8版，1936年8月18日。

第三節　全國抗戰時期綏靖機構的起落

一　戰時體制從上至下逐步確立

　　一九三七年七月，日本製造盧溝橋事變，中國駐軍奮起反抗，全民族抗戰由此打響。此時全國最高軍事指揮機關為軍事委員會，其與行政院平行，二者同樣直接隸屬於國民政府。國民政府於一九三二年一二八淞滬抗戰爆發之際，恢復設立了軍事委員會，此種體制業已運轉多年。是時，軍事委員會的職掌即明確含有「關於國防綏靖之統率事宜」。[140]此後，軍事委員會的組織大綱曾迭經修訂。至七七事變爆發前，軍事委員會「設委員長一人，副委員長二人，委員七人至九人。」[141]軍事委員會下設辦公廳、參謀本部、訓練總監部、軍政部、海軍部、航空委員會、調查統計局等十七個部門分掌其事。[142]

　　此後不久，八一三淞滬會戰爆發，中日戰事規模不斷擴大。此時中日民族矛盾業已上升為中國社會的主要矛盾，國民政府不得不將主要精力投入到對日作戰中來，與之相伴的勢必要將國家機器從平時轉入到戰時體制，以進行更廣泛的動員參戰。而隨著時局的劇烈演變，是否籌組戰時大本營以及如何調整使從上到下得以納入戰時體制都急切地擺上了國民黨中央的議事日程。

　　一九三七年九月十七日，國民黨召開中央常務委員會第五十一次

---

140 〈國民政府軍事委員會暫行組織大綱〉（1932年3月11日），中國第二歷史檔案館編：《中華民國史檔案資料彙編》，第5輯，第1編，軍事（一），頁3。

141 〈中國國民黨中央執行委員會政治委員會諮國民政府修正軍事委員會組織大綱第三條等議決案請查照辦理〉（1937年5月6日），周美華編：《國民政府軍政組織史料——軍事委員會（一）》（臺北市：「國史館」，1996年），頁73-74。

142 〈軍事委員會呈國民政府修正該會系統表請鑒核備案〉（1937年7月10日），周美華編：《國民政府軍政組織史料——軍事委員會（一）》，頁74-76。

會議，會上做出決議由軍事委員會行使陸海空軍最高統帥權，並授權軍事委員會委員長蔣介石對於黨政統一指揮。為此，軍事委員會在當年九月進行了大幅度改組，於委員長之下，設參謀總長、副參謀總長、秘書長、副秘書長各一人；並設第一部（軍令）、第二部（政略）、第三部（國防工業）、第四部（國民經濟）、第五部（國際宣傳）、第六部（民眾組訓）、管理部、後方勤務部、衛生勤務部、警衛執行部、秘書廳及侍從室等部分，另設軍法執行總監一人，軍事參議官若干人，侍從武官長一人，總辦公廳主任、副主任各一人等。[143]此舉無疑已經搭建了戰時大本營的框架結構，但是考慮到當時中國與日本兩國尚未正式宣戰，以及複雜多變的東亞國際環境，國民政府做出決定，暫不公開設立戰時大本營（後於一九三八年軍委會再次改組時，撤銷大本營建制），而以軍事委員會實質行使其職能。蔣介石在國防最高會議作報告時，就此問題曾向國民黨軍政高層做出解釋。蔣介石表示：經過仔細研究，「覺如此組織（戰時大本營），過重形式，現時仍以在表面上避免戰爭之名為宜。因之決定將中央原議暫擱置，只就軍事委員會改組，而將以上所擬設置各部納入該會。」[144]

從軍事委員會改組後擬設立的六大部工作職能可以看出，此時國民政府已經力圖將自身轉為戰時體制，以將整個社會的資源充分調動以應對戰爭，軍事委員會在此期間實際充當了戰時大本營的角色。但也須要看到，原有的參謀本部、警衛執行部等單位還未取消，從而造

---

[143] 〈軍事委員會呈國民政府該會重加改組情形祈鑒核備案〉（1937年10月8日），周美華編：《國民政府軍政組織史料——軍事委員會》（一），頁77；〈參謀本部奉發軍事委員會組織系統表密令〉（1937年11月5日），中國第二歷史檔案館編：《中華民國史檔案資料彙編》，第5輯，第3編，軍事（一）（南京市：江蘇古籍出版社，1999年，頁10-11）。

[144] 《王世傑日記》（臺北市：「中央研究院」近代史研究所，1990年），第1冊，1937年9月1日，頁97。

成機構疊床架屋，職權界定不清等混亂局面。況且當時戰況緊急，首都南京直接處於日軍炮火威脅之下，國民政府所轄各部門機關忙於內遷，人事及機構的變動均很頻繁。有些部門甚至未及完全成立，便遭到了調整與撤銷。據當時擬赴任軍委會第四部副部長的劉健群回憶，「抗戰開始，軍委會充實內部，曾擬設立第四部專司宣傳。委員長下手令以陳公博為部長我為副部長。但不久即改設第六部司民眾組訓，宣傳工作包括在內，第四部未成立即胎死腹中。」[145]一九三七年十二月南京淪陷之際，身在廬山的蔣介石就曾致電白崇禧，囑咐其從速擬訂軍政機構改革具體方案。[146]蔣介石顯然對全國抗戰之初運轉不暢的指揮體制和各部門的混亂工作非常不滿，以致其此時甚至有將軍事委員會與行政院合併為一的念頭，並命張群與汪精衛相商，以期確立一個「適於長期抗戰，簡單而健全，易於推動一切之制度。」[147]

一九三八年，國民政府軍事委員會在武漢重新進行了改組。為達到「簡單而健全」之目的，軍委會在此番改組中規模有所縮小，將原有涉及一般行政事務的部門重新劃歸原有中央黨政機構，例如「軍委會第三部（重工業部）、第四部（經濟）並於實業部，而易名為經濟部，軍委會之第六部國民指導並於教育部。」[148]按照一九三八年一月十日國防最高會議修訂通過的《軍事委員會組織大綱》之規定：「本會設委員長一人，委員七至九人，由中央政治委員會選定，由國民政府特任之。此外參謀總長、副參謀總長，軍令、軍政、軍訓、政

---

145 劉健群：《銀河憶往》（臺北市：傳記文學出版社，1978年），頁222。
146 〈蔣中正電白崇禧改革軍政機構整理軍隊等方案預擬草案面商〉（臺北市：「國史館」藏，「蔣中正總統」文物檔案，1937年12月12日，典藏號：002-020300-00004-011。）
147 〈蔣中正電張群請與汪兆銘切商擬訂適於長期抗戰易於推動之制度〉（臺北市：「國史館」藏，「蔣中正總統」文物檔案，1937年12月12日，典藏號：002-020300-00004-012。）
148 《王世傑日記》，第1冊，1937年12月31日，頁158。

治四部長及軍事參議院長為當然委員。」[149]據此可以看出，軍事委員會不再設立副委員長一職，同時將主要軍事業務的部門壓縮為四大部，即軍令部、軍政部、軍訓部、政治部，以其為整個軍事委員會的主體。[150]上述機構的改組及人事調整任命因為戰場局勢，當時「均未向外公表」。[151]

經此次改組，軍事委員會直屬組成部門由軍令部、軍政部、軍訓部、政治部、辦公廳、軍法執行總監部、航空委員會、銓敘廳、軍事參議院、參事室、侍從室組成。一九三八年十一月，蔣介石在湖南省南嶽衡山召集軍事會議，宣布進入第二期抗戰，為充分動員人力物力，對日進行長期抗戰，軍事委員會的組織又進行了擴充，先後增設了戰地黨政委員會、運輸統制局、撫恤委員會等單位。同時針對前期抗戰國民黨軍隊指揮層級太多，「致使令報告、轉達遲滯，軍隊使用頓感不靈，乃決定廢除兵團、軍團兩級，並改軍為戰略單位，以後由最高統帥部至戰略單位，即只有軍委會、戰區、集團軍、軍四級。」[152]

中央軍事機構以外，戰時大本營於一九三七年八月二十日曾發布國軍戰爭指導方案，將全國作戰地域劃分為五個戰區。[153]各個戰區具體劃分為：第一戰區作戰地域為冀省、魯北；第二戰區作戰地域為晉、察、綏三省；第三戰區作戰區域為蘇南（長江以南）和浙江；第四戰區作戰地域為閩、粵兩省；第五戰區作戰地域為蘇北（長江以

---

149 〈國防最高會議函國民政府決議通過修正軍事委員會組織大綱及系統表請查照密令飭遵〉（1938年1月10日），周美華編：《國民政府軍政組織史料——軍事委員會（一）》，頁78-79。
150 呂芳上主編：《蔣中正先生年譜長編》，第5冊，頁460-461。
151 《王世傑日記》，第1冊，1938年1月12日，頁164。
152 中國史學會、中國社會科學院近代史研究所編：《抗日戰爭》（成都市：四川大學出版社，1997年），第2卷，頁980。
153 〈大本營頒發國軍戰爭指導方案訓令〉（1937年8月20日），中國第二歷史檔案館編：《抗日戰爭正面戰場》（北京市：鳳凰出版社，2005年），上冊，頁34-39。

北）和魯省。[154]以後隨著戰局演變，戰區作戰地域有所變化，戰區亦有所增加。戰區以下以集團軍、軍團來統轄各軍、師進行作戰。至一九三八年七月，全國先後曾設有九個戰區，三十三個集團軍、三十八個軍團。[155]

除此之外，在抗日戰爭進入相持階段後，國民政府軍事委員會於全國多地設置了軍事委員會委員長行營，性質屬中央派遣機關。委員長行營地位介於中央和各戰區之間，名義上可以統轄若干個戰區，但實際運作中則不盡然。例如李宗仁曾擔任主任的漢中行營，「其實是一個虛設機構，無實際的職權。各戰區作戰一向由軍事委員會直接指揮，漢中行營設立之後，此指揮系統並無變更，只是各戰區對中央的報告亦送一副本給漢中行營罷了。」[156]

隨著國民黨政權的工作重心轉移到對日作戰上來，從最高統帥機構軍事委員會的幾番改組，到多個戰區的籌劃設立，數十個集團軍的大規模編組，整個戰時體制從上到下在逐步地確立，以期用以支撐對日作戰。而同樣直轄於國民政府軍事委員會的中央派出機關，綏靖公署、綏靖區等綏靖機關此時也勢必要受到牽連調整。一方面是整個國民黨政權的國家機器此時均在朝著戰時方向急速調轉，另一方面，這一時期對日作戰大計業已成為當時國民政府壓倒一切的任務，「綏靖事宜」重要性顯然有所降低，此時也不得不退居其後。而對於相關綏靖機構和綏靖區域的調整部署，其實早在全國抗戰爆發前就已經納入到國民政府軍政高層關於對日備戰的討論範疇。

---

154 〈大本營頒發國軍戰爭指導方案訓令〉（1937年8月20日），中國第二歷史檔案館編：《抗日戰爭正面戰場》，上冊，頁37。

155 戚厚傑等編著：《國民革命軍沿革實錄》，頁438。

156 李宗仁口述、唐德剛撰寫：《李宗仁回憶錄》（桂林市：廣西師範大學出版社，2005年），下冊，頁604。

二　全國抗戰期間綏靖機構的處境

　　隨著中日兩國關係的日漸緊張，以及西安事變和平解決後國共兩黨關係解凍，國民政府軍政高層此時也在謀劃未來的中日戰事問題，其中如何將現存的綏靖機構及所屬部隊轉入戰時軌道，自然是軍政高層在研究「國防組織」與「國防整軍」中的重要問題之一。

　　關於國防整軍諸問題，作為戰前整軍的負責人之一，陳誠在此前後曾就此問題先後兩次上書蔣介石，並與林蔚、周亞衛、熊斌、俞飛鵬等高級將領，詳細討論關於中央軍事機構及各層級軍事機關如何應對未來可能發生的中日戰事問題。陳誠認為：「平時之行營及綏靖公署，在戰時改為方面軍總司令部及集團軍之指揮機關，頗為便利，故行營與綏署之編制，須平戰兩時均能適用，以期臨時轉變容易。」[157] 同時，軍事機構須適合平戰兩時之制度與使用，因而行營、綏靖公署之編制與設置地點，應顧慮戰時適用。[158] 陳誠等人在此反復強調的原則為「平戰結合」。這涉及兩個問題：一則綏靖公署應可以在戰時轉為方面軍司令部或集團軍之指揮機關，也就是從綏靖體系轉為戰時體系，這其實就是綏署的存廢問題。同時，與之相伴隨的便是相關機構的設置地點要「顧慮戰時適用」，這其實就是應著眼於未來中日可能發生武裝衝突的地點而設。而事實上當時許多綏靖公署多因中共活動情形及處置土匪善後問題而設，每每處於內地各省交界地帶，顯然與未來應對中日武裝衝突不甚相宜。

　　全國抗戰爆發之前，綏靖機構便多有撤廢。尤其是國民黨中央政

---

[157] 〈函呈國防組織草案〉，何智霖編：《陳誠先生書信集──與蔣中正先生往來函電》，上冊，1937年2月24日，頁252。

[158] 〈簽呈國防整軍諸基本問題〉，何智霖編：《陳誠先生書信集──與蔣中正先生往來函電》，上冊，1937年5月28日，頁272。

權可以直接掌控的綏靖公署及綏靖區等綏靖機構,更是隨著國民黨認為局部地區「匪患肅清」,相關綏靖任務業已完成,即經撤銷,成為真正的臨時性派出機構。至一九三六年,國民政府軍事委員會所轄綏靖序列尚有駐鄂綏靖主任公署、豫皖綏靖主任公署、西安綏靖公署、太原綏靖公署、廣東綏靖公署、廣西綏靖公署、長沙綏靖公署、駐甘綏靖公署、滇黔綏靖公署、冀察綏靖公署、駐閩綏靖公署及個別綏靖公署所轄之綏靖區。[159]這其中可以分為以下幾類,首先是國民黨中央政權可以掌握的有駐鄂(何成濬)、豫皖(劉峙)、駐閩(蔣鼎文)、駐甘(朱紹良),以及包括新近成立,且立場傾向於南京中央的廣東綏靖公署(余漢謀);其次為安撫地方實力派頭面人物而設,如太原綏靖公署(閻錫山)、西安綏靖公署(楊虎城)、廣西綏靖公署(李宗仁)、滇黔綏靖公署(龍雲)、冀察綏靖公署(宋哲元)。對於這類綏靖公署及其所轄地區,南京中央暫時無法直接管轄。地方實力派頭面人物擔任綏靖公署主任這一中央委派之職,既可以假中央之權威以統禦地方,超然於轄區省政府主席之上。同時,國民政府也可以借此對其加以籠絡,力圖維繫南京中央政權的並不十分牢固的向心力。這類綏靖公署存續時間多與其主官之政治壽命相始終,而非中央所劃定之綏靖任務完成與否,因而不易裁撤,也並不真正具備綏靖機構的典型特徵。此類綏靖機構之於綏靖體制而言,更多是取其名,而未見得能貫徹南京中央綏靖政策之實。

如前所述,全國抗戰爆發之後,國民政府戰時大本營迅速頒訂辦法,要求在各地成立多個戰區。在此前後,更多綏靖公署先後遭到裁

---

159 軍事委員會銓敘廳調製:〈各綏靖主任各總指揮軍長督辦司令主官姓名表〉(臺北市:「國史館」藏,「陳誠副總統」文物檔案,1936年10月6日,典藏號:008-010704-00010-018。)

撤[160]，以致如陳誠所期望的那樣可以轉換為戰時軍事指揮機關。沒有被裁撤的，如太原綏靖公署，也因為山西被劃為第二戰區，設立第二戰區司令長官部，太原綏靖公署名義上雖未取消，但其職權實際由第二戰區司令長官部代行。[161]

抗日戰爭進入相持階段後，留存的綏靖機構的主要任務發生了明顯偏移，不再以中共及其武裝為主要針對對象。此時，綏靖機構及綏靖區域範圍不僅大為縮減，上級主管機關也不再是軍事委員會，而是軍委會下屬之軍令部，負責「辦理四川及鄂湘滇黔陝康等省綏靖事宜」，其任務主要是清剿土匪，穩定後方，「知欲從事長期抗戰，非先安定大後方不可，若不徹底清剿，勢將影響全域」。[162]縱然只是處理清剿土匪等工作，但國民黨人對背後可能發生的政治動向，也十分警惕，甚為戒懼，「敵人利用各該地土匪為擾亂西南各省根據地，共產黨、國家主義派利用各該地帶及土匪培植勢力」。[163]

四川及鄂、湘、滇、黔、陝、康等後方省份主要位於中國中西部內陸地區。全國抗戰爆發之前，多數地區實為南京中央所鞭長莫及。

---

160 駐豫綏靖公署於一九三八年二月二十四日撤銷；駐鄂綏靖公署於一九三六年十二月一日撤銷；駐湘綏靖公署於一九三六年四月三十日撤銷；貴州綏靖公署於一九三七年夏撤銷；蘭州綏靖公署於一九三七年六月二十九日撤銷；江蘇綏靖公署於一九三八年二月撤銷。參見戚厚傑等編著：《國民革命軍沿革實錄》，頁333-335。除綏靖公署之外，其他層級較低的綏靖機關也存在轉設之情形。如一九三八年四月一日，湖南省政府撤湘西綏靖處，另設湖南省政府沅陵行署。參見龍山縣政協文史資料研究委員會編：《龍山文史資料》，第4輯（1988年），頁74-75。

161 山西省地方誌辦公室編：《民國山西政權組織機構》（太原市：山西人民出版社，2014年），頁186。

162 〈軍令部呈蔣中正自二十八年來川鄂湘滇黔陝康等七省綏靖報告〉（臺北市：「國史館」藏，「蔣中正總統」文物檔案，1941年6月13日，典藏號：002-080200-00295-053。）

163 〈谷正倫呈蔣中正報告綏靖湘黔邊區匪情及應對辦法等文電日報表〉（臺北市：「國史館」藏，「蔣中正總統」文物檔案，1938年9月20日，典藏號：002-080200-00502-144。）

國民政府移駐重慶後,力圖加強對以四川為核心的西南地區的掌控和建設,綏靖工作其實此時也變為圍繞此等中心任務,為其實現而服務。而上述大後方諸省,相比於國民政府原來統治的核心地區東南沿海來說,經濟社會發展較為落後。省與省交界地帶即邊區則更是如此,盜匪橫行,各類社會治安問題積重難返。

此時的社會輿論對於國民政府於抗日時期加強邊區的綏靖工作也抱持著相當期待,希望其綏靖邊區,除了加強「清剿」的治標工作外,還應注意健全保甲,發展交通,普及教育文化,縮小縣區以加強地方自治等工作。[164]尤其是發展交通一項,之於整個中西部大後方來說至為重要。在此之前,湘黔公路一帶土匪橫行,甚至有軍用車被搶多次的情況發生,土匪坐大,則「軍事交通運輸均受障礙」。[165]在時人看來,交通是一切建設之母,欲使邊區長治久安,根本必須發展交通,交通之於綏靖工作來說意義不可謂不重大。「如果一面對邊區不寧靜的區域,加強地方團隊的訓練,積極清剿以治標,一面應用軍隊配合民力發展交通以治本,本末兼施,表裡如一,邊區建設必可與日俱進,綏靖工作必不難早日完成。」[166]而國民政府內部此時在審視自身綏靖工作時也在反思:「所以我們的綏靖工作,除了要做軍事綏靖工作以外,更要注意到政治的綏靖工作了,所謂軍事的綏靖就是直接的專以兵力去將已有的匪患加以剿滅,而所謂政治的綏靖就是間接的從『管教養衛』方面著手,使組織嚴密,幹部健全,教育普及,民生充裕,把土匪所以生成的原因,徹底清除,這樣一來,舊有的匪患可以根本肅清,新的匪患再也不會發現,所以綏靖工作,是應採取軍事

---

164 〈綏靖邊區的基本工作〉,《武漢日報》,第2版,1943年10月21日。
165 〈谷正倫呈蔣中正報告綏靖湘黔邊區匪情及應對辦法等文電日報表〉(臺北市:「國史館」藏,「蔣中正總統」文物檔案,1938年9月20日,典藏號:002-080200-00502-144。)
166 〈綏靖邊區的基本工作〉,《武漢日報》,第2版,1943年10月21日。

與政治並重兼施的辦法。」[167]然而，這類反思尚多處於規劃設計層面，在戰事大環境下，綏靖機關所能做的工作著實有限[168]，更不必說「軍事與政治並重兼施的方法」。

與綏靖機構精簡、主要任務偏移相伴隨而來的，同時也是影響更為深遠的其實是綏靖機關權限的縮小。一九四〇年三月，蔣介石以行政院院長和軍事委員會委員長的名義，呈請國民政府，頒布實施《調整省政府與綏靖公署職權原則》，其中明確規定：

> 凡屬軍事或綏靖範圍如剿匪、自衛、構築工事與轄境內水陸警察、保安團隊，以及地方自衛武力之調遣整訓運用悉由綏靖公署主辦。
> 屬軍事或綏靖以外之一般行政事項，如組訓民眾、清查戶口、撫輯流亡、救濟難民等事宜仍歸省政府主辦。
> 地方各級佐治人員、保安團隊、水陸警察與自衛組織，其人事經理考核、撫恤仍由省政府按向例辦理。
> 綏靖公署直接指揮省政府所屬機關（如專員公署及縣、市政府）以基於軍事或綏靖上之急殆情事為限。
> 綏靖公署對於一般行政事項認為有施以特殊措置之必要時，應商請省政府辦理。

---

167 張鎮：〈從軍事綏靖說到政治綏靖〉，《邊聲月刊》第1卷第5期（1940年），頁2-5。
168 因西南地區民族狀況及自然環境的特殊性，綏靖機關此時還負責部分處置「夷務」問題，及實施「改土歸流」等事項，大體上與中國古代中原王朝對於邊疆少數民族地區所採取的「羈縻政策」相差不大。參見〈軍令部呈蔣中正自二十八年來川鄂湘滇黔陝康等七省綏靖報告〉（臺北市：「國史館」藏，「蔣中正總統」文物檔案，1941年6月13日，典藏號：002-080200-00295-053。）吉友仁：〈民國時代中央軍和地方軍對民族地區的綏靖概況〉，渡口市政協文史資料研究委員會編：《渡口市文史資料》第1輯（1986年），頁24。

> 綏靖公署處理主管事項與一般行政有關者或省政府處理主管事項關涉綏靖權責者，應視其事件之性質，事前會商或事後彼此通知。[169]

蔣介石所擬定的調整省政府與綏靖公署六項原則明顯壓低了綏靖公署的權重，綏靖公署在面對所轄地域所在地的省政府之時，無法再像往常一樣處於強勢地位。蔣介石將綏靖公署的核心職能抽出，例如，將組訓民眾、清查戶口、撫輯流亡、救濟難民等事宜仍歸省政府主辦。事實上，按現行各綏靖公署組織條例規定，此類事項應屬綏靖公署職掌之內，等於直接削弱了綏靖公署的一大職權。除此之外，涉及其他事項權力的行使，實際上也或多或少予以限制。

即便如此，在六項調整原則頒布實施半年多以後，綏靖公署的權力再一次被削弱。時任軍政部部長何應欽稱，該項原則第一項規定與保安團隊調整辦法第十條及第十九條抵觸。因此，何應欽擬請將其修正為：「凡屬軍事或綏靖範圍如『剿匪』、自衛、構築工事與轄境內水陸警察以及地方自衛武力之調遣整訓運用，應由綏靖公署主辦，至轄境內之保安團隊應依據保安團隊調整辦法之原則，會商省政府辦理。」[170]蔣介石批准了軍政部長何應欽的呈請，如此一來，綏靖公署對於地方武力的主要組成部分——保安團隊的調遣指揮權之行使也遭到了嚴格限制。

戰時條件下，綏靖公署權限的壓縮，綏靖區域範圍的減小，以及

---

169 〈行政院長蔣中正呈國民政府為調整省政府與綏靖公署職權原則〉（臺北市：「國史館」藏，國民政府檔案，1940年3月13日，典藏號：001-012071-00415-031。）

170 〈行政院長蔣中正呈國民政府為修正調整省政府與綏靖公署職權原則第一項條文〉（1940年12月16日），「國史館」藏，國民政府檔案，典藏號：001-012071-00415-036。

所轄部隊數量與質量的變化[171]，都能客觀上反映彼時綏靖機關在國民黨政權決策層心目中重要性的降低趨勢。然而，隨著抗日戰爭進入相持階段，國民黨將相當之精力轉為防共反共上來，國共關係摩擦漸多。尤其是皖南事變後，兩黨關係急劇惡化，國民黨借機在部分前方地區局部恢復了綏靖機關的建制及賦予其針對中共的職能設置，此類設置在與新四軍作戰區域毗鄰之第三戰區所轄贛、閩、浙等省尤為明顯。

皖南事變後，第三戰區司令長官顧祝同曾組建「銅南繁涇綏靖指揮部」負責「清剿」新四軍殘餘部隊。同時命令皖南行署與綏靖指揮部會同協商，擬定綏靖工作計劃，「爾後應如何健全黨政下層機構，增強地方自衛力量，清除殘餘潛伏分子，號立固定性之情報網」，「俾將來綏靖部隊或有調動，或綏靖指揮部結束後，工作仍得繼續進行，不致中途停輟。」[172]顧祝同在此提到之情報網，日後由第三戰區組建「綏靖工作隊」，以中統分子為成員骨幹，赴福建等地從事對中共的特務情報及破壞工作。[173]

一九四二年，新四軍一部在何克希等人率領下成立第三戰區三北游擊司令部，「以三北為根據地，勢力旁及上虞、紹興、諸暨、新昌、嵊、鄞等縣」。此舉讓國民黨浙江省黨政當局深感芒刺在背，浙江省政府與省黨部召開聯席會議商討應對之策，最終做出決定：一、設立綏靖機構；二、指定保安團隊及國軍擔任綏靖；三、綏靖機構與政府

---

171 戰時，國民政府始終保持「地方綏靖部隊」之序列，只不過數量不多，且多為地方勢力雜牌部隊，戰鬥力有限。參見何應欽：《八年抗戰之經過》，浙江省中國國民黨歷史研究組（籌）編：《抗日戰爭時期國民黨戰場史料選編》，第1冊（1985年），頁172-173。

172 〈顧祝同密令一九四二年七月底肅清新四軍及擬定綏靖工作計劃〉（1941年12月22日），安徽省檔案館編：《皖南事變文電選編（國民黨部分）》，內部發行（1985年），頁176-177。

173 貢獻之：〈第三戰區綏靖工作隊始末〉，上饒市政協文史資料研究委員會編：《上饒市文史資料》，第5輯（1986年），頁45-54。

黨部密切配合；四、綏靖機構與區縣自衛武力配合；五、請中央補充械彈，指撥經費。[174]國民黨浙江省黨政要人所做出的決定相當於在其當時所能掌控的浙江省轄區內局部恢復綏靖體制與中共的武裝對抗。

　　在此前後，同樣隸屬於第三戰區的福建省北部地區之形勢也在皖南事變前後逐漸緊張起來。一九四一年一月，第三戰區下轄閩浙贛三省邊區綏靖指揮部在福建省建陽縣成立。最初，由於「清剿」不力，閩浙贛三省邊區綏靖指揮官先後撤換過多人，錢東亮（錢大鈞之侄，錢與顧祝同同為江蘇人，相互交好）出任第五任閩浙贛三省邊區綏靖指揮部中將指揮官。錢東亮在建陽任職期間，厲行上司「清剿」政令，在鄉間廣泛組織壯丁隊、守望隊，下令進行嚴格的訓練，設立遞步哨、夜間巡邏隊，並通過清查戶口，推行聯保連坐來對付共產黨及新四軍游擊隊。尤其值得注意的是，錢東亮在一九四三年十月一日擬定了《第三戰區閩浙贛三省邊區清剿殘匪計劃》，這一計劃堪稱錢東亮主持綏靖工作經驗的一次總結。錢東亮在此明確主張強化諜報組織系統以達到「肅清」之目的。更為關鍵的是，錢東亮還在《綏靖區內黨政配合軍事之聯繫事項》明確規定：「凡『剿匪』出力之行政人員及部隊長，得呈請照國軍對日作戰之獎勵條例，優予敘獎。」如此一來，錢東亮甚至將與國民黨合作抗日的共產黨、游擊隊放在與日本侵略者同等的地位。[175]

　　抗日戰爭末期，第三戰區更是以戰區之名義擬定了整個戰區的綏

174　〈黃紹竑施行雲等電蔣中正稱查偽新四軍派何靜組織三北游擊司令部經浙江省黨部第十九次聯席大會商討撲滅方法設立綏靖機構並指定保安團隊與國軍擔任綏靖等〉（臺北市：「國史館」藏，「蔣中正總統」文物檔案，1943年3月2日，典藏號：002-090300-00204-330。）

175　徐學仁：《錢東亮在建陽綏靖情況點滴》，建陽縣政協文史資料研究會編：《建陽文史資料》第10輯（1989年），頁1-2。

靖計劃，送交國民黨中央審議。[176]國民黨中央指導淪陷區工作聯繫會報第四次會報審議後認為，原案辦法尚屬可行，但亦指出其中「與中央規定略有出入或實施手續上應特別注意者」，從中可以一窺綏靖機關在國民黨組織法規系統上，與整個戰時體制不相容之處：

首先，第三戰區所擬綏靖計劃其中含有「各綏靖指揮機關均應設黨政處或黨政指導處，以負指導當地黨政與聯繫之責任」，這裡明確提出的「黨政處」之建制，不僅存在綏靖機關凌駕於黨政機關之嫌疑，更是明確與國民黨中央所頒《戰區黨政軍聯繫辦法原則》指導精神相悖，因後者明確規定：「黨政處為司令長官之幕僚機關，不對外直接發生關係」。其次，綏靖計劃擬賦予江蘇省黨部「爭取偽組織掌握偽軍」之權，而事實上按照國民黨中央之前規定，淪陷區省黨部是無此項權力的。按《戰區黨政軍聯繫辦法原則》規定，策反工作由軍委會主持（按其承辦單位為軍統局與政治部）。凡黨政軍團派出策反人員應先通知軍委會備案，以便指導聯繫。此外，國民黨中央的審查意見還特別提醒，關於綏靖指揮官在轄區內有指揮專員、縣長之權，「匪化」最深地區及戰略要點與接近前線地區專員縣長應派富有軍事經驗人員充任，暨綏靖指揮機關對於專員縣長之成績考核等項應屬切要，但實施時應先與省政府切實洽商，合作無間，始能臻實效，否則，最易引起政軍之糾紛。[177]

第三戰區所擬定的綏靖計劃，縱然有些許與戰時體制不相容之處，但國民黨中央鑒於當時國共關係的緊張情勢，還是認為該綏靖計

---

[176] 該綏靖計劃制訂地較為詳細，涉及到浙皖蘇邊區挺進軍、蘇皖邊區綏靖指揮部、江蘇省黨部、江南行署及浙西行署、皖南行署、安徽省黨部皖南辦事處及浙江省黨部浙西辦事處、徽屯警備司令部等數個省份的為數眾多黨政軍機關之職責。參見〈第三戰區綏靖計劃之浙蘇皖邊區黨政軍職責暫行辦法〉（臺北市：「國史館」藏，國民政府檔案，1945年1月13日，典藏號：001-075700-00001-001。）

[177] 〈第三戰區綏靖計劃之浙蘇皖邊區黨政軍職責暫行辦法〉（臺北市：「國史館」藏，國民政府檔案，1945年1月13日，典藏號：001-075700-00001-001。）

劃「尚屬可行」，而且也最終放行，使其得以付諸實施。而其以整個戰區名義於抗戰時期制定所謂「綏靖計劃」，這一行為本身就具備一定程度的風向標意義。抗戰勝利伊始，顧祝同就致電重慶，指出在日軍投降之後，為確保交通安全及穩定城市和鄉村秩序，請求賦予綏靖機關以更大的職權和責任。[178]

事實上，在抗日戰爭的大潮中，綏靖機構始終處於比較尷尬的境地，這是由其機構性質和擔負任務所決定的。其一，綏靖機構及其所轄武裝在抗日戰爭爆發前後經歷過裁撤，留存不多，綏靖區域範圍也大為減少。其二，由於全民族抗戰初期，國共兩黨攜手抗日，彼此關係總體尚處融洽，綏靖機關此時的主要任務在於清剿大後方邊遠地區之土匪，任務種類相對單一。任務的減少勢必帶來了職權比重的降低，蔣介石為此曾親自擬定調整綏靖公署與省政府關係六項原則，明確弱化綏靖公署之地位，甚至將其核心職權摘出，劃給省政府。而個別省還曾裁撤綏靖處，將綏靖區轉為行政專員公署。這一系列舉措，固然是為了解決抗日戰爭時期個別地方黨政軍部門之間的矛盾與齟齬，同時也應看到其為了穩固戰時體制，而有意削弱綏靖機關的權能，冷藏綏靖體制。

然而，隨著國民黨政權逐漸將相當之精力轉向「防共、限共、反共」，進而不斷製造國共摩擦，乃至釀成國共之間劇烈的軍事衝突，綏靖機關此時得以不只是在大後方省份，且在前方局部地區也有所恢復，且層級越來越高，框架越來越大，所制定的綏靖計劃設計範圍更廣，內容愈發詳細，這無疑深刻反映了國民黨在抗日戰爭中後期的政策走向。

---

178 〈顧祝同電蔣中正為確保福建浙江皖贛邊區各綏靖區交通線城市與鄉村之綏靖所擬定規定事項內容〉（臺北市：「國史館」藏，「蔣中正總統」文物檔案，1945年8月25日，典藏號：002-090105-00012-332。）

小結

　　國民黨政權的綏靖體系存在著一定的思想淵源，也於國民黨自身脈絡架構內蘊藏著源流演變。早在國民黨政權占據兩廣一帶，與北京政府對峙時期，為安定其統治區域，便曾對此有所安排。國民黨政權嘗試在廣東邊遠地帶，分割劃分區域，設立綏靖機構，專門處理清剿土匪、穩定社會秩序、組訓民眾等事宜。隨著國民革命軍北伐戰事的不斷推進，國民黨政權的統治區域範圍日漸擴大。每當占據一定區域，國民黨便會在轄區部隊司令部之下，設置類似於綏靖處之建制，擔負穩定當地社會治安之責，以期儘快重建社會秩序，並嘗試將國民黨的統治觸角儘量下探，不斷鞏固乃至強化自身統治。在形式上統一全國後，國民黨當局更是以中央政府的名義，委任多位高級將領充任綏靖督辦這一要職，負責長江以北部分省際交界地帶的綏靖事宜，權柄一時甚重，兼統軍政，「其職權之範圍，實較清鄉剿匪種種名義，皆為重大。蓋不止關係軍事，即在相當範圍之民事問題，該督辦亦未嘗不能過問。」[179]

　　國民黨軍政系統在歷次「圍剿」蘇區紅軍期間，尤其是一九三四年第五次「圍剿」攻占贛南、閩西中央蘇區，並迫使中央紅軍實施戰略轉移之後，此類綏靖建制發展到新的高度。多個綏靖公署、綏靖區機構於原中央蘇區戰略要地依次設立，不僅機構層級設置較之以前更為完善，而且職能範圍也有所擴充。此舉對於繼續「清剿」留守贛南、閩西等地的紅軍抵抗力量，以及重建國民黨政權在原中央蘇區的統治基礎，最終起到了重要作用。這一系列舉措被稱之為「江西經

---

179 〈綏靖督辦之責任〉，天津《益世報》，第2版，1930年11月5日。

驗」[180],歷來為國民黨眾多軍政高層所頻頻稱道,乃至日後被塑造為國民黨政權對付中共的正面典型經驗,堪稱抗戰結束後國民黨重建並使之大為強化的綏靖體系的濫觴。

---

[180] 呂芳上主編:《蔣中正先生年譜長編》(臺北市:「國史館」、「國立中正紀念堂管理處」、財團法人中正文教基金會,2015年),第8冊,頁269。

第二章
戰後綏靖體系的重建及其初期組織形態

　　抗日戰爭勝利之後，國民政府面臨著受降、接收和復員等一系列紛繁複雜的工作，可謂千頭萬緒。然而，在處理這一時期林林總總的國內國外重大軍政事務時，蔣介石卻一直將「綏靖機構序列」的編組擺上自己的重要議事日程。具體來說，蔣介石一直思考在戰時體制轉為平時體制（整軍復員）的大前提下，如何將更多力量轉化到綏靖體系中來，以備將來與中共展開各個方位的較量。而這其中，不僅涉及到體制機制的轉換，綏靖機構編制的重新整合與梳理，更重要的是關鍵主官人選的把控，這些實際上都將直接牽涉到綏靖體系重建後的運行成效，進而直接影響整個國共政爭大局。

第一節　整軍復員與體系轉換

一　整軍與綏靖雙軌並進：國民黨高層的戰略意圖

　　抗日戰爭行將結束之際，國民黨軍政高層就已經評估當時國內外的形勢，尤其是戰爭末期國共兩黨關係的情勢變化，著眼於未來與中共之政爭，對相關工作有所布置。有學者曾指出，以中共提出聯合政府口號為標誌，中國政治的主題在抗日戰爭末期的一九四四年發生轉換，中日戰爭此時業已讓位於圍繞戰後中國政治權力安排的國共政

爭。而在中國，任何嚴格意義上的政治格局變動，都是以武力的對比及消長作為最終依據。[1]實際上，這也是蔣介石此時謀劃戰後政治布局的出發點。面對中日戰爭即將結束，戰後復員勢必展開的現實，蔣介石一方面與中共圍繞戰後諸問題展開多輪協商談判，一方面又在積極謀劃將國民黨的軍政力量重心轉入到對付中共上來。為此，蔣介石在抗日戰爭尚未結束，且與共產黨方面還在進行政治談判之際，就已特地指示軍事委員會政治部長張治中，命其加強官兵教育，「激發其對於共黨之警覺心與敵愾心」，「毋使其因中央對於共黨謀取政治解決之宣傳而生怠忽之心理」，並明確表示當下國民黨與中共協商政治解決問題是一回事，而在各地，日後對共產黨「予以武力制裁」則是另一回事。[2]

然而，即便是蔣介石暗中下定決心對中共進行「武力制裁」，可如何在戰後整軍復員的過程中做好充足準備，以及如何在所謂收復區重建國民黨的統治秩序，充分掌握動員統治區內的人力物力財力，以配合一線戰事，仍是此時蔣介石所面臨的棘手問題。

國民黨軍政高層針對此種局面，所謀劃的方針政策實為復員整軍與重建綏靖體系雙軌並進。戰後伊始，中國戰區中國陸軍總司令部負責接收、受降及軍隊復員整編問題。是時，代理中國戰區陸軍總司令職務的白崇禧[3]對此曾公開表示：「陸軍總部當前之工作重點，第一當

1　鄧野：《聯合政府與一黨訓政：1944-1946年間國共政爭》（北京市：社會科學文獻出版社，2011年），〈導論〉頁3-5。
2　呂芳上主編：《蔣中正先生年譜長編》，第8冊，頁122-123。
3　一九四六年初，國民政府曾擬定派軍事委員會參謀總長何應欽作為中國代表，赴英國倫敦出席聯合國參謀長會議。白崇禧遂由重慶赴南京，「以副參謀總長地位協助處理陸軍總部部務」。然而此後何應欽因整軍復員工作尚待推行，未克分身前往。在何應欽未返回南京前，白崇禧稱自己「系以副總長地位奉總長諭對陸軍總部部務從旁協助。」因此，白崇禧和何應欽二人在此一時期都深度參與了戰後整軍工作，

為整軍，其次為綏靖。」[4]這其實就是此間國民黨軍方的兩大課題，在具體處理過程中，實際上也是一個問題的兩個方面，也可以說是寓重建綏靖體系於戰後整軍過程之中。「整軍」也好，「綏靖」也罷，本質上都是為了充實國民黨政權自身力量，以準備與中共在接下來發生的全面對抗。

戰後的「整軍建軍」工作主要涉及到兩個層面的問題。其一，是作為戰時實際大本營的軍事委員會這一戰時體制的上層建築如何轉為平時體制，並進一步納入到國家正常的行政體系，以實現「以政治軍」之目的。之前的軍事委員會不僅機構複雜龐大，且獨立於國家行政體系之外，歷來是槍指揮政治，而不受政治約束。[5]為此，國民黨軍方高層在美國方面的直接介入下，按照蔣介石所敲定的美國方案改組原則及來華美軍顧問團所提之建議，前後歷時數月，擬定相關制度草案。最終，將軍事委員會撤銷，並在國民政府行政院之下新設國防部。其二，則是涉及到中下層，具體來說就是國民黨軍隊復員及整編等問題。在此過程中，無論是冗員部隊的編並，編餘軍官的安置，還是新式裝備的分配組訓，方方面面都直接指向戰後國民黨軍隊內部權力的重新分配問題。蔣介石對戰後整軍建軍問題確實極為看重，甚至認為：「此次整編誠為我軍成敗存亡最大之生死關鍵。」[6]因此，蔣介石極力推動此事，並對負責實施的國民黨高層將領多次提出了明確要求，督導其儘快落實相關決策部署。

向蔣介石貢獻了比較重要的參考建議，並負責具體執行監督考核事宜。參見〈白崇禧在京談話發表對部隊整訓希望〉，《中央日報》，第1張第2版，1946年1月16日。

4 〈白崇禧接見顧祝同等詳詢蘇浙皖近況最近將出發赴各地巡視〉，《申報》，第1版，1946年1月9日。

5 郭汝瑰：《郭汝瑰回憶錄》（成都市：四川人民出版社，1997年），頁214。

6 〈蔣中正電令劉峙顧祝同切實負責整編軍隊並制表冊詳報進度〉（臺北市：「國史館」藏，「蔣中正總統」文物檔案，1946年4月5日，典藏號：002-010400-00001-026。）

實際上，蔣介石亦十分清楚，抗日戰爭之勝利，「決非我們軍事力量之所致」。[7]相反，在戰時狀態下，國民黨軍隊規模過於龐大，部隊戰鬥力虛弱，整個框架結構頭重腳輕。深度參與戰後國民政府中央軍事機構改組的中國戰區美軍司令魏德邁，曾在國民黨內部軍事會議上直言：「以美國之富，只能養十二個師，中國窮貧，不宜養龐大軍隊，量全國之財力，以養適當之軍隊，提高部隊之素質與戰鬥力。」[8]此外，國民黨軍隊高級軍官素質良莠不齊也是擺在面前的一大問題，軍隊內部才不堪任者甚多，「尤其高級將領的精神思想，生活行動須力求改進」。[9]蔣介石在敲定中央軍事機構改組原則時，對此問題曾明確強調：「應徹底放棄資格觀念，高級將領應注意軍事基層與各盡其局部職務，勿貪高位虛名，以私害公也。」[10]

國民黨軍隊系統從上到下的種種情況，促使蔣介石也意識到「必須改正過去龐大空虛的軍制之思想觀念而整軍建軍，重質不重量。」[11]蔣介石要求：「整編國軍須針對國內之治安為標準，且顧及軍心之安定及每一分力量合理運用。」[12]蔣介石所以這般強勢推動戰後整軍[13]，一

---

7 公安部檔案館編注：《在蔣介石身邊八年：侍從室高級幕僚唐縱日記》，1946年2月16日（北京市：群眾出版社，1991年），頁591。

8 公安部檔案館編注：《在蔣介石身邊八年：侍從室高級幕僚唐縱日記》，1946年2月19日，頁591。

9 呂芳上主編：《蔣中正先生年譜長編》，第8冊，頁309。

10 呂芳上主編：《蔣中正先生年譜長編》，第8冊，頁336。

11 公安部檔案館編注：《在蔣介石身邊八年：侍從室高級幕僚唐縱日記》，1946年2月16日，頁591。

12 呂芳上主編：《蔣中正先生年譜長編》，第8冊，頁269。

13 蔣介石為此曾致電鄭州綏靖公署主任劉峙、徐州綏靖公署主任顧祝同、第一戰區司令長官胡宗南，要求三人將所屬部隊整編情形於每週三直接詳報，足見其對相關工作極具緊迫感。參見〈蔣中正電令劉峙顧祝同切實負責整編軍隊並制表冊詳報進度〉（臺北市：「國史館」藏，「蔣中正總統」文物檔案，1946年4月5日，典藏號：002-010400-00001-026。）

方面是當時的客觀形勢使然,另一方面也因為其自身根本目的在於——尋求一套有效的組織體系加以動員,以付諸於與中共的全面對抗。對此,蔣介石有著時不我待的緊迫感。其實,不惟蔣介石和國民黨軍事中樞此時如此考慮,地方大員亦有類似想法者。時任第五戰區司令長官的劉峙,於日本投降的次日,曾上書蔣介石條陳四項,其中首項即為「注重綏靖」。[14]從中可見,重拾綏靖工作在此時的國民黨高層中存在高度共識,認為其對於重建乃至穩固國民黨在收復區的統治秩序至關重要。

戰後主持整軍日常工作的主要牽頭機關為中國戰區陸軍總司令部,由時任中國戰區陸軍總司令何應欽和軍事委員會副參謀總長白崇禧在南京負責主持。一九四六年二月,陸軍總部曾在何應欽的主持下,在南京召集軍事復員會議,「第一是研究整軍建軍方案如何實施,其中尤以編餘官兵的安置問題,要注意研究。第二是對於軍隊的教育訓練,要如何改善,如何加強,俾能達到精兵主義的目的,使國家軍隊成為現代化的軍隊。其他如軍制的改革、後勤之改善、官兵之福利、娛樂,亦應討論及之,期能獲得具體辦法。」[15]何應欽、白崇禧二人還曾為此多方奔走,不斷趕赴全國各地,親臨一線部隊督導工作。白崇禧還曾針對各綏靖區部隊之整訓,分別前往各地視察,「希望各整訓部隊遵照軍訓部最近頒發之陸軍教育令及典範令,切實訓練,複之具備現代軍事學術,俾成現代化之軍隊。」[16]

中國戰區陸軍總司令部作為頂層設計單位,負責統籌實施全國範圍內的國民黨軍隊整編。除此之外,分處各個戰略要地的綏靖公署則

---

14 劉峙:《我的回憶》(臺北市:文海出版社,1982年),頁158。
15 何應欽上將九五壽誕叢書編輯委員會編:《何應欽將軍九五紀事長編》(臺北市:黎明文化事業公司,1984年),頁835。
16 〈白崇禧在京談話發表對部隊整訓希望〉,《中央日報》,第1張第2版,1946年1月16日。

是處於中間層面的主要實施執行部門。蔣介石對此提出要求：「每一部隊之整編與訓練，皆應由各綏署預定實施計劃，分周分區派員及親自督查校閱，各種工作皆應制成表冊，尤以留任、降級及裁減各員名冊、略歷與考績更為重要也。」[17] 經過數個月的整編，國民黨軍方高層自我評估良好，認定相關工作確實順利推行。[18] 蔣介石也對重點地區的軍隊整編工作自我感覺十分滿意，甚至認為「此乃安定國基第一之步驟也」。[19]

然而，在蔣介石看來，整編亦只是手段，而不是目的，亦只是過程，而不是結果。蔣介石內心所想其實是欲將國民黨軍隊及相關力量整合納入到新的綏靖體系當中，以應對與中共未來的全面衝突。而在蔣介石眼中，執行綏靖任務可資利用的力量顯然既包括了作為主幹部分的整編後的國民黨正規軍事力量，也包括以往曾擔負相當綏靖任務的「地方自衛力量」。而後者，按照國民黨軍政高層的戰後設計，則需要大批編餘官兵前去充實填補。

正是循此思路，蔣介石在整軍日常工作之外，更是在此前後將綏靖工作拔高到了非常突出的位置。早在一九四六年二月初，實際上也就是整編軍隊程序即將啟動之際[20]，蔣介石就已致電何應欽、白崇禧

---

17 〈蔣中正電令劉峙顧祝同切實負責整編軍隊並制表冊詳報進度〉（臺北市：「國史館」藏，「蔣中正總統」文物檔案，1946年4月5日，典藏號：002-010400-00001-026。）

18 一九四六年四～五月間，國民政府軍事委員會副參謀總長白崇禧曾前往蚌埠、徐州、開封、鄭州、新鄉、西安等地視察整軍情形。白崇禧就視察所見結果，曾樂觀地對外界表示：「各地軍事長官均能按照整軍程序，順利推行。截至四月底，第一期整軍工作已告完成，訓練工作亦已按照計劃進行，所有編餘官兵，均有妥善安置。決不使生活有所顧慮。」參見〈白崇禧西安答記者整軍程序順利官兵妥善安置〉，《中央日報》，第2版，1946年5月3日。

19 《蔣介石日記（未刊稿）》，1946年4月30日，「自記上星期反省錄」。

20 一九四五年十一月、一九四六年二月，國民政府軍事委員會先後兩次於重慶、南京召開「復員整軍會議」。會議決定第一期復員官佐十五萬人，士兵百萬人，將五十

二人，明確交待今後要將綏靖工作擺在突出位置，並對相關任務提出詳細要求：

> 今後綏靖工作亟應依據目前態勢擬訂整個具體方案，對於主力部隊之編配、訓練、使用，以及通信、工兵、運輸、補給等四大勤務之配合實施，均應研究切實有效辦法，兵員與糧彈給養等之補充，應確實充分。務必於三個月準備竣事。希即照此指示，詳擬計劃及二三四各月份之實施進度。[21]

蔣介石一面明確要求何應欽、白崇禧兩人詳細擬定計劃，並按月呈報，對相關工作督促甚殷。與此同時，蔣介石自己也在急迫地思考如何將「整軍」與「綏靖」協同辦理，如何能夠重建並強化之前在江西時期的綏靖機構建制。

不可否認，江西時期的綏靖工作經歷，在蔣介石內心記憶中無疑是對付中共的正面經驗。因而，此時的蔣介石也願意以其為基礎，加以調整和擴充。戰後初期，國共雙方武裝力量曾在上黨戰役和邯鄲戰役中有過交火。蔣介石從這兩次交手中曾經提煉出所謂「新研究」，認為組織戰（民運戰）、宣傳戰（心理戰）、補給戰（交通戰）、通訊戰（情報戰）等皆應加以重視，尤其是「兵」「農」合一制以及軍區之劃分等格外重要，告誡國民黨高級將領應予以充分研究。[22]這與其說是「新研究」，毋寧說是國民黨在江西時期「圍剿」中央蘇區前後部分綏靖工作經驗的深化。除此之外，蔣介石還尤其注意借鑑吸收日

　　八個軍整編為師，並從三月開始整編。整編後，國民政府軍隊總數為四百三十萬人，正規軍仍保持兩百萬。其中有四十五個師擁有美式現代化裝備。參見李默庵：《世紀之履：李默庵回憶錄》（北京市：中國文史出版社，1995年），頁253。

21 葉健青編輯：《蔣中正總統檔案：事略稿本》，第64冊，頁549-550。
22 呂芳上主編：《蔣中正先生年譜長編》，第8冊，頁237。

軍對於中共的革命武裝及其抗日根據地所採取的「討伐戰術」，希望能夠將江西經驗和日方戰術二者「熔化運用之。」[23]無論是江西時期的經驗還是日方所謂「討伐戰術」，其實質都並非只是依靠軍事作戰，而更多指向蔣介石等國民黨高層所反復強調的「政治重於軍事」，具體來看，則應該包括對相關所轄地區加強社會管控，榨取其戰爭潛力為己所用，封鎖中共各個武裝根據地，嚴密保甲組織控制民眾，強化地方武裝配合一線戰事等措施，而這顯然是國民黨軍政方面亟待加強並完善的重要工作。

如是之故，蔣介石自一九四五年八月抗日戰爭取得勝利後，就始終將如何重建乃至強化綏靖體系的相關問題擺在自己的議事日程當中。正因如此，綏靖體系從上至下的構建完善，相關主官人選的選任工作，也自然而然地成為縈繞在蔣介石腦海中的重要課題。因此，蔣介石於戰後不久即已將「綏靖機構序列」審核完畢。[24]

此番調整部署與變更綏靖機構序列後，各綏靖部隊戰鬥指導，均由中國戰區陸軍總司令何應欽負責指導實施，而軍事委員會對各戰列部隊（行營、綏署、長官司令部、綏靖區部、集團軍總部、警備總部等）不宜直接指導，「以免重複分歧」。綏靖計劃命令，由軍事委員會授予陸軍總部，陸軍總部遵照軍事委員會各項指示擬定實施計劃辦法，各部隊有關綏靖請示事項，以逕呈陸軍總部核辦為原則，如情節重大，陸軍總部不能解決者，始得逕呈軍事委員會。[25]從這次調整中可以看出，彼時國民黨處於從戰時體制到綏靖體系轉換過程之中，綏靖機構（綏靖公署、綏靖區）與戰時機構（戰區長官部、集團軍總

---

23 呂芳上主編：《蔣中正先生年譜長編》第8冊，頁269。
24 《蔣介石日記（未刊稿）》，1945年12月1日，「自記上星期反省錄」。
25 〈軍事委員會聯合業務會報第十五次會報紀錄〉（1945年12月10日），陳佑慎主編：《抗戰勝利後軍事委員會聯合業務會議會報紀錄》（香港：開源書局出版公司，臺北市：民國歷史文化學社，2020年），頁124。

部）一同存在，且執行任務劃分並不明確。同時，這次調整亦只是過渡，因陸軍總部實際上也是因應抗日戰爭末期戰場形勢而設，隨著復員工作推進、中央軍事機構改組啟動以及國民黨軍政高人事變動，陸軍總部亦逐漸無保留設置之必要，而最終也被裁撤。

前已述及，一九四六年二月初，蔣介石曾致電何應欽、白崇禧，具體布置綏靖工作。而在此之前，蔣介石實際上就已預定「各綏靖區主力部隊及其將領之指定」為其本人近期所要推進的重點工作。[26]與此同時，出於「政治配合軍事」的考慮，以及江西時期「三分軍事，七分政治」的經驗，相關綏靖機構的「政工處主任」的選任，也是蔣介石此時極為重視的問題，由其本人親自把握。[27]而對於即將執行綏靖工作的高級將領，蔣介石還特意囑咐即將轉任陸軍大學校長的徐永昌留意相關工作，並明確提出要求：「凡參與綏靖工作之部隊師長與參謀長以上各級官長，應分三期輪流受訓，每期一個月，於五月卅一日以前訓練竣事，希即擬訂具體辦法呈核為要。」[28]同時，蔣介石甚至要求陸軍大學在開設課程方面也要有所準備，「與整軍建軍無直接關係者，可儘量減少」。[29]

按照預先的設計，經過整編之後留存的國民黨軍隊戰鬥力應該有所提升，將來勢必要應用到綏靖作戰當中。同時，整編過程中裁撤下

---

26 《蔣介石日記（未刊稿）》，1946年1月26日。

27 《蔣介石日記（未刊稿）》，1945年12月22日，「自記上星期反省錄」。〈蔣中正電張治中遴保呈核各綏靖公署政治部主任人選〉（臺北市：「國史館」藏，「蔣中正總統」文物檔案，1946年1月14日，典藏號：002-080200-00424-013。）

28 〈蔣中正電徐永昌參與綏靖工作部隊參謀長以上各級官長應分期輪流至陸大將官班受訓〉（臺北市：「國史館」藏，「蔣中正總統」文物檔案，1946年2月3日，典藏號：002-070200-00023-016。）

29 〈蔣中正電徐培根陸軍大學將訓班之課目應著重現代戰術與後勤人事衛生等各項課目另提五個問題為專題討論〉（臺北市：「國史館」藏，「蔣中正總統」文物檔案，1946年4月25日，典藏號：002-080200-00552-085。）

來的部隊官兵也應有所安置，以利於構建完善分層負責的綏靖體系。在這其間，對於其中編餘的高級將領，軍事委員會曾特意組建軍官總隊，對相關人員加以收訓。蔣介石還曾親臨訓話，勉勵「軍官總隊各軍官今後從事建國工作，其成就與貢獻，較在軍隊更為偉大。」[30]按照計劃，國民黨中央訓練團成立「軍官總隊」，並於各地設立「直屬軍官大隊」，對國民黨編餘軍官進行收訓。至一九四七年夏中央訓練團各軍官大（中）隊即將辦理結束時，尚有十六個直屬軍官大隊、一個直屬軍官中隊及東北臨時軍官大隊。按照國防部之安排，部分編餘軍官自一九四七年七月一日起編為軍官服務隊，「撥交綏靖機關接管使用」。[31]

各綏靖公署及綏靖區軍官服務大隊配置計劃，如下表所示：

表二　綏靖公署、綏靖區所屬軍官服務大隊配置情況一覽表

名稱	駐地	主官姓名	配置大隊數額	撥編軍官大（中）隊 番號	現有人數
西安綏靖公署	西安	胡宗南	2	直屬第十五軍官大隊	2561
				直屬第二十三軍官大隊	1783
張垣綏靖公署	張家口	傅作義	1	直屬第二十四軍官大隊	1184
保定綏靖公署	保定	孫連仲	2	直屬第六軍官大隊	927
				直屬第十三軍官大隊	2137
				直屬第二十七軍官大隊	332
				河北省訓團（未安置人員）	

---

30 呂芳上主編：《蔣中正先生年譜長編》，第8冊，頁362。
31 〈國防部第四十七次參謀會報紀錄〉（臺北市：「國家發展委員會檔案管理局」藏，1947年6月14日，檔號：B5018230601/0035/003.9/6015.4。）

名稱	駐地	主官姓名	配置大隊數額	撥編軍官大（中）隊 番號	現有人數
第一綏靖區	江蘇南通	李默庵	1	直屬第十七軍官大隊	830
				直屬第十二軍官大隊	582
第二綏靖區	濟南	王耀武	2	直屬第九軍官中隊	115
				直屬第十軍官大隊	1197
				直屬第五軍官大隊	1667
				山東省省訓團（未安置人員）	1667
第三綏靖區	徐州	馮治安	2	直屬第四軍官大隊	571
				直屬第十六軍官大隊	1080
				直屬第二十八軍官大隊	1195
第四綏靖區	河南許昌	劉汝明	1	直屬第一軍官大隊	5015
第五綏靖區	河南駐馬店	孫震	1	直屬第一軍官大隊	5015
東北保安司令部	瀋陽	杜聿明	2	直屬第七軍官大隊	2204
				直屬第二十九軍官大隊	2988

備考：河北省訓團人員系前十八軍官總隊未安置人員，由國防部第五廳通知辦理；山東省訓團人員系前十九軍官總隊未安置人員，由國防部第五廳通知辦理。

附記：

一、軍官服務大隊除負綏靖及建設任務外，並作儲備之用。

二、各軍事機關部隊需用幹部時，可在軍官服務大隊調用。

三、各直屬軍官大隊應撥交人數須至一九四七年六月底所有離隊人員離隊後始能確定，故此時僅能載明現有人數。

資料來源：〈國防部第四十七次參謀會報紀錄〉（臺北市：「國家發展委員會檔案管理局」藏，一九四七年六月十四日，檔號：B5018230601/0035/003.9/6015.4。）

日後這些國民黨軍隊編餘軍官，部分被委以蔣介石「特派員」的身份被分到執行綏靖任務的各部隊。參謀總長陳誠進一步指示：「軍官大隊配置，應按部隊實際能容納狀況分配，黃泛區、蘇北、冀東似可多安置」[32]，然而其實際所發揮之作用其實未必能如蔣介石最初之設想。[33]至於編餘的中下級軍官，在蔣介石看來，最好是直接充實到綏靖地區的地方武力當中去。[34]為此，蔣介石在指示行政院各院會地方政府工作要點中，曾明確指出：「在編餘下級軍官中挑選二萬人，加以短期訓練，編為特種行動配屬綏靖部隊，作外勤活動，以打破『奸軍』之外圍勢力，保障作戰行動之安全。」[35]

　　如此則涉及到蔣介石怎樣具體看待此間保安團隊等地方武力在執行綏靖任務時的地位和作用。蔣介石此時顯然希望可以建立起地方自衛體制，以作為正規軍事力量在綏靖體系內的重要補充。因此，國民黨方面計劃在過渡期間內選精幹編餘軍官，擴充各省保安團，使成為與行政切實配合之武力，以減輕國民黨軍隊之任務（保安團隊駐在地

---

32 〈國防部第四十七次參謀會報紀錄〉（臺北市：「國家發展委員會檔案管理局」藏，1947年6月14日，檔號：B5018230601/0035/003.9/6015.4。）
33 據隨後不久出任第一綏靖區司令官的李默庵回憶：在「復員整軍」中，一大批國民黨高級軍官被裁編下來。為了安置好這些人，國民政府軍事委員會組成了軍官訓練團，先是讓編餘高級軍官去學習。隨後他們又以蔣介石「特派員」的身份被分到各部隊。這些人到部隊後，並無實際職務，卻又以其特殊身份自居，對部隊胡亂干涉，還動不動就給蔣介石拍電報，打小報告，鬧得相互猜忌，矛盾重重，蔣介石此舉實非明智。參見李默庵：《世紀之履：李默庵回憶錄》，頁253。
34 參與戰後整軍與綏靖決策工作的軍事委員會副參謀總長白崇禧也有類似建言，並上呈蔣介石。而且，白崇禧思考的更深入，其不僅建議「擬請擇優派各地方團隊擔任民眾組訓」，並進一步指出，「倘任其閒散，在中共占領區內，被其利用，增加中共力量。」參見〈白崇禧呈蔣中正視察隴海平漢沿線各部隊所見及聽取前方各將領整軍固糧等意見文電日報表等二則〉（臺北市：「國史館」藏，「蔣中正總統」文物檔案，1946年5月1日，典藏號：002-080200-00533-096。）
35 呂芳上主編：《蔣中正先生年譜長編》，第8冊，頁269。

方時，必須與其地方行政，尤其與軍區系統切實配合，不能視為游離於當地人民之外）。[36]也正是在蔣介石本人的強力推動下，國民政府此後明文發布，將「建立保安隊作為地方武力之核心」。[37]為此，蔣介石指示時任軍事委員會軍令部長徐永昌和軍政部長陳誠：

> 全國平時地方保安團隊可徵集適齡青年服役，以一年為期。每年徵召二次，期滿退伍。每期以保持二分之一老兵，二分之一新兵為原則，俾利訓練。此種地方團隊平時以維護地方治安為職責，戰時即可補充為戰鬥兵員。希照此意參酌兵役法之規定，擬訂具體辦法，期於十五年之內，在地方團隊中至少養成五百萬曾經訓練之兵員為要。[38]

整軍與綏靖，既是戰後國民黨軍政系統的兩大課題，也是蔣介石所著力推進布置的兩條戰線。蔣介石所以如此重視二者，無非是希望將國民黨此時尚能掌握的力量和資源更多更好地加以整合。既能優化作為主幹的正規軍事力量，也能充實作為重要補充的地方自衛武裝。兩個系統實際均為執行綏靖任務不可或缺的組成部分。用蔣介石自己的話說，則是「今後要充實部隊，必須實施整編，改進通訊、後勤、衛生諸業務，使一兵有一兵之用……整編部隊之要點：（一）酌量裁減兵

---

36 呂芳上主編：《蔣中正先生年譜長編》，第8冊，頁269。
37 《綏靖區黨政軍工作配合綱要》，《中央黨務公報》第17期（1946年），頁576-580。
38 日後，陳誠、徐永昌二人曾將草擬之保安團隊整訓計劃上呈軍事中樞。蔣介石卻對所擬計劃並不十分滿意，要求二人重新擬定計劃。參見〈蔣中正電宋子文北方大港之建築工程與華北開發公司之開發計劃應繼續進行又指示何應欽白崇禧擬訂綏靖工作之具體方案再指示徐永昌陳誠地方團隊之徵集與訓練以一年為期每年二次期滿退伍平時職責為維護地方治安戰時即可補充兵員等〉（臺北市：「國史館」藏，「蔣中正總統」文物檔案，1946年2月3日，典藏號：002-060100-00209-003。）

員；（二）充分善用物資。」[39]

而之所以如此，實則是在日趨緊張的政治局勢之下，蔣介石迫切需要建立一個體系，能做到集中事權，切實提高效率，儘量整合國民黨政權各方面力量。事實上，在國共內戰全面爆發前夕，蔣介石曾在內部會議上對各綏靖區政工主任訓話，告誡各個綏靖區的「政工人員應以謙和的態度和服務的精神，來領導地方黨政機關，通力合作，提高行政效率。」[40]而對於相關體制機制的思考則遠早於此，早在一九四五年十一月份，蔣介石就已致電時任軍事委員會軍令部長徐永昌，部署相關事宜。蔣介石要求為應對未來的國共衝突，應該建立起「黨政軍一元化」之體制，「所有黨務政治均應歸該區軍事長官統一指揮。尤以於軍隊所到之地，對於推行地方政治，領導民眾組訓，加強保甲組織，使用民眾武力，安撫流亡，救濟災黎，以及當地土地經濟與生產必須之改革，地方教育之改造等，均應研擬對策，期以集中政治經濟文化之力量，輔助軍事，徹底消滅共軍，安定地方秩序為目標。」[41]

總之，蔣介石希望整軍與綏靖雙軌並進，力圖以軍事方面統禦地方黨政，力圖建立黨政軍一元化的體制來領導民眾組訓，加強保甲組織，培植地方武力，以及實行相關改革政策等，這其實就是日後綏靖區施行政策的主要著力點，可以說此時的蔣介石腦海中業已有了綏靖區體制的初步框架，而且比之江西綏靖時期更為完善細緻。日後，國民黨政權本此要旨，在更為廣泛的區域內部署綏靖體系，推行相關綏靖政策，寄希望於以此來與中共展開全方位的對抗。

---

39 〈整編部隊之意義〉（1946年5月2日），秦孝儀主編：《總統蔣公思想言論總集》（臺北市：中國國民黨中央委員會黨史委員會，1984年），卷21，頁309-315。
40 呂芳上主編：《蔣中正先生年譜長編》，第8冊，頁399-400。
41 〈蔣中正條諭徐永昌依建立黨政軍一元化之指示擬具剿共計劃方案〉（臺北市：「國史館」藏，「蔣中正總統」文物檔案，1945年11月29日，典藏號：002-020400-00003-125。）

二　銜接與過渡：從戰區到綏靖公署與從方面軍、集團軍到綏靖區

抗日戰爭勝利後，國民黨政權軍政系統一時忙於接收受降、與中共搶占地盤，同時又要整編軍隊、裁汰老弱，以便準備與中共的全方位對抗，妄圖消滅共產黨所領導的武裝力量。這一時期可謂國民黨政權由戰時體系向綏靖體系轉型過渡的關鍵時期。因此，國民黨軍政系統在轉換過程中，於編制、番號等方面呈現出較為混亂的狀態。此一時期，既有抗戰時期所形成的戰區、集團軍，又有抗戰勝利後所新近設立的行營（行轅）、綏靖公署、陸軍總司令部指揮所、綏靖區、兵團、整編軍、整編師等。

抗日戰爭之際，全國各個戰場尚有十一個戰區，二十餘個集團軍（不含第十八集團軍），以及一九四四年新進編組成立，並直接隸屬於中國戰區陸軍總司令部的四個方面軍建制。[42] 接收受降工作主要由上述單位負責推進，日後各大綏靖機構基本由上述單位脫胎轉化，充實配置而來。其具體受降情況如下表：

表三　中國戰區戰後分區受降主官姓名及接收地區表

受降單位	受降主官	受降地點	接收地區
第一方面軍	盧　漢	越南河內	越南北緯十六度以北地區
第二方面軍	張發奎	廣州	廣州、香港、雷州半島及海南島地區
第三方面軍	湯恩伯	南京、上海	南京、上海地區
第四方面軍	王耀武	長沙	長沙、衡陽地區
第一戰區	胡宗南	鄭州	鄭州、洛陽、開封、新鄉地區

42　〈國軍於抗戰勝利時之戰鬥序列表〉（1945年8月），「國防部史政編譯局」編印：《戡亂戰史》，第3冊，插表2。

受降單位	受降主官	受降地點	接收地區
第二戰區	閻錫山	太原	山西地區
第三戰區	顧祝同	杭州	杭州、廈門地區
第五戰區	劉峙	許昌	鄖城、許昌地區
第六戰區	孫蔚如	武漢	武漢、沙市、宜昌地區
第七戰區	余漢謀	汕頭	曲江、潮汕地區
第九戰區	薛 岳	南昌	南昌、九江地區
第十戰區	李品仙	徐州	徐州、安慶、蚌埠、海州地區
第十一戰區	孫連仲	北平	北平、天津、石家莊、保定地區
第十一戰區副長官部	李延年	濟南	濟南、青島、德州地區
第十二戰區	傅作義	歸綏	熱河、察哈爾、綏遠地區

注：中國臺灣地區受降由臺灣行政長官公署行政長官陳儀負責；另外，第八戰區此時仍存在，司令長官為朱紹良，司令長官部駐甘肅蘭州，作戰範圍為甘肅、綏遠、寧夏及青海四省，但並未實際參與對日受降工作。

資料來源：《第一戰區受降紀實》；孫子文：《河南地區受降記》，河南省政協文史資料委員會編：《河南文史資料》（一九九五年），第五十四輯，第二〇五～二一四頁；浙江省中國國民黨歷史研究組（籌）編：《抗日戰爭時期國民黨戰場史料選編》（一九八五年），第一冊，頁一九八～二〇〇、三三九。

受降工作仍在進行之際，蔣介石其實就已經在思考如何結束戰區——集團軍這樣的戰時體制，以及如何組建綏靖機構等重大事宜。一九四五年十一月，國民黨在重慶召開軍事復員會議，主要議題便是如何將國民黨軍隊由戰時狀態回復為戰後的平時狀態。會上確立了將「各戰區司令長官、集團軍總司令、軍長等主官職位及機構一律撤銷」的原則。[43] 為此，蔣介石曾在此前後致電時任第九戰區司令長官

---

43 李品仙：《李品仙回憶錄》（臺北市：中外圖書出版社，1975年），頁231。

薛岳，表示：「擬派弟（薛岳——引者注）為濟南綏靖主任，擔任津浦路北段及山東清剿任務，希準備一切。」[44]由此可以看出，關鍵地域綏靖機構的主官人選問題此時就已為蔣介石所重點考慮。此後不久，蔣介石即親自將「綏靖機構序列」審核完畢。[45]這些綏靖機構實際多為戰時指揮機構重組、合併與轉化而來，其具體情況如下：

表四　戰時軍事指揮機構轉設為綏靖機構情況一覽表

戰時指揮機構	主官姓名	戰後綏靖機構	主官姓名	備註
第一戰區	胡宗南	西安綏靖公署	胡宗南	第一戰區先期隸屬於鄭州綏靖公署，一九四七年後轉設為西安綏靖公署
第二戰區	閻錫山	太原綏靖公署	閻錫山	
第三戰區	顧祝同	徐州綏靖公署	顧祝同	與第十戰區合併為徐州綏靖公署。不久，主任職務由薛岳接任
第五戰區	劉　峙	鄭州綏靖公署	劉　峙	
第六戰區	孫蔚如	武漢行營	程　潛	與第九戰區合併為武漢行營
第七戰區	余漢謀	衢州綏靖公署	余漢謀	

---

44 〈蔣中正電慰薛岳病情並告派其為濟南綏靖主任負責清剿任務〉（臺北市：「國史館」藏，「蔣中正總統」文物檔案，1945年11月20日，典藏號：002-010300-00057-058002-010300-00057-058。）薛岳並未立時就任濟南綏靖公署主任一職，醞釀中的濟南綏靖公署亦並未真正組建，而是以王耀武任司令官的第二綏靖區統轄山東全省黨政機關。隨後，軍事委員會改組撤銷，國防部成立，顧祝同調任陸軍總司令，薛岳隨即接任徐州綏靖公署主任一職。

45 《蔣介石日記（未刊稿）》，1945年12月1日，「自記上星期反省錄」。

戰時指揮機構	主官姓名	戰後綏靖機構	主官姓名	備註
第八戰區	朱紹良			撤銷
第九戰區	薛岳	武漢行營	程潛	與第六戰區合併為武漢行營,薛岳後出任徐州綏靖公署主任
第十戰區	李品仙	徐州綏靖公署	顧祝同	與第三戰區合併為徐州綏靖公署
第十一戰區	孫連仲	保定綏靖公署	孫連仲	
第十二戰區	傅作義	張垣綏靖公署	傅作義	
第一方面軍	盧漢			撤銷
第二方面軍	張發奎			轉為廣州行營
第三方面軍	湯恩伯	第一綏靖區	先為湯恩伯,隨後由李默庵接任	駐無錫
第四方面軍	王耀武	第二綏靖區	王耀武	先駐漢口,後駐山東濟南

資料來源：戚厚傑等編著：《國民革命軍沿革實錄》（石家莊市：河北人民出版社，二〇〇一年），第七二九～七五七頁；姜克夫編著：《民國軍事史》（重慶市：重慶出版社，二〇〇九年），第四卷，頁六～七、八八～八九；《國軍於抗戰勝利時之戰鬥序列表》（一九四五年八月），「國防部史政編譯局」編印：《戡亂戰史》（第三冊），臺北市：「國防部史政編譯局」，一九八四年，插表二；曹劍浪：《中國國民黨軍簡史》（北京市：解放軍出版社，二〇一〇年），下冊，頁一三一九～一三二一；〈白崇禧呈蔣中正主席行轅及各綏署戰區隸屬系統與國防部關係意見〉（臺北市：「國史館」藏，「蔣中正總統」文物檔案，一九四六年六月二十四日，典藏號：002-020400-00026-090。）

直至一九四七年三月，國民政府才將抗日戰爭時期所設立的戰區和集團軍建制（太原綏靖公署此時仍保留著一兩個集團軍）基本撤

銷。⁴⁶這一過程體現了從戰區到綏靖公署,及從方面軍、集團軍到綏靖區轉化的總體趨勢。⁴⁷而這種趨勢的本質,其實就如同時任國民政府軍務局局長俞濟時對王耀武私下透露時所講,把對日作戰的軍事指揮機構,改為對內作戰的軍事指揮機構。⁴⁸實際上,這其實蘊藏著兩種體系的轉換,而非僅僅是簡單的機構名稱改變而已。

按照蔣介石之既定部署,國民黨中樞為「整編部隊,安撫地方」,決定率先在其統治的核心地帶設立了徐州綏靖公署,以顧祝同為主任,負責整訓江蘇、浙江、安徽及豫東、魯南各部隊。同時,以解除日軍武裝工作告竣,第三戰區及第三方面軍等番號將予撤銷,復員工作,移歸徐州綏靖公署辦理。⁴⁹在此前後,國民政府一併成立了鄭州綏靖公署,以劉峙為主任,負責河南、湖北部分地區軍政事宜,並結合由第六、第九戰區合併轉設,實質充當綏靖公署職責,直接統領若干綏靖區的武漢行營。⁵⁰三者所轄範圍臨近南京、上海、武漢等中心城市,

---

46 戚厚傑等編著:《國民革命軍沿革實錄》,頁730。
47 曾經投降日偽的郝鵬舉部於抗日戰爭後被國民黨政權收編,一度被予以第四十二集團軍之名義,會同國民黨嫡系部隊進犯解放區。一九四七年初,郝鵬舉兵敗被俘,其在與陳毅的談話中透露,「陳誠向我說:四十二集團軍番號僅是一個號召,因為國軍戰區及集團軍番號均已取消」,陳誠還要求其按照綏靖系統,以「魯南綏靖區司令」的名義指揮。從中亦可以一窺體系轉換中的微妙細節。參見〈陳毅將軍對郝鵬舉的談話〉,《群眾》第14卷第9期(1947年3月2日),頁14。
48 王耀武:〈蔣介石指示我在山東破壞和談和調處的真相(節錄)〉,中國人民解放軍歷史資料叢書編審委員會編:《解放戰爭時期過渡階段軍事鬥爭‧回憶史料表冊參考資料》(北京市:解放軍出版社,2000年),頁981。
49 〈中樞決設置徐州綏靖公署〉,《新聞報》,第1版,1945年12月6日。
50 武漢行營早在一九四六年初就已擬定出綏靖計劃,布置所轄各綏靖區分區綏靖,其計劃要點為:武漢行營以肅清「殘匪」安定地方加緊完成復員之目的,先以軍事力量鞏固各要點及水陸交通線,使各級行政組織立即恢復,同時發動民力,構築碉堡,制止「匪」之流竄,再依黨(團)政力量之配合,徹底肅清匪患,增加人民生產,俾農村經濟逐漸恢復,都市日漸繁榮。參見〈武漢行營綏靖計劃〉(1946年3月),重慶圖書館編:《重慶圖書館藏民國時期未刊書叢編》(北京市:中華書局,2016年),卷17,頁359。

處於國民政府統治的核心地帶。

與戰前類似，國民黨中央政權仍舊在自身嫡系力量暫時鞭長莫及的華北地區，設置了太原綏靖公署、保定綏靖公署、張垣綏靖公署等綏靖機構，以地方實力派人物充任綏靖機構主要負責人，而暫時未在綏靖公署下設置綏靖區建制。此種設置其實皆為當時國民黨所處的政治情勢所迫，在華的美方人士對此看得較為清楚，「中央政權已抵長江以南各省，若能選賢任能利用各國同情尚有作為，至華北形勢則殊惡劣。」[51]華北地區（除山東外）此時一方面國民黨中央嫡系力量介入有限；另一方面，當地臨近中共根據地，是國共雙方直接發生衝突的地區，當地的軍事形勢「殊惡劣」，國民黨此時難以大批成片收復，因而開展成體系的綏靖工作其實暫時無從著手。

眾多綏靖機構當中，尤以徐州綏靖公署、鄭州綏靖公署最為典型，也最為關鍵。兩大綏靖機構所轄地域橫跨中原，覆蓋津浦、隴海、平漢等鐵路交通大動脈，處於國民黨政權統治的核心地域，拱衛上海、南京、武漢等中心城市，且處於與中共交手的前沿一線。鄭州綏靖公署此時下轄第四、第五綏靖區，徐州綏靖公署下轄第一、第二、第三、第八綏靖區，上述六個綏靖區，實際上是蔣介石布置戰後初期綏靖事宜的棋眼。[52]而以地方實力派充任主要負責人的華北地區的綏靖公署，則因為當時的政治局勢，並未下設若干綏靖區建制。

這一套體制機制與江西時期的經驗思路基本一致，堪稱其加強版。這其實與蔣介石本人及國民黨高級將領的經驗認知密不可分。蔣介石曾在一九四六年上半年前往東北視察，並召集國民黨軍隊前線將

---

51 公安部檔案館編注：《在蔣介石身邊八年：侍從室高級幕僚唐縱日記》（1945年12月底），「自記上星期反省錄」，頁565。

52 〈蔣介石關於「剿匪戰術之研究與高級將領應有之認識」的講話（節錄）〉（1945年11月16日），中國人民解放軍歷史資料叢書編審委員會編：《解放戰爭時期過渡階段軍事鬥爭・回憶史料表冊參考資料》，頁814-815。

領，詢問眾位高級將領此次在東北地區與中共軍隊作戰過程中，「中國共產黨的戰術，究竟比在江西的時候有什麼進步沒有？他們一致認為，無論在四平街，在本溪湖各戰役，共產黨的戰術和江西時代一樣，並無多大進步。……中共並沒有多大的實力。」[53]因而，蔣介石此時依循慣例，照方抓藥，複製並強化了江西時期的經驗模式，按照其自身思考路徑，也屬順理成章。

表五　戰後初期綏靖公署－綏靖區機構設置情況一覽表

徐州綏靖公署主任：先為顧祝同，後為薛岳				
綏靖區	主官	設置時間	設置地點	主要由何單位轉設而來
第一綏靖區	司令官：湯恩伯，後李默庵接任 副司令官：陳大慶、劉嘉樹、李覺	一九四六年一月	先駐無錫，後遷往南通	第三方面軍，其中李默庵所屬第三十二集團軍、李覺所屬第二十五集團軍均奉命裁撤
第二綏靖區	司令官：王耀武 副司令官：丁治磐、李仙洲	一九四五年十月	先駐漢口，後遷往濟南	第四方面軍 第二十八集團軍裁撤併入
第三綏靖區	司令官：馮治安 副司令官：李文田、張克俠、何基灃	一九四五年十月	徐州	第三十三集團軍改編而成

---

53 《特種兵的任務和努力的方向（上）》（1946年6月7日），秦孝儀主編：《總統蔣公思想言論總集》，卷21，頁326。

| 第八綏靖區 | 司令官：夏威
副司令官：劉和鼎、張淦 | 一九四五年十月 | 先為蚌埠，後移至合肥 | |

鄭州綏靖公署主任：劉峙

綏靖區	主官	設置時間	設置地點	主要由何單位轉設而來
第四綏靖區	司令官：劉汝明 副司令官：曹福林、田鎮南、米文和、宋秀德	一九四五年十月	許昌	第二集團軍改編而成
第五綏靖區	司令官：孫震 副司令官：董宋珩、李宗昉	一九四五年十月	開封	第二十二集團軍改編而成

武漢行營主任：程潛

綏靖區	主官	設置時間	設置地點	主要由何單位轉設而來
第六綏靖區	司令官：周碞 副司令官：區壽年	一九四六年二月	信陽	第二十六集團軍改編而成
第七綏靖區	司令官：王陵基 副司令官：廖震、蕭之楚	一九四五年十月	先期駐大冶，後轉至南昌	

資料來源：戚厚傑等編著：《國民革命軍沿革實錄》，頁七三六～七四三；姜克夫編著：《民國軍事史》（重慶市：重慶出版社，二〇〇九年），第四卷上，

頁八九～九十；徐斯蔚：〈解放戰爭時期的第五「綏靖」區簡史〉，全國政協文史資料委員會編：《文史資料存稿選編》（北京市：中國文史出版社，二〇〇二年），卷十五，頁一四四；顧祝同：《墨三九十自述》，頁二三四；〈李覺電蔣中正奉令第二十五集團軍總部於三十五年三月底前撤銷自當遵辦並待本部結束後再接任第一綏靖區副司令長官職務〉（臺北市：「國史館」藏，「蔣中正」文物檔案，一九四五年十二月十四日，典藏號：002-090106-00002-179。）〈第七綏靖區司令部移潯〉，重慶《大公報》第二版，一九四六年四月二十日。

綏靖機構之轉設與組建實際上不可能一蹴而就，其涉及到撤銷戰時機構，復員整軍，劃分綏靖區，及組建相關機構等方方面面，異常紛繁複雜。而且各個地區對於國民黨政權來說，輕重緩急，重要性各有不同。其中，尤以徐州綏靖公署下轄第一綏靖區所負責的蘇南、京滬地區無疑最為國民黨中央所看重。湯恩伯在任時對此就曾表示，「江蘇為首都所在，綏靖工作至關重要，各方務必配合」。[54]因而，第一綏靖區開展相關綏靖工作也比之其他地區起步較早，且推進速度較快。

第一綏靖區之前身為第三方面軍，由其在戰後直接轉設而來。在第三方面軍還未撤銷之際，相關機構其實就已經根據轄區當地實際情況開展綏靖工作。[55]這一時期的綏靖工作可以看作為國民黨軍政系統在體系轉軌之間的局部試點，在過渡與銜接階段對未來更廣範圍的推展起到了試水作用。

此時第三方面軍的江南綏靖工作重心旨在穩定當地的社會治安，[56]

---

[54] 聞史：〈政協老人董贊堯〉，高郵縣政協文史資料研究委員會編：《高郵文史資料》，第6輯，1987年，頁29。

[55] 在此需要說明的是，綏靖公署所轄之各個綏靖區在此也參與了戰後整軍工作，其基幹部隊歷經整編之後，戰鬥力得以充實提升，日後用於國共戰場一線。除直接奔赴軍事一線作戰之外，綏靖區機關在此還將相當力量用於穩定綏靖區域社會治安，保持國民黨統治區域後方穩定等方面。參見〈整軍會議定今開幕蔣委員長即日飛京主持三人小組研討建軍計劃〉，天津《大公報》，第2版，1946年2月15日。

[56] 據本地報章所載，當時江南地區最突出的治安問題為：「游雜部隊之橫行鄉里，今

這其實也是考慮到當時江南一帶尚處於從日偽手中接收受降的過渡時期，此時局部綏靖還只是應急之舉。當時民間輿論所希望國民黨當局的「綏靖工作的中心，應該在各縣鄉間根本剷除那許多無系統無規律的武裝，尤其要根究過去曾經附逆而荼毒人民的武裝組織。」[57]為此，第三方面軍曾會同江蘇省政府召開江南治安會議，決定分區綏靖。其具體做法為局部劃分綏靖區（此處之綏靖區，與後來成立的，可以直接上達國民黨中樞的綏靖區，諸如「第一綏靖區」、「第二綏靖區」等，則明顯不同，只是第三方面軍自身所劃，而非受命於國民黨中央政權），司令官由國民黨軍隊各軍長擔任，副司令官由行政督察專員兼任。設計執行，由第三方面軍司令部主辦，並動員各行政督察區專員秘書、參謀長等及各縣縣長。其工作步驟為修築公路、築設電話，恢復橋樑，建立碉堡，編組保甲，及調查戶口等事項。[58]

與此同時，為策進綏靖工作效率起見，江南治安會議決議組織成立京滬區綏靖工作督導團，由第三方面軍政治部主任孫元良出任團長，下設三個分團，分赴各地開展督導工作。[59]綏靖督導團由第三方面軍司令部、第三方面軍政治部、第三方面軍所屬各軍師及政治部、江蘇省政府及省有關各廳處、江蘇省黨部、三民主義青年團江蘇支團部、江蘇省有關行政督察專員公署、江蘇省參議會議長及地方士紳組

京滬區的鄉間，沒有法律，沒有秩序，有槍的人是最有權力的人，聚集若干有槍的人成一團體，便可橫行無忌，現今京滬區的鄉間，是有槍階級的世界，只要有槍，只要有槍而能集合成若干人，不論他們過去隸屬何如，作風如何，都可在一隅魚肉人民。現在的京滬區域，其現狀比較尚能粗安者，實只是幾個沿交通線的城廂，一到鄉間，就是我們上面所說的情形。所以綏靖工作的中心，應該在各縣鄉間根本剷除那許多無系統無規律的武裝，尤其要根究過去曾經附逆而荼毒人民的武裝組織。」參見〈矚望綏靖督導團〉，《新聞報》，第1版，1945年12月22日。

57 〈矚望綏靖督導團〉，《新聞報》，第1版，1945年12月22日。
58 〈蘇省分區綏靖積極推動中〉，《新聞報》，第1版，1945年12月24日。
59 〈京滬區綏靖工作督導團昨成立今日辦公〉，《中央日報》，第2版，1945年12月15日。

成。這種組織架構顯然是以國民黨武裝力量領銜，同時幾乎囊括了國民黨政權在地方的黨政軍團及民意機關等各方面力量，表面上呈現出黨政軍團協同一體的態勢，實際上則是缺乏真正的領導核心，九龍治水，難盡人意。[60]

綏靖工作督導團職權範圍也極為廣泛，不僅僅是針對當時中共的勢力而言，而是涉及到對民事行政、軍風紀糾察、道路橋樑修築、緝拿盜匪與維護治安、考核「肅奸工作」等方方面面，幾乎無所不包，當然「對清剿綏靖工作之考核事宜」亦是其中重要一環。[61]

京滬區綏靖督導團成立不久，第三方面軍即已轉設為第一綏靖區，由國民黨中樞直接掌控。[62]除對中共用兵，向北驅離其大部分軍事武裝之外，為配合軍事工作，國民黨政權亟待恢復江南一帶的社會治安。為此，綏靖督導團還發現，「游雜部隊，雖經收編，而其編制之龐大如故，士兵積習難改，仍不免有擾民情事發生，地方政府因其擁有實力，因循姑息」，「人民久經離亂，失業者甚多，而工廠停頓，

---

60 在江蘇省政府系統人士看來，湯恩伯組建綏靖工作督導團之舉，是為了「進一步控制江蘇省政府」。因而，江蘇省政府主席王懋功決定派與孫元良有同學之誼的省建設廳廳長董贊堯前去應付綏靖督導事宜，而董實際上只擔任督導團副團長一個名義，「從未到職」。所謂黨政軍團協同，實際上大打折扣。參見董贊堯：《董贊堯自傳》，高郵市政協教衛文史委員會編印：《高郵文史資料》第18輯，2005年，頁77-78。

61 京滬區綏靖工作督導團的具體職權範圍為：「一、對人民之宣傳撫慰事宜；二、對民隱之訪問事宜；三、對政令之布達事宜；四、對修築道路橋樑碉堡之督導考核事宜；五、對江防湖防及封鎖工作之考核事宜；六、對匪盜及地方治安之調查事宜；七、對肅奸工作之考核事宜；八、對清剿綏靖工作之考核事宜；九、對民眾負擔之調查事宜；十、對貪汙之檢舉事宜；十一、對軍風紀之糾察事宜；十二、對治安會議一切決議事項執行情形及考核事宜。」參見《京滬區綏靖工作督導團組織規程》（臺北市：「國史館」藏，「蔣中正」文物檔案，1945年12月16日，典藏號：014-030200-0023。）

62 〈湯恩伯電蔣中正第三方面軍司令部奉令於三十五年元月底前撤銷另成立第一綏靖區司令部請予頒發編制表〉（臺北市：「國史館」藏，「蔣中正」文物檔案，1945年12月30日，典藏號：：002-090106-00002-180。）

農村凋敝,就業困難,社會秩序尚未恢復正常狀態」,均是影響當前江南一帶社會治安的重要因素。在國民黨方面人士看來,解決此問題如要對症下藥,首先應從徹底整編保甲、整編訓練縣保安隊和扶植民眾自衛力量等三方面工作入手。[63] 這種規劃設計的思路實際上亦與日後大規模鋪展開的綏靖體系大體一致。

考慮到當時江南地區曾經歷數年的日偽統治,社會輿論其實對此時開展綏靖工作還是頗為正面看待,認為:「綏靖督導團的任務,對江南的綏靖工作與人民福利,是極有助益,在這個督導團成立出發之際,江南人民,對於該團的工作進展,實寄以無限之期望,同時也當給予極大之助力。」[64] 然而,如果僅以第三方面軍自身力量會同江蘇省地方黨政當局所開展的綏靖工作,礙於當時的情勢,實際上成效未必難有多大起色。何況,此時的局部試點始終未能解決所謂黨政軍配合問題,按照湯恩伯之要求,江蘇省政府各廳、處要分別派一至二人,由民政廳一視察率領到無錫團部辦公。這無異於要身處鎮江的江蘇省政府在湯的下面合署辦公,江蘇省主席王懋功對此當然不願,因而省府層面推諉扯皮。爾後,更是隨著湯恩伯和孫元良的職務先後更動[65],綏靖工作督導團也就無形消失了。[66]

京滬區綏靖工作督導團的存廢其實並不能真正影響到蔣介石的最終決策。相反,蔣介石對局部試點的不盡人意並未掛懷,更不會認為

---

63 葉文:〈綏靖期內江南各縣施政芻議〉,《江蘇民報》,第2版,1946年1月31日。葉文時任京滬衛戍區綏靖工作督導團第三分團分團長,實際參與了第三方面軍(第一綏靖區)在江南一帶的綏靖督導工作。

64 〈矚望綏靖督導團〉,《新聞報》,第1版,1945年12月22日。

65 湯恩伯不久調任首都衛戍司令,孫元良不久調任重慶警備司令,不再參與轉設後的第一綏靖區的工作。

66 董贊堯:《解放前的江蘇省建設廳》,下冊,鎮江市政協文史資料研究委員會編:《鎮江文史資料》第14輯,1988年,頁68。

是決策上的方向性錯誤，而只是覺得相關工作無非整合力度不夠，需要更高層級出面協調規劃。更何況，在當下轄區表面軍事進展順利的情況下[67]，蔣介石和國民黨軍政高層顯然更有意願將此時的綏靖體系加以豐富完善，以備更為廣泛的運用。

綜上所述，戰後國民黨面臨著接收受降、整軍復員等複雜形勢，在這一時期，國民黨方面為了整合資源力量，著力將戰時體系轉換為綏靖體系，具體表現為從戰區轉設為綏靖公署，從集團軍或方面軍轉設為綏靖區，設置於中原地區的戰略要地。在這一銜接與過渡階段，其實相關綏靖工作就已經展開，既為國民黨政權還都南京營造治安環境，又為接下來更大規模綏靖體系的鋪張起到了先期試點的作用。

第二節　綏靖體系內部初期的組織形態

一　綏靖公署、綏靖區的組織架構及其關鍵職權

一九四六年八月，蔣介石曾內定十條注意事項為所謂「綏靖軍官司須知」，其具體內容為：「甲：恢復地方秩序；乙：清查戶口；丙：組織保甲；丁：組訓保甲長，實行連坐；戊：慎發身份證；己：封鎖匪區，禁止貿易與交通；庚：組訓情報人員，建立情報網；辛：組訓

---

[67] 李默庵在日後總結其就任第一綏靖區司令官之初，參與綏靖作戰的戰果時曾表示，國共雙方此時的作戰目的不一樣，各自評價標準也不一致。中共方面稱粟裕率部「七戰七捷」，國民黨不少官兵被俘，還損失了不少武器裝備。而李默庵自己卻認為，當時奉命作戰目的主要在於「收復地盤，以占領城市，驅走解放軍，維護占領區的安全。所以，儘管損失了一些部隊，但最終收復了鹽城以南的大部分地區，保障了浦口至南京的鐵路以及長江下游的交通，解除了解放軍對南京政府的威脅。」因而，李默庵認定其達到了作戰目的。至於所損失的部隊和武器裝備，在李默庵看來，這實在是戰鬥中的正常現象，「南京政府從來沒有怪罪我什麼」。參見李默庵：《世紀之履：李默庵回憶錄》，頁274-275。

民眾自衛隊,挑選最優秀有智識之下級連排長,充任隊長;壬:調查與登記糧食;癸:施食與施醫。」[68]

這與其說是「綏靖軍官司須知」,毋寧說是蔣介石對於綏靖體系及其綏靖機構職能的大致規劃,在此前後成立,並開始運作的綏靖機構職權範圍無不是界定於其間。時任國民政府軍務局局長的俞濟時曾私下向即將就任第二綏靖區司令官的王耀武透露,蔣介石於抗戰結束後,「把對日作戰的軍事指揮機構名稱,改為對內作戰的軍事指揮機構名稱,這些措施都是準備與共產黨打的。」[69]俞濟時的話其實也只是說對了一半,指揮機構名稱的變更充其量只是表象,更深層的則是體制機制的轉換,否則蔣介石亦不會為此煞費苦心,籌劃多時。

一九四五年十一月十六日,蔣介石曾召集赴重慶參加復員會議的眾多國民黨高級將領進行所謂研討。蔣介石在講評軍令部所擬設的「戰鬥序列」時,曾指出:「軍令部所提出的戰鬥序列,大體上都很正確,復員區與綏靖區的劃分,當然是必要的。」不過,蔣介石以為,「可將復員區,改稱為第一收復區,綏靖區改稱為第二收復區。」在蔣介石看來,綏靖區與復員區之別,主要還不在於是「第一收復」還是「第二收復」,而是取決於各個區域內國共力量的對比。第一收復區也就是「復員區」,顯然國民黨已基本掌握,總體形勢「較為簡單,在未完全復員之前,地方治安之維持,可仍由各總司令負責。」但蔣介石仍不忘提醒國民黨高級將領,第一收復區內的中共武裝主力,雖然已經渡江北上,但仍留有殘餘力量,潛伏地方。而第二收復區,也就是「綏靖區」,則政治形勢更為複雜,也是未來國共角力的焦點所

---

68 《蔣介石日記(未刊稿)》,1946年8月25日。
69 王耀武:〈蔣介石指示我在山東破壞和談和調處的真相(節錄)〉,中國人民解放軍歷史資料叢書編審委員會編:《解放戰爭時期過渡階段軍事鬥爭・回憶史料表冊參考資料》,頁981。

在。對此,蔣介石有意「按照鐵道幹線來劃分。軍令部所劃的六個區域,甚為正確,不過兵力的分配,還要針對土匪的行動和計劃,作最後的決定。」在此,蔣介石明確指出的「六個區域」,應各設一個指揮機構,其實就是日後在中原地區最初所劃的六個綏靖區的構想原型。在此基礎上,蔣介石設想此六個指揮機構又應同時隸屬於一個最高的指揮官,然後「才能收統一指揮的效果。」[70]綜合蔣介石這篇重要講話,以及隨後不久蔣介石即親自將「綏靖機構序列」審核完畢來看[71],可以從中清晰勾勒出其心中之構想,就是依託「綏靖公署(最高指揮官)——綏靖區(六個區域)——綏靖縣域」這一層次體系,在廣大綏靖區域,與中共展開全方位較量。

蔣介石的規劃關鍵在於其對當時關內鐵路幹線的掌控,並以此為依據劃分綏靖區,分區執行綏靖。而就當時山海關內的政治形勢而言,隴海、津浦、平漢三條鐵路大動脈為國共勢所必爭。[72]這其中,三大鐵路幹線交會點為徐州與鄭州兩地,蔣介石最終將「最高指揮官」的機構所在地設在徐州與鄭州,負責統轄其最初所劃的六個綏靖區,也就是日後的鄭州綏靖公署與徐州綏靖公署。綏靖公署這一層級在蔣介石的規劃中至為重要,其不僅僅是軍事上的「最高指揮官」,更被蔣介石賦予了其加強黨政軍聯繫,以及強化綏靖體系自身組織的樞紐作用。蔣介石曾在一九四六年二月召開的國民黨軍事復員會議上著重指出:「綏靖主任要負責任,聯合黨政軍集中起來,發揮力量。

---

70 〈蔣介石關於「剿匪戰術之研究與高級將領應有之認識」的講話(節錄)〉(1945年11月16日),中國人民解放軍歷史資料叢書編審委員會編:《解放戰爭時期過渡階段軍事鬥爭・回憶史料表冊參考資料》,頁814-815。

71 《蔣介石日記(未刊稿)》,1945年12月1日,「自記上星期反省錄」。

72 事實上,此時國共兩黨還處在進行協商談判階段。國民政府所謀劃建立的徐州綏靖公署遭到了中共方面的明確反對。參見〈關於解決山東問題陳軍長提出六項建議〉,《新華日報(華中版)》,第2版,1946年2月10日。

一、組訓民眾，使用民眾，而達成其目的；二、中央黨政小組會議，各綏署應有此會議，對共產黨要知其計劃及組織，如打破其組織，其他即無問題，如何加強自己組織，而打破其組織。組織者上下聯繫多，左右聯絡多，才有力量。」[73]

具體以鄭州綏靖公署為例，其由抗日戰爭時期的第五戰區轉設而來。第五戰區一九四五年九月在河南漯河舉行了受降儀式，隨後其司令長官劉峙被蔣介石任命為鄭州綏靖公署主任。第五戰區司令部遂於一九四五年十二月由漯河移駐鄭州，隨即著手改組，並於一九四六年一月正式成立鄭州綏靖公署。綏靖公署設主任一人，由劉峙擔任，副主任無定額，由胡宗南、劉汝明、孫震擔任，參謀長由趙子立擔任。[74]由於此時尚處於由戰區到綏靖公署的過渡階段，鄭州綏靖公署此時名義上甚至下轄胡宗南擔任司令長官的第一戰區，以及第四綏靖區、第五綏靖區等機構。但在實際運作中則不盡然，鄭州綏靖公署根本無法插手胡宗南之第一戰區事務。[75]劉峙事後就曾坦承，蔣介石此種安排純屬「因人設事」，「因為第一戰區司令長官胡宗南，雖然他是我（劉峙——引者注）的學生與舊部，但此時他的資歷與聲望，實在沒有要我再指揮他的必要。」[76]

鄭州綏靖公署轄區為隴東一部、陝西大部、冀南一部、河南大部（豫南一部屬武漢行營）、魯西南一部。綏靖公署最初下設參謀處、

---

[73] 蔡盛琦、陳世局編輯：《胡宗南先生日記（上）》（臺北市：「國史館」，2015年），1946年4月1日，頁546。此內容為胡宗南於一九四六年四月一日日記中，補記蔣介石一九四六年二月十八日在南京軍事復員會議上的講話要點。

[74] 趙子立：〈國民黨軍鄭州綏靖公署組織人事和作戰活動概況〉，全國政協文史資料委員會編：《文史資料存稿選編》（北京市：中國文史出版社，2002年），第15冊，頁151。

[75] 趙子立：〈國民黨軍鄭州綏靖公署組織人事和作戰活動概況〉，全國政協文史資料委員會編：《文史資料存稿選編》第15冊，頁153。

[76] 劉峙：《我的回憶》，頁160。

副官處、交通處、軍務處、政治部等機構，其中政治部兼受軍事委員會政治部領導。後又於一九四六年八月設立政務處，並成立黨政軍聯席會報秘書處。[77] 比之以前第五戰區司令長官部的組織架構，鄭州綏靖公署其實在規模上有所精簡，由之前戰區司令長官部八處歸併為四處。[78] 徐州綏靖公署內設機構與之類似。與此同時，為了貫徹蔣介石之前「中央黨政小組會議，各綏署應有次會議」[79]的指示，強調對於轄區內的地方政治之控制，意圖突出國民黨政權架構下黨政軍的協調運作，故在國民黨中央協調介入下各綏靖公署轄區有黨政軍聯席會報之設。[80]

值得注意的是，此時成立鄭州、徐州兩大綏靖公署與江西時期的駐閩、駐贛兩綏靖公署相比，其整訓部隊、作戰指揮的權重大幅加強。這無疑是與當時的國內政治大環境密切相關。因而，蔣介石此時致電徐州綏靖公署主任顧祝同、鄭州綏靖公署主任劉峙，著重強調綏靖公署對於整編軍隊的責任：「此次整編誠為我軍成敗存亡最大之生死關鍵，務望兄切實負責如期完成，應知黃埔以來革命之危機，未有如今日之甚者，故政府整編業務切勿以尋常視之。又望一面縮編一面訓練，以期隨時可以應戰也。每一部隊之整編與訓練，皆應由各綏署預定實施計劃，分周分區派員及親自督查校閱，各種工作皆應制成表冊，尤以留任、降級及裁減各員名冊、略歷與考績更為重要也。」[81]

---

77 趙子立：〈國民黨軍鄭州綏靖公署組織人事和作戰活動概況〉，全國政協文史資料委員會編：《文史資料存稿選編》，第15冊，頁151。
78 袁培經：〈國民黨鄭州綏靖公署始末記〉，鄭州市政協文史資料委員會編：《鄭州文史資料》，第16輯，1994年，頁9。
79 蔡盛琦、陳世局編輯：《胡宗南先生日記》，上冊，1946年4月1日，頁546。
80 《綏靖區軍政聯席會報組織辦法》（臺北市：「國史館」藏，行政院文書檔案，1946年4月19日，典藏號：014-030200-0059。）
81 〈蔣中正電令劉峙顧祝同切實負責整編軍隊並制表冊詳報進度〉（臺北市：「國史館」藏，「蔣中正總統」文物檔案，1946年4月5日，典藏號：002-010400-00001-026。）

江西時期的綏靖公署其實職權重在處理綏靖區善後問題，重建並穩定後方國民黨的統治秩序。而此時的綏靖公署則處於國共鬥爭的最前線，一方面要顧及對中共的軍事作戰，另一方面也要負責督導重建國民黨在各個收復區的統治秩序，這類收復區既包括從日偽治下剛剛接收的淪陷區，也包括國共內戰初期國民黨軍隊在其軍事形勢進展順利之時，從中共手中搶奪下的地盤。

　　綏靖機構關鍵職權之一即為對於地方武力之掌控。早在抗日戰爭還在進行之際，蔣介石曾主導調整了綏靖公署與省政府之關係，曾經一度弱化了綏靖公署相關職權。尤其是何應欽呈請，並經蔣介石批准的方案，更是明確規定：「至轄境內之保安團隊應依據保安團隊調整辦法之原則，會商省政府辦理。」[82]時間來到國共內戰即將爆發之際，蔣介石業已重啟了綏靖體系，此時這類規定就顯得有些「不合時宜」，對於綏靖機構開展工作來說顯得束手束腳。為此，劉峙呈請國民黨軍事中樞，「本署對轄區內水陸警察，似有監督指揮之權，擬請補加修正」，要求對綏靖公署組織規程相關條文進行修改。參謀總長陳誠予以考慮後，建議修正綏署組織規程第二條條文「本署除統轄轄區內軍事外，對轄區內黨政文化交通經濟有關諸事宜，有指導之權」擬於原條文下補加「對保安團隊、水陸警察有監督指揮之權」，並獲得蔣介石之批准。[83]事後，蔣介石指示國防部長白崇禧和參謀總長陳誠，明確提出：「國軍履行綏靖任務向前推進時，地方保安團隊須負責守備後方國軍與保安團隊配合運用殊甚重要，應將地方保安團隊劃

---

82 《行政院長蔣中正呈國民政府為修正調整省政府與綏靖公署職權原則第一項條文》（臺北市：「國史館」藏，國民政府檔案，1940年12月16日，典藏號：001-012071-00415-036。）

83 〈陳誠等呈蔣中正關於鄭州綏靖公署權限擬於修正綏署組織規程第二條文下補加對保安團隊水陸警察有監督指揮之權等文電日報表等三則〉（臺北市：「國史館」藏，「蔣中正總統」文物檔案，1946年9月3日，典藏號：002-080200-00534-083。）

歸各行營綏署及綏靖區司令官負責整頓訓練，以利指揮。」[84]

　　綏靖公署轄下設置的若干綏靖區建制在此時亦十分關鍵，其在整個綏靖體系中處於樞紐地位，上承綏靖公署乃至國民黨政權黨政軍中樞機構，下轉綏靖區域縣鄉基層。大體而言，各個綏靖區司令官就國民黨抗戰時期原軍事系統而言，其權柄較之普通的集團軍總司令為重。如李默庵在調任第一綏靖區司令官之際，其「精神上是愉快的」，認為自己接了湯恩伯綏靖區司令官的職務，「是升了格，因為湯的地位是在集團軍總司令以上，他的部屬如陳大慶、張雪中都是集團軍總司令班子。」[85]如若比照正常的國民黨政權黨政機構序列，其地位則應介於省政府主席與行政督察專員之間，但其與行政督察專員之間的地位關係也存在一個演變的過程，並非可以直接指揮。但在國共內戰爆發前後這一劇烈變化時期，整個綏靖區機構的職能也處於不斷調整擴充之中。

　　就綏靖區一級自身架構而言，存在兩種不同的發展模式。以第一綏靖區為代表的綏靖區機構設置具備一般意義上綏靖區的組織形態，具備一定普遍性。此時，這類綏靖區之「司令官雖兼理平民政教各項，然重心仍在治安方面，甚望民眾協力以利工作進展。」[86]第一綏靖區司令部乃由第三方面軍司令部轉化而來，其主要內設機構為四處，分管人事、情報、作戰和後勤等事務。這點多數綏靖區與之類似，是綏靖機構之普遍特徵。與此同時，綏靖區還要介入處理繁雜的

---

84 〈蔣中正電白崇禧陳誠應將地方保安團隊歸各行營綏署及綏靖區司令官負責整訓以利指揮與國軍配合運用〉（臺北市：「國史館」藏，「蔣中正總統」文物檔案，1946年6月13日，典藏號：002-080200-00552-242。）

85 羅覺元：〈第一綏靖區李默庵部進攻蘇北解放區的回憶〉，全國政協文史資料委員會編：《文史資料存稿選編》（北京市：中國文史出版社，2002年），第9冊，頁440。羅覺元係當時第一綏靖區辦公室主任兼前進指揮所主任。

86 〈李默庵展期履新司令部由錫遷常〉，《申報》，第2版，1946年7月13日。

地方黨政事務,這時主要通過主持各種聯席會報機制與國民黨原有的黨政系統發生關係,對其加以指導與控制。[87]這一時期,第一綏靖區司令官之地位無法凌駕於江蘇省主席之上,更多是與蘇北地區相關的行政督察專員及縣級機構組織協調(請見表六)。

與第一綏靖區等綏靖機構有所區別的是王耀武任司令官的第二綏靖區,其組織結構比之其他,相對呈現出自身的特徵,堪稱綏靖區體制中的「特例」。戰後接受復員階段,山東地區戰略地位尤其重要,為國共鬥爭之前沿。蔣介石對此早有考慮,最初甚至想在濟南市設立綏靖公署這一更高層級建制。[88]山東濟南地區的接收受降工作最初由第十一戰區副司令長官李延年負責。蔣介石對李延年之工作並不滿意,因而急調王耀武率領第二方面軍機關從漢口趕赴濟南,負責籌組

---

[87] 曾任第四綏靖區司令官的劉汝明在其晚年所著回憶錄中憶述:戰後改編的「綏靖區是司令官的司令部,也是行政長官公署……司令部兼行政長官,設有辦公廳,有事隨時可找參謀長、秘書長和各處長,一同來商量處理軍政事務,很是方便。」(參見劉汝明:《劉汝明回憶錄》〔臺北市:傳記文學出版社,1979年〕,頁145。)日後不少著述皆以此為重要依據,對其加以闡發,認為整個國共內戰時期,綏靖區與行政長官公署二者皆為兩塊牌子一套人馬,並將其混為一談。這樣的論述其實與實際情況不盡相符,未能結合具體的時空背景進行考察。最初成立的綏靖區與行政督察專員公署二者是並立的兩套機構,前者可以協調後者,但並非綏靖區司令官直接兼任了後者的職務。戰後初期,國民黨在軍事復員會議上所敲定的原則即包括「軍事人員不得兼任行政官吏;行政官吏不得兼任黨務工作」(參見李品仙:《李品仙回憶錄》,頁231)。因而,國共內戰爆發初期劉汝明顯然是無法直接兼任河南省某區之行政長官的。國共內戰進入戰略決戰前夕,國民黨統治形勢日趨危急,這層限制才逐漸被突破,發展到綏靖區司令官凌駕乃至最後直接兼任轄區行政長官之地步(這些內容本文會在後半部分詳細闡述)。因而,劉汝明回憶有誤其實是時隔多年,無法真正掌握時空背景所致,類似情況在相關回憶中並不罕見,需要研究者結合多重材料,深入到當時的時空背景,進行詳加考辨。

[88] 〈蔣中正電慰薛岳病情並告派其為濟南綏靖主任負責清剿任務〉(臺北市:「國史館」藏,「蔣中正總統」文物檔案,1945年11月20日,典藏號:002-010300-00057-058002-010300-00057-058。)

表六　第一綏靖區組織結構表

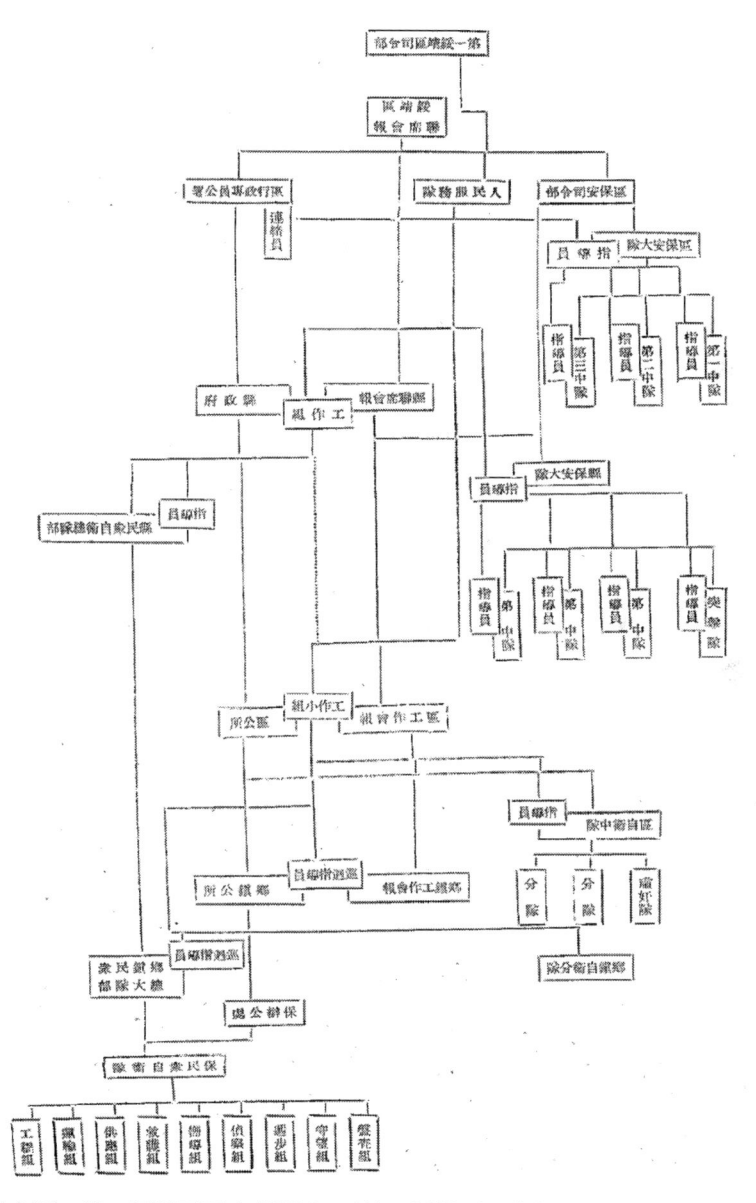

資料來源：第一綏靖區司令部編印：《第一綏靖區工作綱要》（泰州市：泰州市檔案館藏，一九四七年四月，檔號：0121-1947-001-0005-0001。）

第二綏靖區。[89]而山東一帶在當時「經濟既富，兵員又饒。倘有不測，則其財力物力人力，均將資敵，必成大患」，加之日趨緊張的政治形勢，迫使國民黨軍政高層意識到「山東之黨政軍人事，須先調整，以求統一。」[90]因此，蔣介石賦予王耀武較之於其他綏靖區司令官更為重要的權柄。

一九四六年三月底，蔣介石即致電時任山東省主席何思源、國民黨山東省黨部主任委員龐鏡塘，告之以：「目前山東軍事情勢緊要，所有黨政軍一切設施，務須密切配合，齊一步驟，以利事功。今後該省黨務、政治應由第二綏靖區王司令官耀武同志統一指揮，負責考核。」[91]蔣介石之指示無疑將綏靖區司令官置於省政府主席及省黨部主任委員等省一級黨政主官地位之上，這種情況是在國共內戰初期其他綏靖區不曾有過的。在蔣介石的親自過問和督導之下，王耀武以「謀第二綏靖區黨政軍團指揮統一，運用靈活，以配合軍事需要」為由，甚至組建了山東綏靖統一總指揮部之機構建制，並報請國民政府備案批准。綏靖統一總指揮部主任由第二綏靖區司令官王耀武擔任，副主任由山東省主席、省黨部主任委員兼任，囊括了山東地區（含青島特別市）國民黨政權黨政軍團的各個方面力量，由第二綏靖區司令部、山東省政府、青島市政府、山東省保安司令部、山東省黨部、青島市黨部、三民主義青年團山東支團部組成。[92]這其中第二綏靖區無

---

89 呂芳上主編：《蔣中正先生年譜長編》，第8冊，頁290-291。

90 〈電呈協商會議行將開幕再陳愚見〉，何智霖編：《陳誠先生書信集——與蔣中正先生往來函電（上）》，1946年1月24日，頁633-634。

91 〈蔣中正電王耀武何思源龐鏡塘中國國民黨山東省黨務政治應由王耀武統一指揮〉（臺北市：「國史館」藏，「蔣中正總統」文物檔案，1946年3月30日，典藏號：002-020400-00008-017。）

92 《國民政府關於山東綏靖統一總指揮部組織規程與備案文件》（1947年1月），中國第二歷史檔案館編：《中華民國史檔案資料彙編》（南京市：江蘇古籍出版社，1999年），第5輯，第3編，政治（二），頁108。

疑是起到了主導作用，甚至可以說第二綏靖區正因為有了國民黨中央授權背書，才明確有了可以凌駕於山東省黨政機關的權力和名義，其組織機構如下圖表所示：

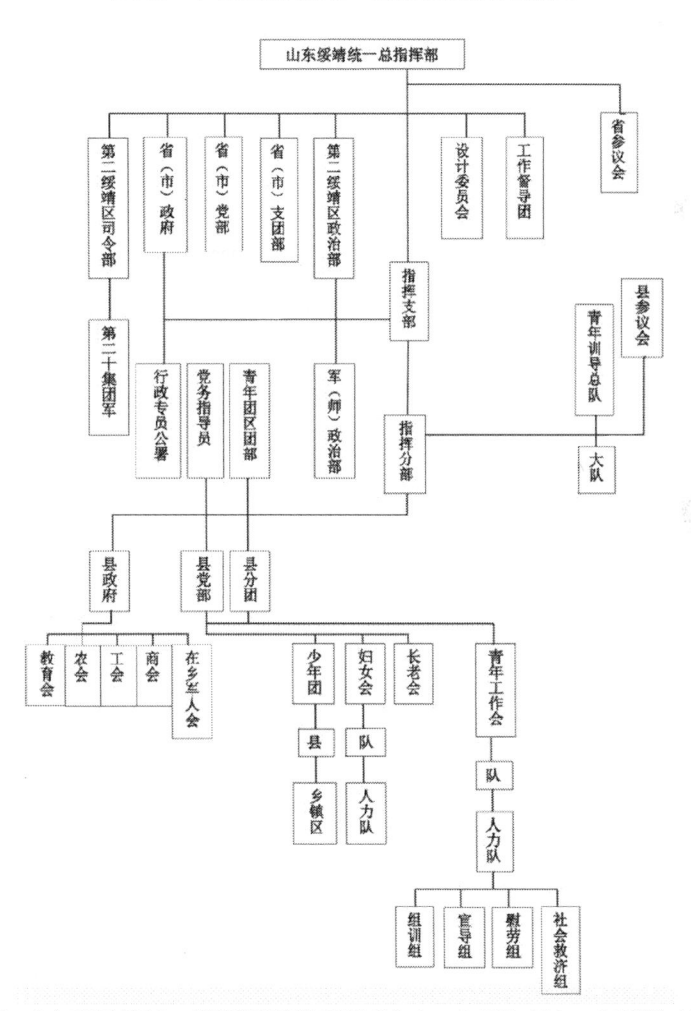

表七　山東綏靖統一總指揮部系統表

資料來源：《山東綏靖統一指揮部組織系統表》（一九四七年），中國第二歷史檔案館編：《中華民國史檔案資料彙編》（南京市：江蘇古籍出版社，一九九九年），第五輯，第三編，政治（二），頁一一一。

綏靖統一總指揮部的職能亦十分龐雜，具體包括：「一、黨務團務政務軍務之推進與運用；二、民眾之組訓及運用；三、社會經濟建設之改進，合作事業之發展與土地問題之處理；四、整理地方武力，編制保甲，促進地方自治之實施；五、地方行政之改進；六、交通通信之修復保護與糧食之購運屯儲；七、工事碉堡之構築及匪區經濟之封鎖；八、宣撫慰勞社會救濟民眾服務等工作之發動；九、加強情報，揭發貪汙及擴大宣傳工作之實施；十、各部隊軍風紀之整飭事項；十一、其他與綏靖有關及軍民合作諸事項。」[93]山東地區綏靖統一總指揮部擁有覆蓋範圍極為廣泛的職權，這種情況更多是在綏靖體制中的一個特例，其勢必會對原有的地方黨政權力架構形成強烈衝擊。[94]

通觀戰後初期綏靖公署、綏靖區等綏靖機構逐步轉設的過程，從中可以看出，國民政府最初有意在關鍵地區設置綏靖公署，用之以統領若干綏靖區，以穩固新近收復地區的統治秩序。此舉顯係模仿江西時期「圍剿」中央蘇區之舊例，蔣介石根據固有的經驗認知，對其進行了一定程度的調整。作為綏靖公署的關鍵職權——對於地方武力的調遣支配，此時亦重新劃歸綏靖公署，以應對當時複雜多變之局勢。綏靖區作為整個綏靖體系的關鍵一環，其自身職能和組織機構亦在不斷調整與擴充。其中既有作為特例，可以協調乃至凌駕於地方省級黨政機構的第二綏靖區存在，也存在更多一般意義上的綏靖區。但在國

---

[93] 《國民政府關於山東綏靖統一總指揮部組織規程與備案文件》（1947年1月），中國第二歷史檔案館編：《中華民國史檔案資料彙編》，第5輯，第3編，政治（二），頁108-109。

[94] 事實上，南京中央相關職能部門在審查山東綏靖統一總指揮部組織規程草案時，就曾對籌組如此龐大之機構提出質疑，頗有微詞。參見《山東綏靖統一總指揮部編制及組織規程》（臺北市：「國史館」藏，行政院文物檔案，1946年6月6日，典藏號：014-030200-0005。）

共內戰爆發後,軍事第一,力推黨政軍一元化的情勢下[95],兩類綏靖區實際上均呈現出綏靖機構衝擊原有脆弱的地方黨政機構的趨勢,只不過是程度與層級稍有不同,但其實都蘊藏著極為緊張的關係,也為日後不斷生成的國民黨政權架構內各機關的不斷摩擦埋下了伏筆。

二 矛盾與妥協:圍繞綏靖機構主官人事的派系博弈

　　國民黨政權於戰後重推綏靖體系,綏靖機構因之不斷由戰時指揮機構改組設立之際,其軍事中樞亦處於調整改制的關鍵時期。兩者看似中央與地方層面兩條平行線,但其實仍就需要統籌一體考慮。作為國民黨政權於戰後新組建的軍事指揮中樞,國防部無論在制度規定還是實際運作中,均對相關綏靖公署、綏靖區發揮了重要的「指導作用」。

　　而在此前後,牽頭負責實施國民政府中央軍事機構改組,並於日後擔任國防部參謀總長主管軍令工作的陳誠,其在戰後綏靖體系的重建,以及戰鬥序列指揮中有相當大的話語權,對蔣介石的最終決策會施加十分重要之影響。除此之外,出任首任國防部長的白崇禧,同時兼任國民政府行政院政務委員,在國防部的權力架構中主要負責軍政方面工作,可以插手綏靖體系內與政務相關之綏靖事宜。特別是在劃分綏靖區域,出臺相關綏靖政策等方面更是由白崇禧本人具體牽頭負責。以此二人的活動為主線,向下延伸可以一窺綏靖體系上下主

---

[95] 國共內戰全面爆發前夕,蔣介石就已做出指示,授予包括綏靖公署主任、綏靖區司令官在內的前線各省軍政主官,「對於人事之懲處,經費之支配,有就近臨時緊急權宜處理之權」。參見〈蔣介石電示宋子文、白崇禧委交戰各省軍政主官緊急處理之權〉(臺北市:「國史館」藏,「蔣中正總統」文物檔案,1946年6月13日,典藏號:002-080200-00585-002。)

官人選的派系背景,以及基於政策利益考慮在劃分綏靖區域時的各方博弈。

　　早在一九四四年末,陳誠在重新出山就任軍事委員會軍政部部長一職之時,一併獲得了蔣介石「時至今日,實非改革不可」的授權背書[96],業已在國民政府軍事委員會下屬各部的各個高級將領中處於話語權最為強勢的地位。[97]而軍政部部長一向被熟知國民黨軍政高層內情的人士看作是軍事委員會體制中最有實權的職位,號稱「何應欽手中的肥肉」。[98]就任軍政部部長正是陳誠得以主導戰時軍事機構整頓及中央軍事機構改組事宜的關鍵。在此期間,陳誠深為蔣介石所倚重。蔣介石此時在選人用人問題上對於陳誠之建議較為看重。而陳誠恰在國民黨軍政高層中又以網羅派系勢力,籌劃小組織見長。因而在其主導軍事中樞實權期間,陳誠極盡所能任用自己可以信得過的人,來貫

96　林秋敏、葉惠芬、蘇聖雄編輯:《陳誠先生日記(一)》,1944年12月14日(臺北市:「國史館」、「中央研究院」近代史研究所,2015年),頁671-672。

97　抗戰時期,軍事委員會各部門首長有所謂「四巨頭」之稱,即參謀總長兼軍政部長何應欽、副參謀總長兼軍訓部長白崇禧、軍令部長徐永昌和政治部長陳誠。據康澤回憶,「除了徐永昌形式上似乎重要,實際上只是一個配角,在任何場合,他都沒有意見以外,何應欽、白崇禧和陳誠,是針鋒相對,各有一套。何應欽除了資歷較高,倚老賣老以外,最突出的,是他對於抗戰的消極態度與失敗論調。白崇禧常是借題發揮,對何應欽所有的見解和主張,持反對和批評的態度,藉以炫耀自己的『高明』和謀取桂系的利益。陳誠對於白崇禧,如同白崇禧對於何應欽的態度一樣,且有過之,凡是白崇禧提出了一個什麼建議或主張,陳誠必然是批評和反對。而且突出之處,則是他不問他自己的理由是否充足,辦法是否『高明』。爭論到蔣介石面前,常是陳誠的意見,事實上獲得蔣介石的支持,無論是重要的人事問題,或者部隊的調動及使用問題。因之,陳誠常占上風而益加剛愎自用,趾高氣揚。」參見康澤:《蔣介石的十三太保之一國民黨黨衛軍魁首康澤自述》(北京市:團結出版社,2012年),頁212。

98　何作柏:〈白崇禧當國防部長的內幕〉,《新桂系紀實》,下冊,政協廣西壯族自治區委員會文史資料委員會,1990年,頁32。

徹自身意旨，此舉勢必衝擊以往的重要人事格局。[99]而綏靖體系中的關鍵崗位，更是此間爭奪博弈之焦點。

陳誠出任軍政部部長，得以主持國民黨軍事機構整頓，並牽頭負責中央軍事機構改組事宜之際，就已從實質上取代了何應欽之前的地位。但從實際取代，到「名」與「實」皆取而代之，則要等到一九四六年六月一日國防部正式成立，陳誠就任參謀總長這一關鍵要職時方得以告成。這期間貫穿著陳誠自身派系與何應欽、白崇禧、顧祝同等人的暗中鬥法。其中前者利益訴求基本一致，小組織團體粗具規模，而後者更多是因陳誠勢力獨大，而「看不慣」、「氣不過」所結成的鬆散聯盟。[100]兩者之間不僅滲透著基於派系利益的複雜人事博弈，實際上也是國民黨軍政高層之間對於相關綏靖工作的理念之爭。軍事中樞決策高層圍繞政策與人事的各種角力自然會傳導到作為政策執行層的各級綏靖機構，乃至綏靖區域的縣鄉基層。

一九四六年二月，蔣介石曾下令給在南京主持復員整軍工作的何應欽、白崇禧二人，要求就「今後綏靖工作亟應依據目前態勢擬訂整個具體方案」。事後，何應欽囑託陸軍總部參謀長蕭毅肅飛赴重慶，

---

99 還在抗日戰爭時期，時任第三戰區政治部主任的鄧文儀就曾建議第三戰區司令長官顧祝同仿照陳誠組織幹誠社的作法，由顧祝同領導組織一個什麼團體與陳誠對抗。鄧文儀為此曾事先與第三戰區的黃埔同學開過好幾次會，一切都有了安排，大家推鄧文儀正式向顧去談。顧祝同卻表示：「陳誠搞小組織我很不同意，何部長也不同意，但是委員長很支持。不過我們自己不能搞」。參見方曔：《我所知道的顧祝同》，全國政協文史資料研究委員會編：《文史資料選輯》，合訂本，第17冊（北京市：中國文史出版社，1986年），頁264。

100 據蔣介石身邊工作人員透露，何應欽在卸任軍政部部長之際，曾向蔣介石保薦三人為繼任人選，其中便有時任第三戰區司令長官的顧祝同，另兩位則是錢大鈞（時任軍政部政務次長）和陳繼承（時任中央陸軍軍官學校教育長）。北伐時期何應欽任第一軍軍長，顧祝同、錢大鈞均為何手下之師長。參見中國人民政治協商會議江蘇省委員會文史資料委員會編：《為蔣介石接電話12年見聞》，《江蘇文史資料》第36輯（1990年），頁69。

將方案面呈蔣介石。[101]據時任何應欽侍從參謀的汪敬煦日後回憶,何應欽擬定了兩年為期的計劃,分三階段實施,「採納了岡村甯次的忠告小心應付,絕不躁進」,符合何應欽一貫保守穩健的行事風格。但這份方案顯然未能讓蔣介石滿意,被留中不發,「過了許久仍無下文」。而陳誠此時對於國民黨方面力量有著較為樂觀的估計,抑或是說迎合蔣介石急切解決中共問題之需要,提出了六個月解決中共問題的方案。陳誠反倒認為:「以民國二〇年代江西剿共的經驗,認為共軍不足以抵擋裝備機械化的國軍。」[102]陳誠在這裡迎合了蔣介石的想法。最終,陳誠之方案獲得採用。此舉也使得以何應欽為首的勢力基本失去了對於戰後綏靖體系的控制與解釋權,何應欽此後赴美出任駐聯合國軍事參謀團代表一職。

前已述及,戰後初期國民黨中央規劃成立徐州、鄭州兩大綏靖公署,由其統轄若干綏靖區,控制中原地區重要鐵路沿線一帶,以期起到以點帶面之作用,從而穩固國民黨政權新近收復地區的統治秩序。因兩大綏靖公署及其所轄綏靖區戰略地位極其重要,所以成為各方博弈的焦點所在。更因其事關戰後初期國共政爭大局,亦成為此時國民黨政權內部各派系之間排位置、定座次的重中之重。顧祝同、劉峙在主持各自戰區受降接收工作之後,分別轉任徐州、鄭州綏靖公署主任。然而這兩人之所以能占據如此要津,更多是受降安排時的近水樓臺。隨著戰後時局的劇烈轉換及國民黨軍事中樞上層的人事更迭,至少在國民黨軍事中樞主其事者看來,即便顧、劉二人都是蔣介石之嫡系將領,但此時也並非是其綏靖公署主任之首選。

在國民黨軍隊內部人士看來,剛剛上臺的陳誠是「驕橫跋扈」

---

101 葉健青編輯:《蔣中正總統檔案:事略稿本》,第64冊,頁549-550。
102 劉鳳翰、何智霖、陳亦榮訪問,何智霖、陳亦榮紀錄整理:《汪敬煦先生訪談錄》(臺北市:「國史館」,1994年),頁20-22。

的,「在人事配備上便大加調整以求合乎他的心意」,其中最重要的人事變動就是把徐州綏靖公署主任顧祝同調南京任陸軍總司令,遺職由薛岳接替。[103]蔣介石親自與薛岳談話時曾表示:「顧墨三(顧祝同——引者注)在徐州指揮,已無法開展……為了國家的存亡,你非到徐州接替顧墨三不可。」[104]陳誠之所以推動蔣介石選擇以薛岳取代顧祝同,不僅因薛岳曾經反蔣,爾後經陳誠轉圜保舉才得以再次為蔣所用,成為陳誠軍事系統的重要幹將,更是因為薛岳是能夠領會貫徹陳誠意旨主張之人選。[105]何況薛岳戰時便已擔任戰區司令長官這一層級職務,轉任綏靖公署主任亦屬順理成章。而顧祝同不僅在國民黨軍隊系統內輩分資歷深於陳誠,與陳誠關係「不睦」,[106]而且,顧祝同與何應欽等人理念看法趨同,關係走近,偏於保守,因而是「是陳誠指揮上礙手礙腳的人物」[107],故將其從徐州綏靖公署主任這一關鍵崗位中挪開,充任國防部直屬之陸軍總司令一職,實屬明升暗降。[108]

---

103 羅覺元:〈第一綏靖區李默庵部進攻蘇北解放區的回憶〉,全國政協文史資料委員會編:《文史資料存稿選編》,第9冊,頁439。

104 陳壽恒、蔣榮森等編著:《薛岳將軍與國民革命》(臺北市:「中央研究院」近代史研究所,1988年),頁577。

105 曾任薛岳第九戰區參謀長的趙子立甚至日後回憶稱,薛岳為陳誠之「附庸」。參見趙子立:〈定陶戰役中整編第三師被殲經過〉,全國政協文史資料委員會編:《文史資料存稿選編》第9冊,頁244。

106 傅錡華、張力校注:《傅秉常日記:民國三十五年》,1946年3月15日(臺北市:「中央研究院」近代史研究所,2016年)。

107 羅覺元:〈第一綏靖區李默庵部進攻蘇北解放區的回憶〉,全國政協文史資料委員會編:《文史資料存稿選編》第9冊,頁439。

108 實際上,國防部序列下的陸軍總司令部與之前負責戰後整編復員乃至草擬綏靖計劃的中國戰區陸軍總司令部權限差別極大,不可同日而語。此時的陸軍總部在國防部成立初期的權力架構中處於比較尷尬的位置,無論是作戰指揮還是編組訓練軍隊,該部門的話語權均屬有限。顧祝同日後回憶這一段任職經歷時,亦著墨不多,實際到部處理業務時間不多,多數是相當於扮演蔣介石「欽差大員」之角色,輾轉飛赴國內各地,處理特殊事宜。參見顧祝同:《墨三九十自述》(臺北市:「國防部史政局」,1981年),頁235-239。郭汝瑰:《郭汝瑰回憶錄》,頁217。

徐州綏靖公署之外，鄭州綏靖公署主任一職在整個國共博弈的大局中也至關重要。而這一職務的醞釀調整實際上牽涉到多位國民黨綏靖公署主任級別人選的聯動，因而實際情況更趨複雜。[109]時任鄭州綏靖公署主任劉峙實際上難以讓蔣介石放心，更不為陳誠系人馬所喜。劉峙此時仍是以陳誠的老長官自居，曾對下屬表示：「陳誠是我的部下，我知道他偏私、乖張、毫無能力的。我不能聽他指揮。」[110]因而不難想見，劉峙也是陳誠眼中「礙手礙腳」的人物。再加上劉峙此前曾擔任整整六年的重慶衛戍總司令。至抗日戰爭即將結束之際，方才出任第五戰區司令長官一職，戰後即轉任鄭州綏靖公署主任。也就是說，劉峙在整個八年抗戰時期，絕大多數時間都在西南大後方，具體負責陪都重慶的衛戍工作，基本脫離抗日一線戰事有年。劉峙在重慶任職期間，突出一個「忙」字，「職多，應酬多，又要督練部隊，又要接待外賓」，其本人甚至都有「髀肉復生」之感。[111]對此，蔣介石顯然是看在眼裡，記在心上。

一九四六年上半年，蔣介石曾經反復將鄭州綏靖公署主任人選調整事宜擺上自己的重要議事日程，並有意由郭寄嶠來取代劉峙。[112]蔣介石所以屬意郭寄嶠，原因在於鄭州綏靖公署及其前身第五戰區所屬部隊原來多數曾受郭之指揮，而郭寄嶠本人雖只是第五戰區副司令長官，但蔣介石曾在一九四四年另有規定，「第五戰區作戰指揮，由我（郭寄嶠——引者注）全權負責」，同時郭寄嶠原在第一戰區所指揮

---

109 蔣介石所醞釀的計劃，以東北保安司令長官和「鄭州綏靖主任應調換」為軸，牽涉到：「胡宗南（東北）、熊天翼（北平）、郭寄僑（鄭州），杜聿明、熊斌、劉經扶、湯恩伯」等眾多國民黨方面大員。參見《蔣介石日記（未刊稿）》，1946年5月17日。
110 趙子立：〈定陶戰役中整編第三師被殲經過〉，全國政協文史資料委員會編：《文史資料存稿選編》，第9冊，頁244。
111 劉峙：《我的回憶》，頁156-157。
112 《蔣介石日記（未刊稿）》，1946年5月15日、1946年5月17日。

冀魯邊區及豫皖等省部隊亦改隸第五戰區。[113]這也是蔣介石用人的一貫套路，用年富力強的副職實領其事，而以資歷深厚者占據正職名位，以收上下制衡之效。此番蔣介石想要更動鄭州綏靖公署主任則牽涉更廣，涵蓋多個大區。在蔣介石看來，此時西北之重要性大為降低。蔣介石因此曾醞釀將劉峙調往西北接替胡宗南，而以郭寄嶠出任鄭州綏靖公署主任，胡宗南則赴東北接替杜聿明東北保安司令長官一職。[114]這是一個連環調整的計劃，因其複雜而牽動較多終未能實現。

綏靖機構主官一時無法更動的情況下，陳誠便計劃進行局部調整，以安插自身力量，曾欲安插綏靖公署副主任，調整參謀長人選均遭抵制。最後只得退而求其次，以陸軍副總司令范漢傑駐節鄭州，兼任鄭州指揮所主任，作為陳誠直接控制鄭州綏靖公署的工具。[115]此事亦足可以證明，國民黨軍事系統派系問題之嚴重，「往往因人設事，任意增添機構，安插私人，弄得機構重疊，人浮於事。」[116]

綏靖公署以下，綏靖區則起到承上啟下之作用。蔣介石對此也極為看重，曾反復思考綏靖區主要將領之人選。[117]最初所設六個綏靖區中，其中尤以第一綏靖區至為重要。該轄區毗鄰京滬，地處國民政府統治的最核心地帶，不僅是當時中國經濟重心，國民黨政權的財稅重地，更直接關係到國民政府能否風光還都，事關其政治臉面。第一綏靖區之前由第三方面軍轉設而來，作為第三方面軍司令官湯恩伯自然轉任第一綏靖區司令官，並且已經在機構轉設的過程中，就曾著手開

---

113 李雲漢校閱，林泉整編：《郭寄嶠先生訪問紀錄》（臺北市：近代中國出版社，1993年），頁95。
114 蔡盛琦、陳世局編輯：《胡宗南先生日記》，上冊，1946年5月22日，頁565。
115 趙子立：〈定陶戰役中整編第三師被殲經過〉，全國政協文史資料委員會編：《文史資料存稿選編》，第9冊，頁244。
116 郭汝瑰：《郭汝瑰回憶錄》，頁219。
117 《蔣介石日記（未刊稿）》，1946年1月26日。

展了江南地區的綏靖工作。然而，同為蔣介石嫡系將領，湯恩伯卻素來不大買陳誠的賬，因而陳誠也視其為「礙手礙腳的人物」，故以李默庵取而代之。湯恩伯則轉任首都衛戍總司令一職。[118]而李默庵之前曾屢受陳誠提拔栽培，「當然是合手得多」。[119]陳誠屢屢在關鍵崗位安排自己信得過的人，寄希望於起到如臂使指之效果。

如果說陳誠憑藉先後充任軍政部部長、中央軍事機構改組召集人以及參謀總長等要職，對於綏靖體系的主官人選和綏靖力量的調遣劃分起到了一定程度的主導作用。那麼作為首任國防部長的白崇禧，此時則在確保穩固本派系利益的前提下，與蔣介石等做出妥協交易，出任國防部長，利用職務之便儘量在綏靖區範疇內涉關政務系統方面努力尋找空間，力圖發揮作用與影響。

在最初何應欽與陳誠二人圍繞戰後綏靖體系人事與作戰指揮主導權的爭奪過程中[120]，白崇禧顯然最初是站在何應欽身後，暗中對其予以支持。白崇禧為此曾向蔣介石建議，由何應欽在主持受降接收工作後，直接以中國戰區陸軍總司令的身份，順勢轉入綏靖體系，指揮綏靖作戰。[121]但格於當時的國內外形勢，國民政府已在美方介入下進行

---

118 按照國民黨政權之慣例，首都衛戍總司令部一般兼管淞滬警備事務，淞滬警備司令部列入首都衛戍總司令部序列。但陳誠曾於一九四六年七月上書蔣介石，以「指揮便利」為由，欲將淞滬警備司令部轉到第一綏靖區序列下（此時已由李默庵接任司令官），進一步削弱湯恩伯之職權。後在蔣介石批示下，方改為湯恩伯直轄管理。參見〈陳誠等呈蔣中正淞滬警備總司令部可否改歸第一綏靖區司令部直轄等文電日報表等二則〉（臺北市：「國史館」藏，「蔣中正總統」文物檔案，1946年7月15日，典藏號：002-080200-00533-216。）

119 羅覺元：〈第一綏靖區李默庵部進攻蘇北解放區的回憶〉，全國政協文史資料委員會編：《文史資料存稿選編》，第9冊，頁439。

120 對於陳誠於戰後重用薛岳，出任徐州綏靖公署主任的舉動，何應欽就明確提出不同看法，其曾表示「於（與）其用薛岳，不如用劉峙」。參見蔡盛琦、陳世局編輯：《胡宗南先生日記》，上冊，1945年11月24日，頁520。

121 程思遠：《政壇回憶》（桂林市：廣西人民出版社，1983年），頁170-171。

中央軍事機構改組，何應欽所擬之綏靖計劃又難以讓蔣完全滿意，因而事實上業已靠邊站。而蔣介石在此前後則出於籠絡黨內重要派系需要，對桂系代表白崇禧加以拉攏，曾在重慶單獨約見，甚至當面對白做了些「自我檢討」，對其可謂「推心置腹」，希望白崇禧相助到底，將來展其所長，直接許其以首任國防部長之高位。這些舉動顯然對白崇禧產生了作用，促使其向蔣介石靠攏，應允出任國防部長一職。[122]

至於白崇禧後來任職國防部長期間的所作所為，親歷者晚年的回憶多指出白崇禧處於「有職無權」的地位。這些憶述站在後見之明的角度來看，固然沒有問題。但也應看到，如果回到歷史現場，其實不難發現，白崇禧作為原軍事委員會的副參謀總長深度參與了戰後在重慶及南京召開的軍事復員會議，而且亦出席了國民政府圍繞中央軍事機構改組的相關會議，其事先肯定知曉改組方案中部長權勢不如總長這一要點。而且早在一九四六年四月，陳誠就已牽頭負責起草改組方案，其實相當於內定出任參謀總長，這些事情之指向在外界看來都極為明顯，遑論作為國民黨高層政治局內人的白崇禧。在此等前提下，白崇禧何以仍舊欣然應蔣介石之邀出任國防部長？顯然係白崇禧認為其有發揮作用的空間，對其個人在國民黨內的地位與派系團體利益有利。更何況，白崇禧在國民黨政權內宦海沉浮數十年，勢必清楚知道國民黨黨內的積習，往往政策制度條文制訂是一回事，真正執行與督導則極有可能是另一回事。日後，白崇禧也頻繁利用其自身地位，積極爭取在制度實施細則制訂和具體執行中向於己有利方向傾斜，以便

---

[122] 據時任軍事委員會副參謀總長辦公室秘書的何作柏回憶稱，白崇禧向蔣介石誠懇地表示，以後要「盡忠職責，以報知遇」。回到副參謀總長辦公室後，白崇禧又興奮地對秘書們表示：「我從北伐跟隨委員長起，他對我都是很客氣的，從來不肯推心置腹，開誠相見談話，只有今天才這樣的規勸我，這是很難得的。」參見何作柏：〈白崇禧當國防部長的內幕〉，《新桂系紀實》，下冊，頁32-33。

於拓展自身權力空間。[123]

按照國民政府中央軍事機構的改組方案，國防部日後要編列在行政院序列之下，部長照例兼任行政院政務委員。這樣一來，白崇禧自然身兼行政院政務委員和國防部長二職於一身，不僅可以負責國防部內的「軍政事宜」，甚至可以介入到中央層級的行政事務處理當中。而國民黨政權所推行的綏靖體系一向標榜「政治重於軍事」,「軍事與政治相配合」等理念，這無疑成為日後白崇禧的主要發力點。白崇禧無論是主持行政院綏靖區政務委員會的日常工作，主導負責綏靖區域的劃分以及相關綏靖政策的制定，還是協調國民黨中央各有關部會進行綏靖區的政務督導，無不皆屬此類。白崇禧接受此項任職安排相當於為自己及其身後的桂系集團開闢了第二戰場，並於日後有所發揮。

而在積極爭取參與中央層面政策制定的同時，作為桂系集團在南京中央的代表，白崇禧也不忘積極穩固自身的勢力範圍——安徽省的統治秩序。戰後，由桂系集團幹將李品仙擔任司令長官的第十戰區雖然奉命裁撤，而新近設立的第八綏靖區則仍在安徽境內，雖然隸屬於徐州綏靖公署，但依然可以保有相當的獨立性，在兵力配備和選人用人上，南京方面難以直接插手。在桂系勢力的運作之下，夏威從廣西後方調往安徽，出任第八綏靖區司令官，有力地充實了桂系在安徽地

---

[123] 日後，蔣介石曾有外放白崇禧去西北的傳聞。白崇禧與其國防部參謀幕僚一起分析利弊時就曾考慮到，如果白崇禧失去國防部長一職，則「我們（指桂系）的部隊，廣西、安徽兩個省以至於北平行轅，中央無人照顧，將成為無母的孤兒」，最終認為「國防部長仍然是養成和待機的好位置。不宜輕易放棄」。同時，李宗仁亦來信不贊同白崇禧赴西北，認為政局早晚要有變動，屆時遠離中樞會坐失機會。參見戈鳴：《白崇禧圍攻大別山戰役概述》，中國人民政治協商會議湖北省委員會文史資料研究委員會編：《湖北文史資料：新桂系在湖北》，總第18輯，1987年，頁181。湯垚：〈新桂系內幕之我見〉，全國政協文史資料委員會編：《文史資料存稿選編》，（北京市：中國文史出版社，2002年），第18冊，頁171-172。

區的力量。而原第十戰區司令長官李品仙則就近轉任安徽省主席。[124]桂系集團的力量無論是綏靖機構，還是正常的地方黨政機關，皆得到了充實強化，從而大大加強了對於安徽及周邊地區的掌控力度。

至於其他綏靖區主官，因山東地區對於國民黨來說異常重要，王耀武出任第二綏靖區司令官實際上是由蔣介石親自點將，並授予其節制山東省省級黨政團各機關之大權，得以統一協調省內各方力量，這種設置還是有最高領導人親自介入的應急舉措，而非成熟的制度安排。其他最初設立的綏靖區主官之中，雖然還有若干並非蔣介石黃埔嫡系出身，但也應看到，經過八年抗戰，這些將領及其所轄部隊業已經過相當程度的國民黨「中央化」改造。如劉汝明原為馮玉祥西北軍舊部，抗日戰爭勝利後，劉汝明則繼續追隨蔣介石，「頗得蔣介石的賞識，被任命為第四綏靖區上將司令官，確保山東菏澤及河南開封等二十八個縣的防務與掩護隴海路由開封至商丘段的交通安全。」[125]第三綏靖區司令官馮治安等人亦是如此，「甘心作蔣介石的忠實工具」，「忠實地執行蔣介石的命令」。[126]值得一提的是，部分原先出身地方雜牌系統的勢力，在抗日戰爭期間事實上已為陳誠系統所吞併加以混編，如第三綏靖區之馮治安部、第五綏靖區之孫震部，此時其實不宜單純以地方實力派視之。

---

124 吳紹恒：〈我所知道的夏威〉，安徽省政協文史資料研究委員會編：《安徽文史資料》第21輯（合肥市：安徽人民出版社，1984年），頁134。李品仙：《李品仙回憶錄》，頁231。

125 李誠一口述、李寧整理：〈淮海戰役中的劉汝明〉，全國政協《文史資料選輯》編輯部編：《文史資料選輯》，第21輯（北京市：中國文史出版社，1990年），頁91。

126 何基灃：〈運河前線起義〉，中國人民政治協商會議全國委員會文史資料研究委員會編：《淮海戰役親歷記（原國民黨將領的回憶）》（北京市：文史資料出版社，1983年），頁136。

小結

　　抗日戰爭勝利前後，國共兩黨之間的政爭其實已經成為當時中國國內的政治主題。蔣介石和國民黨的軍政高層其實也始終在思考如何在戰後與中共所要展開的全面較量。面對戰後受降接收復員等千頭萬緒的複雜局面，國民黨方面所謀劃的方針政策實為復員整軍與重建綏靖體系雙軌並進，無論是綏靖機構編制的審定，還是其主官人選的派任始終是蔣介石案頭的重要工作。為此，蔣介石要求戰時指揮機構加緊推進受降工作，並將部分重要地區的戰時機構隨即改組為綏靖機構，以負責整軍工作，從而增強其自身軍事力量。

　　戰後初期綏靖體系依照蔣介石所謀劃之「綏靖公署（最高指揮官）──綏靖區（六個區域）──綏靖縣域」架構，依次於黃河以南、長江以北廣大地區各戰略要地設立。[127]綏靖公署此時被蔣介石賦予了「聯合黨政軍集中起來，發揮力量」的重要責任。而這一時期設立的綏靖區實際上涵蓋地域範圍均委實不小，特殊者甚至可以節制一省之黨政（如王耀武之第二綏靖區），綏靖體系運轉過程中也始終存在著和地方黨政機構的矛盾線。

　　在綏靖體系重建過程中，綏靖機構主官人選之博弈其實主要在陳誠和何應欽兩派人馬中展開。陳誠所牽頭制訂的綏靖計劃此時迎合了蔣介石發揚所謂江西時期經驗的內心需求。比之何應欽徐圖緩進、兩年分作三步走的綏靖計劃而言，陳誠所制定之計劃內容突出從速解決而綏靖，其行事作風看上去也雷厲風行，對戰後一心求中共問題之速解的蔣介石來說，顯然更為受用。而善於謀劃組建小團體組織的陳誠也得以就此掌握了綏靖機構主要人選的主導權，大力扶植其所親近之

---

[127] 〈加強戡亂剿匪工作綏靖區制將擴大〉，《和平日報》，第1版，1948年4月15日。

人選，助力自己小圈子的成員上位。陳誠最終做出的最主要的人事更迭便是替換掉顧祝同，將親信將領薛岳扶上關鍵崗位。在綏靖區一級主官人選的任用上，陳誠亦復如是，將在指揮上「礙手礙腳」，從來「不大買帳」的湯恩伯等人踢開，甚至想推動蔣介石換掉另一綏靖公署主任劉峙。而最初設立的若干綏靖區，其司令官亦不乏與陳誠關係密切之人選。

在陳誠、何應欽兩派人馬圍繞主要綏靖機構主官選人用人之爭的主線矛盾之外，其實亦存在相當妥協與幕後交易。國民黨政權所力推之綏靖體系一向標榜「政治重於軍事」，其實在此亦看出綏靖體系內部存在「政治」與「軍事」兩條發展脈絡。而國防部長崗位的關鍵之處，其實並不見得在於其與參謀總長的雙首長之間戰時軍令指揮權之爭，而應恰在其掌握軍政事宜之際，對綏靖區政務問題得以有條件進行插手。白崇禧最初暗中支持何應欽對抗陳誠不成，卻能又終為蔣介石所拉攏，應邀出任國防部長，其實也是看到此舉既可以確保本派系集團基本利益，又可以開闢第二條賽道對於為數眾多的綏靖區之政務工作有所施展騰挪之空間。這些盤算與謀劃也都為白崇禧在後來主持行政院綏靖區政務委員會工作，並對綏靖區開展督導工作埋下了伏筆。

第三章
綏靖體系與國民黨政權原有統治架構之關係

國民黨戰後成立的綏靖機構及其構成的綏靖體系，在其運轉初期嚴格講並不屬國民黨政權的正常組織架構。綏靖機構和序列本屬臨時性建制，國民黨方面綏靖機構的負責人即曾聲稱：「國家兵力有限，本系用於國防。所謂綏靖，為時至暫。」[1]然而，在實際運作中，其不僅不是「臨時性」，反倒賦予了更加重要的權柄，不僅喧賓奪主，甚至在局部可以取而代之。一方面，綏靖機構可以「上達天聽」，直接與國民黨中央軍事中樞發生實質的縱向聯繫；另一方面，其又與平行設置的地方黨政機構發生更多的橫向聯繫，其間包含不少摩擦與齟齬。在「軍事第一」的大背景下，其可以凌駕乃至局部包辦地方黨政機構，所謂「政治重於軍事」之方略在落實的過程中無疑充滿了變數。

第一節　綏靖機構與國民黨軍事中樞之互動

一　軍令與軍政兩條線的梳理：綏靖機構與新軍事中樞關係之確立

國防部於一九四六年六月成立，取代了戰時的軍事委員會，成為

---

[1] 李默庵：〈前言〉，第一綏靖區司令部編印：《第一綏靖區綏靖工作綱要》（泰州市：泰州市檔案館藏，1947年4月，檔號：0121-1947-001-0005-0001。）

國民黨政權新的軍事中樞。在此之前，國民黨軍政高層為此次中央軍事機構改組謀劃已久。原軍事委員會高層與美方顧問之間反復開會研討，共同商定改組步驟。此次改組甚至被國民黨官方輿論喉舌稱為「中國近代軍制史上的重大事件」。[2]而伴隨著抗日戰爭的結束，國民黨的戰時體系又在逐步退出，綏靖體系則為此時蔣介石所力推重建。從決策指揮中樞到「地方」執行綏靖政策之機關，兩條脈絡在這一時期其實都在調整變動，均處於新舊交替階段。與此同時，整個國內政治局勢又漸趨緊張，國民黨政權此時迫切需要從制度上確立綏靖體系與新軍事中樞之新關係。這種關係既須要兼顧各地複雜的實際情況，也需要符合國民黨黨內此時各派系的勢力消長。

毋庸諱言，國防部作為新的軍事指揮中樞自然有其制度條文法令的依據，但在實際運轉過程中，亦須要考慮蔣介石作為國民黨政權黨政軍最高領導人的決定性因素。與此前軍事委員會體制下，蔣介石親自兼任委員長不同，名義上看，蔣介石此時在國防部內沒有任職，而在此之前通過修改國民政府組織法，授予了國民政府主席統帥三軍之權。同時在改組過程中，蔣介石和陳誠等人通過精心運作，明確規定：關於軍令部分，國民政府主席（國家元首）可以直接指揮參謀總長，總長對其負責，而不用對國防部長負責。[3]因而，新的軍事中樞在實際運轉過程中應該是包含蔣介石本人及國防部這一機構，而且後者為前者所駕馭。

國防部成立後不久，蔣介石即致電白崇禧與陳誠，明確交待釐清之前綏靖機構的組織規程與現行軍事制度不合之處：「查各綏署戰區前系隸屬軍委會，與現行軍事制度不合，希將隸屬系統及組織規程重

---

2 〈新制度新觀念〉，《中央日報》，第2版，1946年6月1日。
3 《徐永昌日記》（臺北市：「中央研究院」近代史研究所，1991年），第8冊，1946年3月30日，頁252。

新核議修正具報為要。」[4]蔣介石在這裡所說的其實就是道出了國民黨中央軍事體制改制期間，機構銜接的癥結所在。國防部高層在此前後就此相關問題展開研擬。

陳誠就在此之前所頒訂的綏靖公署組織規程與國防部法規存在相違背之處，上呈蔣介石表示：

> 查軍委會改組為國防部後，各綏靖公署及各戰區長官部組織規程應略佳修正，謹擬具修正組織規程如附件當否？查各綏署組織規程第三條內「受國防部長及參謀總長之指揮」一節，按諸現行軍事制度，僅主席（或總統）有命令及指揮權。如授國防部長及參謀總長以指揮權，則命令分歧，殊與軍令統一之旨趣不符，且國防部長與參謀總長本身為幕僚地位，似不便以自己名義發布命令指揮陸海空軍。擬改為「受國防部長及參謀總長之指導」。[5]

由於蔣介石之前所敲定的中央軍事機構改組大原則為：國民政府主席直接掌控軍令部分，因此其他層級法律法規亦必須在此框架內進行修訂。陳誠秉承蔣介石的旨意，建議將綏靖公署「受國防部長及參謀總長指揮」一節進行修改，著重強調國防部部長及參謀總長只是居於國民政府主席（元首）的「幕僚地位」，對於相關的綏靖機構只能「指導」，而不能「指揮」。

---

4 〈蔣中正電白崇禧各綏靖公署戰區前系隸屬軍委會與現行軍事制度不合希重新研議修正隸屬系統及組織規程具報〉（臺北市：「國史館」藏，「蔣中正總統」文物檔案，1946年6月19日，典藏號：002-080200-00552-209。）

5 〈陳誠呈蔣中正擬具修正軍事委員會改組為國防部後各綏靖公署及各戰區長官部組織規程並請核示〉（臺北市：「國史館」藏，「蔣中正總統」文物檔案，1946年6月18日，典藏號：002-080200-00307-088。）

與此同時，白崇禧也將其關於「行轅及各綏署戰區隸屬系統與國防部關係意見」上呈國民政府主席蔣介石。由於此一時期正處於戰後國民黨體系轉換的過渡時期，因而大體呈現出戰時指揮機構與綏靖機構並存之局面。與此同時，戰後國民政府還成立了若干國民政府主席行轅，作為元首的派出機構，理論上節制若干省份，因而此時國民黨的統治架構愈發複雜紊亂。白崇禧在此意見中認為各行營既然「改為國民政府主席行轅，直隸國民政府，似與國防部處平行地位，惟因軍事系統及作戰業務，不宜分割，各行轅主任似應受國防部長及參謀總長之指導，但仍以主席名義行文。」[6]國民政府在行文中常將行營（行轅）和綏靖公署並稱，但在實際運作過程中，除東北行營尚可東北地區內的國民黨政權黨政軍系統的直接統轄外，其他行營大體上並不真正掌握實際權力，北平行轅秘書長蕭一山亦曾對廣西省主席黃旭初談及：「行轅主任職權很小，眼看著華北的崩潰，而李主任也苦於有辦法卻拿不出來。」[7]而李宗仁自己也曾感慨，北平行轅主任相當於因人設崗，名義上「直轄兩個戰區（第十一、第十二），包括五省（河北、山東、察哈爾、綏遠、熱河）三市（北平、天津、青島）」，但實際上處於「上不沾天，下不著地」的尷尬境地，並無實權。[8]

　　而對於真正掌握實際權柄的戰區及綏靖公署，白崇禧在談及其與國防部之關係時，亦著重強調：各戰區及綏靖公署「似應均歸國防部長及參謀總長指導，同時以主席名義，分行有關各行轅。」[9]這一點

6　〈白崇禧呈蔣中正主席行轅及各綏署戰區隸屬系統與國防部關係意見〉（臺北市：「國史館」藏，「蔣中正總統」文物檔案，1946年6月24日，典藏號：002-020400-00026-090。)

7　黃旭初：《黃旭初回憶錄：李宗仁、白崇禧與蔣介石的離合》（南京市：譯林出版社，2019年），頁338。

8　《廣西文史資料專輯：李宗仁回憶錄》，下冊，頁555、560。

9　〈白崇禧呈蔣中正主席行轅及各綏署戰區隸屬系統與國防部關係意見〉（臺北市：

其實與陳誠看法並無多少區別,無非是在蔣介石直接謀求軍令統一之框架下的細化舉措。

在當時國民黨政權的序列架構中,除軍令部分由國民政府主席垂直掌握各綏靖公署、綏靖區參與綏靖作戰這一明確清晰脈絡之外,分別作為國民政府主席軍令、軍政部分「幕僚長」的參謀總長、國防部長與綏靖公署(行轅)主任之上下關係則不甚清晰。國民政府參軍處在審核白崇禧的呈文時,實際上就已經發現了實際情況與原有組織條文相齟齬乃至混亂之處。在過渡階段,國內尚有第一、第二、第十一、第十二戰區存在,這些戰區除第一戰區(胡宗南)之外,基本都是國民政府中央勢力當時難以直接控制的轄區。其中,第二戰區因司令長官閻錫山在國民黨內特殊的歷史地位,當時並未劃入任何行營,而是後來轉設為太原綏靖公署。第十一、第十二戰區則名義上列入北平行營序列之下,「擬准修正,應受國防部長及參謀總長之指導」。而以第一戰區為節點,其上下隸屬關係則尤為微妙。第一戰區直隸於鄭州綏靖公署,自然需要受鄭州綏靖公署主任之「指揮」。而按照前項蔣介石、白崇禧、陳誠三人所討論之軍令統一原則,各戰區「似應均歸國防部長及參謀總長指導」。如此一來,就形成了在地方的綏靖公署主任理論上可以「指揮」戰區司令長官,而在中央的國防部長及參謀總長則只能「指導」的局面。國民政府軍務局在審查時也感到,「若如此則國防部長與參謀總長之身份,似低於行轅(綏署)主任矣」。[10]這顯然是不符合國民黨內政治倫理的。

然而,這樣扭曲複雜的關係,最終也並未得到國民政府上層實質

「國史館」藏,「蔣中正總統」文物檔案,1946年6月24日,典藏號:002-020400-00026-090。)
10 〈白崇禧呈蔣中正主席行轅及各綏署戰區隸屬系統與國防部關係意見〉(臺北市:「國史館」藏,「蔣中正總統」文物檔案,1946年6月24日,典藏號:002-020400-00026-090。)

性的澄清與理順,更加之,國民黨系統內部深厚的論資排輩觀念及複雜的派系背景,因而對日後的實際運轉也造成了影響。如鄭州綏靖公署主任劉峙日後便曾理直氣壯地越過參謀總長陳誠,直接向蔣介石彙報工作,甚至曾對綏靖公署下屬表示:當初「陳誠是我的部下……我不能聽他指揮。」[11]

蔣介石對於綏靖公署之職能其實極其看重。按照其設想,綏靖公署不僅處理軍事問題,而是綏靖公署主任要切實擔負責任,「聯合黨政軍集中起來,發揮力量」。具體來說,綏靖公署要組訓民眾,使用民眾,而達成其目的。同時在組織機制上,國民黨中央設有黨政小組會議,各個綏靖公署亦應有此聯席會報機制。「對共產黨要知其計劃及組織,如打破其組織,其他即無問題,如何加強自己組織,而打破其組織。組織者上下聯繫多,左右聯絡多,才有力量。」[12]蔣介石的預計是要將綏靖公署作為黨政軍集中聯繫的樞紐,以統禦各方,集中力量。如何「組訓民眾,使用民眾」始終是綏靖機構的重要職責,其牽涉到綏靖機構中複雜的軍政部分,如此則勢必要與國防部內部負責「策劃一般國防與軍事行政之雙重責任的」[13]國防部長及相關幕僚機構發生關係。

前已述及,按照國民黨中央的規定,凡有中共武裝組織或有中共武裝進入可能之地區,即為綏靖區,這其中包括作戰區與所謂收復區兩大部分。[14]但在實際情況中,國民黨政權真正能較為平穩推行所謂綏靖政策的地區其實只有其相對掌握的「收復區」。因而在某種程度

---

11 趙子立:〈定陶戰役中整編第三師被殲經過〉,全國政協文史資料委員會編:《文史資料存稿選編》,第9冊,頁244。
12 蔡盛琦、陳世局編輯:《胡宗南先生日記》,上冊,1946年4月1日,頁546。。
13 國防部史政局編:《國防部組織說明概要》(北京市:國防部史政局,1948年),頁6。
14 《綏靖區黨政軍工作配合綱要》,《中央黨務公報》第17期(1946年),頁576。

上,「收復區」和「綏靖區」其實內涵沒有本質差別。而就綏靖區政務推行而言,主要涉及到國防部之新聞局與民事局之業務範圍。國防部高層內部業已意識到「新聞民事兩局職權,應切實劃分」,但在當時整個改組過程還未結束,「本案改組委員會正在辦理中」。[15]為明晰二者職權界定,陳誠曾上書蔣介石,就政工機構與民事局權責劃分辦法提出了自己的建議:

> (一)新聞局承辦部隊政訓及宣傳及部隊與社會與民生之聯絡業務,(二)民事局承辦戰地及收復區(秩序未恢復前)之民事行政及民眾組訓業務,(三)收復區各級民政工作機構,除通過部隊長,利用該部隊工作機構外,並應與內政經濟等有關各部,協同負責辦理,(四)各行營綏署之政務處當一律改稱民事處,仍隸屬各原單位,主持各該管區有關民事業務。[16]

國民政府中央軍事機構改組之際,原軍事委員會政治部奉命撤銷,其工作業務由新成立的國防部新聞局、民事局、監察局分別接管,都是幕僚組織,業務受參謀總長指揮監督。[17]按陳誠所擬定之計劃,國防部新聞局負責政訓、宣傳及部隊與社會民生之聯絡,而國防部民事局則承辦綏靖區之民事行政及民眾組訓業務,同時各綏靖公署政務處改為民事處,接受國防部民事局之指導。這裡可以看出,民事局與新聞局之間權責界限本就不甚清晰,而在實際運作中,形勢則更趨複雜。

---

15 〈國防部第十三次參謀會報紀錄〉(臺北市:「國史館」藏,「陳誠副總統」文物檔案,1946年8月28日,典藏號:008-010706-00046-015。)
16 〈呈複研擬政工機構與民事局劃分權責辦法〉(1946年8月15日),何智霖編:《陳誠先生書信集——與蔣中正先生往來函電(上)》,頁642-643。
17 鄧文儀:《從軍報國記》(臺北市:正中書局,1979年),頁365。鄧元玉:《在蔣介石身邊:我的父親鄧文儀》(南京市:江蘇鳳凰文藝出版社,2015年),頁211。

國防部新聞局在國防部內部會報中便曾報告:「各級政治部指導地方行政及民眾組訓等事,多非新聞局職掌,且與民事局職權亦未劃清,故各項計劃辦法,雖已分別擬定,尚未執行。」[18]然而,在蔣介石的計劃中,政工人員要在綏靖區工作中起到至關重要的作用。蔣介石要求綏靖區政工人員「應以謙和的態度和服務的精神,來領導地方黨政機關,通力合作,提高行政效率」,在綏靖區「從事實行主義之中心工作:(一)組訓民眾——推行社會政策;(二)管制糧食;(三)整理土地——推行經濟政策。」[19]因此,蔣介石最終做出裁斷,「民事局對綏靖區工作僅負督導責任,各項工作,因事實需要,必須政工機構負責,新聞局應切實進行」[20],從中可以看出新聞局的角色較之民事局更為吃重,是具體負責實施的主要機構,而民事局則只是承擔監督之責。

綜上所述,在國民黨中央軍事機構改組與戰後綏靖機構轉設同時進行的複雜情況下,國民黨政權從中央到地方皆處於變動調整之中。國防部成立後,作為軍事中樞機構,國防部之參謀本部在軍令方面只能「指導」綏靖機構,而大權實際操之於國民政府主席之手。同時由於職能界定不清以及國民黨內高層派系背景,國防部與同時在過渡階段並存的綏靖公署、行營、戰區等機構之關係並未徹底理順。而在軍政方面,擔負「策劃一般國防與軍事行政之雙重責任的」國防部長顯然有更多話語權參與其中,具體事務則主要涉及到民事局與新聞局兩個專門的幕僚機構。在蔣介石的親自過問和干預之下,以國防部新聞局為代表的政工機構在綏靖區政務推進過程中的角色更為吃重,而國防部民事局僅是從旁擔負「監督執行」之責。這種二分切割的方法看

---

18 〈國防部第六次部務會報紀錄〉(臺北市:「國家發展委員會檔案管理局」藏,1946年9月7日,檔號:B5018230601/0035/003.9/6015.2。)
19 呂芳上主編:《蔣中正先生年譜長編》,第8冊,頁399-400。
20 〈國防部第六次部務會報紀錄〉(臺北市:「國家發展委員會檔案管理局」藏,1946年9月7日,檔號:B5018230601/0035/003.9/6015.2。)

似簡單，但實際上考慮到綏靖區極其複雜的局面，顯然並非政工機構乃至國防部可以徹底組織協調、解決問題，也超越了純軍事機關之業務範疇，而需要國民政府中央層級出面協調各部會對相關綏靖區加以整合督導，而這也是此一時期蔣介石等國民政府高層所一直思考並著手解決的主要問題。

二　軍事中樞指導綏靖區地方武力建設與組建「人民服務總隊」

按照國民黨方面的計劃設定，綏靖區應該是在擊潰中共軍隊主力，次第收復各縣之後，於軍事上實施分區分期「清剿」，針對中共之策略，力求主動；在政治上則力圖迅速完成基層組織，建立地方自衛武力，完成「政治接防」，進而重新築起國民黨在綏靖區域的社會統治秩序。[21]而由於國民黨主力部隊多數要編組成野戰兵團隨時調往一線戰場，因而「地方自衛武力」在整個綏靖區架構中就顯得尤為突出重要，也是其能否完成「政治接防」，穩定綏靖區秩序的關鍵所在。這其中既涉及到地方建設層面，也牽扯到國民黨軍事中樞對綏靖區進行指導，乃至直接建立垂直管道，力圖直達綏靖區基層。

（一）軍事中樞指導綏靖區地方武力之建設

蔣介石此時希望可以建立起地方自衛體制，以作為正規軍事力量在綏靖體系內的重要補充，曾計劃遴選精幹編餘軍官，擴充各省保安團，使成為與行政切實配合之武力，以減輕國民黨軍隊之任務（保安團隊駐在地方時，必須與其地方行政，尤其與軍區系統切實配合，不

---

21 李默庵：〈前言〉，第一綏靖區司令部編印：《第一綏靖區綏靖工作綱要》（泰州市：泰州市檔案館藏，1947年4月，檔號：0121-1947-001-0005-0001。）

能視為游離於當地人民之外）。[22]

　　各級綏靖機構因而在此時則被賦予了編組訓練、指揮調遣所轄地區地方自衛武力的權力。蔣介石曾致電國防部長白崇禧和參謀總長陳誠，就地方武力運用問題詳加指示：「國軍履行綏靖任務向前推進時，地方保安團隊須負責守備後方國軍與保安團隊配合運用殊甚重要，應將地方保安團隊劃歸各行營綏署及綏靖區司令官負責整頓訓練，以利指揮。」[23]

　　然而，圍繞綏靖區設置地方武力，尤其是保安團隊的存廢及其如何利用這類議題，當時社會輿論實際上也存在不少爭論：

> 因為正規軍數量的限制，不能在若干地方久駐，國軍去後，地方治安又怕成問題，所以，應該設置地方武力。好，那麼我們再考慮怎麼添法，是征呢還是募呢？糧餉怎麼辦，是就地籌餉呢？還是由政府統籌發放？再想武器怎麼辦，是政府發給呢，還是老百姓攤錢購買。再想數量問題，一個縣分需要多少地方武力，以人口來定呢，因經濟情形來定呢，因軍情緊急來定呢，還是因為「遊民」多寡來定？也該想想老百姓能負擔多少？[24]

這些爭議其實也是國民黨政權一時無法根本解決的問題，然而綏靖區基層社會秩序事實上又離不開地方武力的支撐。因為在國民黨人看來，中共可以在其管轄區域內，「立即將所有人民，不分男女老幼，

---

22 呂芳上主編：《蔣中正先生年譜長編》，第8冊，頁269。
23 〈蔣中正電白崇禧陳誠應將地方保安團隊歸各行營綏署及綏靖區司令官負責整訓以利指揮與國軍配合運用〉（臺北市：「國史館」藏，「蔣中正總統」文物檔案，1946年6月13日，典藏號：002-080200-00552-242。）
24 〈把老百姓交給誰？──再論綏靖區裡的問題〉，天津《益世報》，第1版，1947年2月28日。

完全加以組織，配合軍事行動」，而國民黨則「不惟對於人民，不予組織，抑且連僅有的地方團隊，亦不積極扶植運用，前線軍事之所以不能取得積極勝利，後方軍事之所以仍受回竄的牽制，就是這個緣故。」[25]因此，關於綏靖區設置地方武力問題，在當時的解答只能是：「需要設立，人員用招募辦法，糧餉由地方自籌，槍支由人民購買，人數則不得一概而論。」[26]

這樣一來就使得各個綏靖區的保安團隊出現良莠不齊的局面，「有的紀律很好，有的紀律很壞」，鄭州綏靖公署政務處處長高應篤就曾建言國民黨中央，「對於各省團隊，或其他地方武力，似應確定一種積極政策，這種政策就是扶植，在這種政策之下，對於壞的團隊，就需要明定辦法，加以整訓；對於好的團隊，就需要補給械彈，配合軍事。否則，壞的團隊，如讓其無限制地存在，則足以失去人心；好的團隊，如不予以積極扶植，則將徐徐為『共匪』所吞吃，而且吾國幅員遼闊，山嶽縱橫，國軍整編，不敷分配，注意前線，而後方無兵『清剿』，注意點線，而全面無兵控制。如此形勢，長久拖延，實與中央有非常的不利，為今之計，應即改變過往政策，速對各省團隊，及地方所有武力，均予以扶助，不惟對已有的團隊，補給械彈，鼓勵『剿匪』，即未組織武力的地區，亦應發動編組，撥械操練。」總之，國民黨方面綏靖體系內的部分人士希望能借鑑晚清時期曾國藩等人辦家鄉團練的歷史經驗，因而自然希望各地「自然領袖，均能挺身而出，辦理團練，人人以曾國藩自居，國家亦以曾國藩期之，使處處皆生『剿匪』的新力，處處造成防範『匪竄』的堡壘，如

---

25 高應篤：〈怎樣改善綏靖政治〉，《縣政研究月刊》第1卷第3期（1947年），頁7。高應篤時任鄭州綏靖公署政務處處長。
26 〈把老百姓交給誰？——再論綏靖區裡的問題〉，天津《益世報》，第1版，1947年2月28日。

是始能作到國軍控制點線，地方武力控制全面，國軍『進剿』前線，地方武力『清剿』後方，彼此配合，發生威力。」[27]

然而，國民政府軍政高層對各層級保安團隊戰力有限、良莠不齊之現狀實際上也是心知肚明，如陳誠即在國防部內部參謀會報中指示保安局「應即開展工作，派人到各地視察保安團隊，國民大會中，各地代表必多請求發槍與地方團隊之案件，此則應預為彙集各地地方團隊盜賣槍支濟匪及紀律不良之情形，以供答覆之參考。」[28]而在當時的局面下，國民政府只能依靠綏靖機構對地方武力尤其是保安團隊加以局部調整，而不願亦沒有條件全面放權。

按照當時國民黨軍方內部之謀劃，其初期攻擊目標直指山東及蘇北地區，意在「以最大力量，於最短期間，先將山東及蘇北，迅速解決。蓋此二地，經濟既富，兵員又饒。倘有不測，則其財力物力人力，均將資敵，必成大患。」[29]因而，蘇北地區在經歷過最初的國共交火後，由國民黨事實上「收復」了此一地區的大多數縣域。國民黨中央將蘇北地區大部劃歸第一綏靖區管轄。第一綏靖區所督導之蘇北地區的地方武力建設在當時即在國民黨綏靖體系內具有一定的代表性。

第一綏靖區以「健全現有各級地方武力之編組，充實力量，區分任務，妥為運用，以完成綏靖，鞏固治安」為目的，對地方武力組織系統著手進行調整編組。地方自衛武力主要由保安團隊及民眾自衛隊兩部分組成。其具體調整辦法分層級為：各縣屬保安大隊按現行編制縮編一個中隊，而另抽編一個突擊隊歸縣長直接指揮，由原有保安及自衛隊選優編成。如保安大隊原有四個中隊者，即以其中較為強之中

---

27 高應篤：〈怎樣改善綏靖政治〉，《縣政研究月刊》第1卷第3期（1947年），頁7。
28 〈國防部第十九次參謀會報紀錄〉（臺北市：「國家發展委員會檔案管理局」藏，1946年10月8日，檔號：B5018230601/0035/003.9/6015.4。）
29 〈電呈協商會議行將閉幕再陳愚見〉（1946年1月24日），何智霖編：《陳誠先生書信集——與蔣中正先生往來函電（下）》，頁633-634。

隊為基幹，汰弱留強，另選優補充編為突擊隊，而保留三個保安中隊。如原有三個中隊者，則以一個中隊改編突擊隊後，另保留兩個保安中隊。全縣自衛隊則以區為單位，統一編組，依各區現有實力編成若干中隊，有兩中隊以上編為一個大隊，其不足兩中隊者編為獨立中隊，均由縣長統一指揮運用。[30]

調整後的地方自衛武力組織系統表大體如下圖所示：

表八　地方武力組織系統表

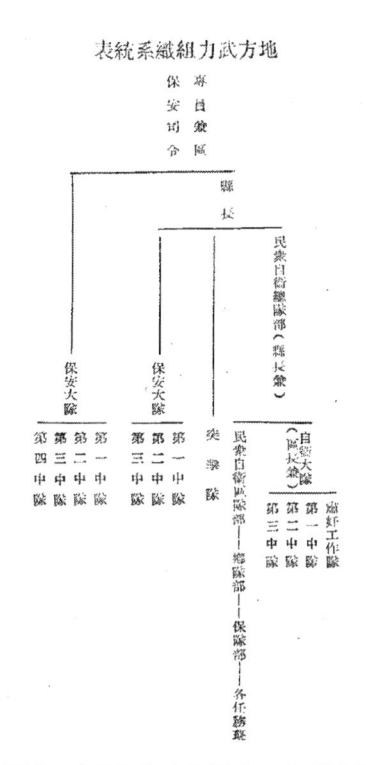

```
           地方武力組織系統表

         保 safety員
         安 司令區
         
                      縣長
                                民眾自衛總隊部（縣長兼）

   保安大隊    保安大隊   突擊隊    民眾自衛區隊部——鄉隊部——保隊部——各伍務組    自衛大隊（區長兼）
   第第第第    第第第                                                        鋤第第第
   四三二一    三二一                                                        奸三二一
   中中中中    中中中                                                        工中中中
   隊隊隊隊    隊隊隊                                                        作隊隊隊
                                                                            隊
```

資料來源：《第一綏靖區綏靖工作綱要》（泰州市：泰州市檔案館藏，一九四七年四月，檔號：0121-1947-001-0005-0001。）

---

30 《第一綏靖區綏靖工作綱要》（泰州市：泰州市檔案館藏，1947年4月，檔號：0121-1947-001-0005-0001。）

第一綏靖區對於地方武力的調整本質上是希望汰弱留強，講求精兵主義，通過編組力圖加強機動力量，以應對轄區內共產黨留存的零散武裝。編組後的地方武力形成了行政區保安司令部所屬保安大隊──縣屬保安大隊──突擊隊──自衛大隊──「肅奸」工作隊──民眾自衛隊的層次格局。各個層級的地方武力團隊分別被賦予不同的任務，以維持境內治安。但這套編組方案執行起來則難以完整貫徹，國防部長白崇禧一九四七年初曾到蘇北地區就綏靖任務執行情況進行督導視察，其事後在給蔣介石的內部呈報中稱，「蘇北全區已編為自衛隊者，十三萬二千三百九十三人」，而「全省保安團隊，現僅四團，其中三團餘，已編入戰鬥序列，配合國軍『清剿』。惟蘇北部隊調往策應魯南作戰，致『清剿』兵力較為薄弱。」至於各縣市的民眾自衛隊，「每縣數百至二三千人不等，槍枝總數共四萬餘枝，惟彈藥缺乏。」[31]

白崇禧在給蔣介石呈報中所點出的「彈藥缺乏」，其實也是綏靖區地方武力發展中的癥結所在。[32]雖然國民黨中央曾做出明確規定「建立保安隊作為地方武力之核心」，「建立民眾自衛隊，以樹立人民自衛武力。」[33]但是，因為綏靖區的地方武力其實並不屬國民黨的正規軍序列，國防部對其多是給予其政策上的指導，而此時也沒有條件對其經費及武器裝備予以充分保障。[34]最後的結果只能是「保警隊每

---

31 〈白崇禧電蔣中正蘇北綏靖區實況摘要〉（臺北市：「國史館」藏，「蔣中正總統」文物檔案，1947年2月13日，典藏號：002-020400-00009-165。）
32 綏靖區「地方武力的領導系統」和「幹部及武器彈藥的補充」亦始終是圍繞綏靖區地方武力發展的制約因素。參見陳方正編輯校訂：《陳克文日記（1937-1952）》（臺北市：「中央研究院近代史研究所」，2012年），下冊，1947年2月7日，頁1033。
33 《綏靖區黨政軍工作配合綱要》，《中央黨務公報》第17期（1946年），頁576-580。
34 國防部曾頒布綏靖區民眾自衛隊組訓辦法，明文規定民眾自衛隊「隸屬於各該管省政府」，「以避免脫離生產為原則，應避免軍隊形式」。參見《國防部頒布綏靖區民眾自衛隊組訓辦法》（1946年12月），中國第二歷史檔案館編：《中華民國史檔案資

縣都設立起來，人數則由三五百起碼，多少不等，待遇比照國軍再打一折扣，國軍本來就苦得要命，打一折扣，月餉不過幾千元。另由地方籌糧，每人每月六十斤公糧，有的地方當局認為這數目太少，多設法再多給五六十斤，但是，事實上老百姓拿不出那麼些糧食來，盡力而為，拿出一點點來，又有好些人中飽，所餘無幾，於是保警隊的公糧，常有數月不能發下的事實。」而這也反映出，國民黨政權「最下層的軍政組織裡的人事，也是脫離民眾的，是吃民眾的，他們根本和人民之間有很大的矛盾。」[35]

（二）「人民服務總隊」之組建

在地方保安團隊不堪重用，地方自衛武力又難以充分建立的情況下，國民政府軍政高層此時寄希望於通過由國民黨軍事中樞直接指揮，組建一個垂直管理的機構，從而協助規復綏靖區域的地方行政秩序。「人民服務總隊」正是在此基礎上加以組建，以期承擔這項任務。「人民服務總隊」由國防部新聞局、民事局負責組建，實際上屬國民黨軍隊部分政工系統國共內戰期間的進一步演化。

蔣介石對於綏靖區政治工作人員所要承擔的工作也極為重視。在其看來，綏靖區政治工作人員「對清查戶口、編組保甲與自衛隊之工作與技術，應特別加強，並令由各師、旅、團長負責切實訓練，至少部隊占領匪區大小城市以後，駐在地部隊長官應嚴格考選其所部官兵中所部官兵中最有能力、品格與智識者，每連三人至五人，指派其在政治部工作，受政工主任之督導指揮，對於當地合作事業與整頓土

　料彙編》，第5輯，第3編，政治（二）（南京市：江蘇古籍出版社，1999年），頁974-975。

35 〈把老百姓交給誰？——再論綏靖區裡的問題〉，天津《益世報》，第1版，1947年2月28日。

地、管制糧食,以及其設立之通信偵查與維持交通、開發地方之生產事業,如修路、築堤與公共造產等,皆應分別設計,每人或二人專任其一業,並須賦予權限與規定其責任。總使匪區收復以後,一面能召集流亡,掌握民眾,維持治安,一面能建設地方自治及生產事業,訓練民眾,俾得實施新縣制也。」[36]從中可見,在蔣介石心中,綏靖區政工工作實際上涵蓋極為廣泛,涉及到各種地方政務工作。

一九四六年八月,國防部在內部參謀會報中曾對「人民服務總隊」編組計劃綱要進行了討論。[37]國防部草擬的「人民服務總隊」工作計劃大綱總體上分為「工作原則」、「工作目標」、「工作項目」三大部分。其中,工作原則在於「領導人民,配合黨政,建立政權」,宣稱要「協助黨政機關,推進一切工作,發揮領導群眾之組織作用」。工作目標總體上也是服務於恢復及鞏固綏靖區的地方政權,建立自衛武力確保地方治安,並進而推行經濟政策乃至推動地方建設,「改良社會風氣」。在工作項目上,則具體劃分為「組訓民眾」、「恢復地方秩序」、「鞏固地方治安」、「協助黨團工作」、「處理土地及糧食問題」、「處理經濟問題」、「加強情報及宣傳」、「社會服務」等部分內容。[38]同時,按照國防部所擬定的《人民服務總隊組織規程草案》之規定,「本部為針對各綏靖地區之實際需要,協助推進地方黨政工作起見,特組設人民服務總隊若干隊,分別配設於各綏署戰區及綏靖區司令部,受各單位政治部指揮監督,交本部民事局負統一指揮之

---

36 〈蔣中正電白崇禧建設地方自治等希以此意編輯具體條文從速頒行為要〉(臺北市:「國史館」藏,「蔣中正總統」文物檔案,1946年8月30日,典藏號:002-020400-00008-145。)

37 〈國防部第十三次參謀會報紀錄〉(臺北市:「國家發展委員會檔案管理局」藏,1946年8月28日,檔號:B5018230601/0035/003.9/6015.4。)

38 《國防部人民服務總隊工作計劃大綱草案》,國防部新聞局編:《綏靖政工手冊》,國防部新聞局,1946年版,頁碼不詳。

責。」[39]這些工作目標和工作項目基本上承接了蔣介石對於綏靖區政工人員的工作要求，而從其隸屬關係上亦可以看出，「人民服務總隊」相當於國民黨軍事中樞安插進入各個綏靖區的一條「線」，意在加強對於綏靖區動態的把控，儘快重建國民黨政權在當地的統治秩序。一九四六年九月前後，蔣介石曾為此頻催國防部有關部門，「查詢收復區政治工作規劃有否具體決定」。[40]同時，因前方情勢需要迫切，「人民服務總隊」亟待組織，其人員由國防部新聞工作人員訓練班畢業學員組成。國防部新聞局「希望於三或五日內對該隊編制、人事、裝備、武器、經費、服裝等，請各主管單位趕辦，俾盡可能提早出發工作。」[41]

陳誠曾在國防部作戰會報中明確指示：「利用青年軍組訓『匪區』青年甚為必要。」[42]而「人民服務總隊」的隊員組成中就有相當比例來自原來的青年軍官兵，並曾參加過國防部新聞局舉辦的新聞訓練班。最終，「人民服務總隊」並沒有完成準備成立五個總隊的原定計劃，而只是在一九四六年間成立了第一、二兩個總隊，分別於九、十兩個月中編組完成。第一、二總隊隊員，按照編組計劃，就杭州、隆昌、綦江，各新聞分班學員改編，不足之數，就各綏靖區當地選拔優秀青年補充。[43]其中，第一總隊配置於徐州綏靖公署轄區（第一、

---

39 《國防部擬定「人民服務總隊組織規程草案」》（1946年9月），中國第二歷史檔案館編：《中華民國史檔案資料彙編》，第5輯，第3編，政治（二），頁968。
40 〈國防部第十七次參謀會報紀錄〉（臺北市：「國家發展委員會檔案管理局」藏，1946年9月24日，檔號：B5018230601/0035/003.9/6015.4。）
41 〈國防部第六次部務會報紀錄〉（臺北市：「國家發展委員會檔案管理局」藏，1946年9月7日，檔號：B5018230601/0035/003.9/6015.2。）
42 〈國防部第四次作戰會報紀錄〉（臺北市：「國家發展委員會檔案管理局」藏，1946年7月19日，檔號：B5018230601/0035/003.9/6015.3。）
43 黃維：《關於青年軍的回憶》，《文史資料選輯》編輯部編：《文史資料精選》，第11冊（北京市：中國文史出版社，1990年），頁412-413。《國防部三十五年度工作報告

四大隊駐泰興，第二、三大隊駐徐州以北，魯南各縣）。第二總隊配置於鄭州綏靖公署及第一戰區轄區（第一、二大隊駐紮隴海路、平漢路鄰接地區，第三、四大隊駐紮第一戰區各地）。其主要任務為配合軍事行動，協助綏靖工作，推行地方建設，鞏固地方治安，以及處理土地、糧食、金融、善後等工作。[44]各個「人民服務總隊」一般下設第一、第二、第三組，分別掌理「民眾組訓及地方黨政工作之推進事宜」，「地方土地糧食合作金融善後救濟等問題之處理事宜」，「地方文化教育及宣傳調查等事宜」。[45]從「人民服務總隊」的配置範圍亦可以看出，其與重要綏靖機構設置一致，旨在對其予以輔助作用，協助開展綏靖工作。

　　白崇禧曾在國防部的部務會報上指出，此時「省建制不能分割，綏靖區督促省府人員規復其行政秩序，上有政務委員會，下由人民服務總隊、青年軍等之協助，以不設立行署為當。」[46]白崇禧的講話相當於進一步明確了「人民服務總隊」等組織機構在綏靖工作中的主要任務，就是與行政院綏靖區政務委員會上下貫通，在基層來協助「規復」綏靖區的行政秩序。中共方面亦及時注意到此間國防部「人民服務總隊」之工作「在每個綏靖區劃分幾個工作區，每縣有一個區隊，每區有一個分隊，每鄉設一個政治指導員，在鄉指導員直接領導下，

　　書：第十二章民事局》（臺北市：「國史館」藏，「陳誠副總統」文物檔案，典藏號：008-010706-00048-012。）

44　〈陳誠呈蔣中正遵將參謀本部新聞工作人員訓練班畢業學員編組人民服務總隊協助綏靖工作已收極大效果等文電日報表等二則〉（1947年1月13日），「國史館」藏，「蔣中正總統」文物檔案，典藏號：002-080200-00535-030。

45　《國防部擬定「人民服務總隊組織規程草案」》（1946年9月），中國第二歷史檔案館編：《中華民國史檔案資料彙編》，第5輯，第3編，政治（二），頁968-969。

46　〈國防部第十一次部務會報紀錄〉（臺北市：「國家發展委員會檔案管理局」藏，1946年10月26日，檔號：B5018230601/0035/003.9/6015.2。）

有五個至七個情報員，他的工作是比較全面性、政治性的、經濟的、文化的，利用各種偽裝進行活動，麻痺群眾，如所謂檢舉貪汙，減租減息，放救濟總署糧食，禁止屠殺自首分子及種種文化宣傳等，其主要任務是肅清共產黨及其思想，建立一套反動統治的秩序。」[47]

以李默庵擔任司令官的第一綏靖區為例，「人民服務總隊」第一總隊在此期間承第一綏靖區司令官之命，派遣工作人員配合本綏靖區內各級行政組織及地方自衛武力工作。其具體的工作要領為：一、縣級工作組受黨政軍團聯席會報及行政區專員與縣長之指導工作；二、區鄉鎮級工作小組受縣聯席會報及專員縣長指導，召集運用區鄉鎮工作會報策劃督導，執行自治自衛「肅奸」等工作，其工作身份為指導員；三、保安部隊工作組負責指導整理訓練及督戰之責任，其身份為指導員；四、對行政設施及自衛工作，務求切實配合，軍政合為一體，相輔相成達到「清剿」任務；五、人民服務隊工作重點置於區鄉，以深入基層執行工作為原則；六、各工作小組工作方式以會商決策，分工執行為原則，俾收互助合作之效。[48]

---

[47] 〈淮北蘇皖邊區黨政軍委員會關於目前淮北鋤奸工作的指示〉（1943年3月25日），北京新四軍暨華中抗日根據地研究會淮北分會、江蘇省泗洪縣新四軍歷史研究會編：《鄧子恢淮北文稿》（北京市：人民出版社，2009年），頁461。另，《鄧子恢淮北文稿》編者將該文件的發布日期定為「一九四三年三月二十五日」，其實是不準確的，文件正文明確提及「國特在各地合法的機關是以國防部人民服務隊的名義出現」。國民黨政權的國防部一九四六年六月方才成立，而「人民服務總隊」則是一九四六年下半年才陸續組建，因而時間不可能發生在一九四三年。

[48] 《第一綏靖區綏靖工作綱要》（泰州市：泰州市檔案館藏，1947年4月，檔號：0121-1947-001-0005-0001。）

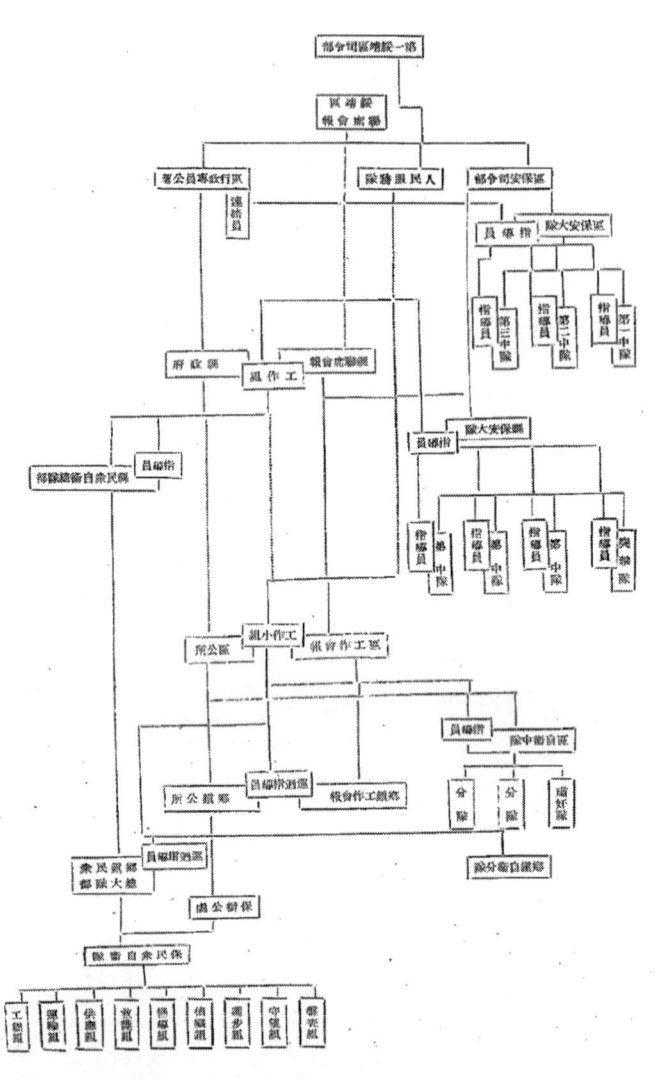

表九　第一綏靖區所轄地方軍政指揮系統表

資料來源：《第一綏靖區綏靖工作綱要》（泰州市：泰州市檔案館藏，一九四七年四月，檔號：0121-1947-001-0005-0001。）

「人民服務總隊」此時相當於在綏靖區司令部統轄下的第三套人馬，其與綏靖地區各地的行政系統和地方保安團隊處於平行地位。其

秉承國民黨軍事中樞旨意，對綏靖地區的地方行政和地方武力建設起到輔助作用。

因此，「人民服務總隊」在深入到綏靖區及以下層級時，大體分為兩大部分，即地方自衛武力系統工作人員及行政系統工作人員。就地方自衛武力而言，按照國民政府之規定，民眾自衛隊等地方武力在綏靖工作上就要接受所在地「人民服務總隊」之監督指揮。[49]就地方行政各層級而言，據「人民服務總隊」第二總隊報告稱，「人民服務總隊」一般「每到達一新收復地區，如地方政權無人負責建立時，即就當地人民中選公正勤廉奮發有為之青年，先行恢復其各級地方機構，建立地方政權，俟政府所派行政人員到達後，即行移交並仍督導，協助其工作。」待到「地方行政機構恢復後，立即建立嚴密的保甲組織，實施戶口清查，使人必歸戶，戶必歸甲，甲必歸保，在陝北方面，因情勢特殊，縣以下各級地方行政人員，均由本隊遴選優秀幹部或隊員充任鄉保長，而為健全基層行政組織，授權地方之橋樑」。除此之外，「人民服務總隊」還要協助訓練地方基層行政幹部，為健全地方基層行政人員，加強地方行政效率，及應地方政府一般之需要，本部特訂定《協助訓練地方基層幹部辦法》，飭屬遵照實施，凡本隊所屬駐在地所有鄉鎮保長各級幹事，自衛幹部等基層人員，均由當地的縣訓所分期予以調訓，並由本隊所屬遵照前辦法調幹員前往協助訓練，擔任政治及軍訓教官。[50]進入一九四八年之後，國民黨各方面情況吃緊，國防部還曾直接下令「爭取長江以北壯丁及食糧應由綏

---

49 〈國民政府關於「國防部人民服務總隊與民眾自衛隊及難民還鄉團聯繫辦法」電〉（1946年11月），中國第二歷史檔案館編：《中華民國史檔案資料彙編》，第5輯，第3編，政治（二），頁970。

50 顏邦屏：〈一年來綏靖區工作概況〉，《國防月刊》第5卷第3期（1948年），頁48-51。顏邦屏時任「人民服務總隊」第二總隊少將總隊長。

靖區司令官督飭人民服務總隊分區負責。」[51]

在此基礎上,大體達到安定地方秩序,從而使「人民服務總隊」有條件與地方各層級黨政系統建立較為穩定之聯繫。以第一綏靖區為例,綏靖區所轄行政專員公署派聯絡員一人負對上對下工作通信聯絡之責。縣級派一個工作組,計七人,其中一人為聯席會報助理秘書或幹事(工作組組長),三人擔任民眾組訓民眾運動及戶政工作,並會同黨團組訓青年工作隊,二人擔任縣行政幹部訓練及青年感訓(包括統一建設運動)工作,一人辦理情報(包括軍情政情「匪情」及社會調查),並負對上對下聯絡通信之責。向下進入到「區」一層級,每區派遣一個工作小組,計四人,以一人為組長,每縣暫以五個區,計共派五個小組。工作人員負實際督導執行工作之責,對區以下之鄉鎮巡迴工作,以控制人員中隨時派遣之。[52]

在當時來看,國民黨中央方面的軍政高層確實冀圖由青年軍官兵及知識青年所組成的「人民服務總隊」能夠充當綏靖區系統的生力軍作用,寄希望於其深入基層,從而解決國民黨政權基層疲軟之問題。如「人民服務總隊」組建初期深入基層編組保甲之際,就曾對外宣稱:要做到「人必歸戶,戶必歸甲」[53]。而對於派駐各地的「人民服務總隊」初期工作情況,國防部參謀總長陳誠也對之表示相當認可,認為其「工作以來,已收極大效果。」[54]當然,這一切所謂的執行效

---

51 〈國防部第八十三次作戰會報紀錄〉(臺北市:「國家發展委員會檔案管理局」藏,1948年1月14日,檔號:B5018230601/0035/003.9/6015.3。)

52 《第一綏靖區綏靖工作綱要》(泰州市:泰州市檔案館藏,1947年4月,檔號:0121-1947-001-0005-0001。)

53 〈人必歸戶戶必歸甲人民服務總隊積極重編保甲〉,《通報》1946年12月30日,第3版。

54 〈陳誠呈蔣中正遵將參謀本部新聞工作人員訓練班畢業學員編組人民服務總隊協助綏靖工作已收極大效果等文電日報表等二則〉(臺北市:「國史館」藏,「蔣中正總統」文物檔案,1947年1月13日,典藏號:002-080200-00535-030。)

果實際上都是在國共內戰初期，國民黨軍事進展表面順利的大前提下取得的。

　　總而言之，國民黨軍事中樞對於地方武力建設的指導及組建「人民服務總隊」，以期「規復地方行政秩序」的舉措，從根本上來講也無法理順綏靖區錯綜複雜的軍事政治諸端問題。即便是前期工作進展還算順利之時，國防部新聞局局長鄧文儀在視察各地「人民服務總隊」之後亦不得不在內部會報中承認：「惟分到鄉村後甚感力量薄弱及經費不敷。」[55]更何況，「人民服務總隊」隨著國民黨整體戰局形勢的不斷惡化，自身也隨之存在著變動調整。就連後期國民黨方面的內部調查都指責包括「人民服務總隊」在內的多個機關，其「任務為深入『匪區』，但事實上甚少達到指定地點，大都停駐於安全城市，道聽途說，竊取情報，敷衍上級主管。此項單位之組織雖小，但隸屬系統均系中央直轄，不受所在地之任何節制，以致招搖撞騙，時有所聞。各地軍政機構對之深表厭惡，各該主管部門又均遠在後方，鞭長莫及，受其蒙蔽。」[56]

　　而「人民服務總隊」最初設置意在從軍事中樞直達綏靖地區基層，以期貫徹中樞意旨，最終卻演化成「欺上瞞下」之局面，而其職能逐漸從輔助地方行政逐步退化為配屬綏靖區的特務機關，淪為被中共認定的蔣介石實行「法西斯統治的工具」。[57]

---

55 〈國防部第三十六次參謀會報紀錄〉（臺北市：「國家發展委員會檔案管理局」藏，1947年2月17日，檔號：B5018230601/0035/003.9/6015.4。）

56 〈楊蔚呈蔣中正條陳對豫省軍政局面改進及各綏靖區非正規部隊調整意見等情報提要〉臺北市：「國史館」藏，「蔣中正總統」文物檔案，1948年8月6日，典藏號：080200-00547-015。）

57 〈法西斯的統治工具——蔣記國防部「人民服務總隊」的特務本質〉，《人民日報》，第3版，1947年5月21日。

三　垂直而下的耳目：綏靖系統中的情報機構及其情報網

　　國共內戰時期，國民黨在情報戰線上的表現著實乏善可陳，明顯無法與中共一方相抗衡。敗退臺灣後不久，國民黨眾多高級將領在反思追述國共之爭失利原因之時，亦不得不承認：中共能滲透進國民黨，而國民黨不能滲透進中共方面，而情報設施，中共能控制全面，甚至擴充面形情報網，從事搜索，而國民黨自己則「僅限於武裝斥喻之搜索也，甚至對便衣之製備，與情報費用之核發，都成問題，軍需人員不懂軍事決勝之重要性，以致情報業務，形成紙上談兵之部署而已，而政治上對於謀略戰，亦復毫不顧及，大家在做官，而不是置身戰場。」[58]這份遵照蔣介石手令，由多位剛剛親身參與國共內戰的國民黨高級將領所共同寫就的總結報告，對於國民黨情報戰線之敗的分析不可謂不透徹。這些痛徹的領悟實際上並非全是始自戰敗，甚至早在國共全面開打前，國民黨一方對於情報方面的自身弱點就有深刻的認識。因而，蔣介石等軍政高層也極為重視此類問題，並希望在綏靖體系中對國民黨的情報工作加以改善，甚至力圖建立情報網將基層直接掌控。

　　事實上，「組訓情報人員，建立情報網」始終是蔣介石議事日程上的重要議題，其重要性之於國民黨方面不言而喻。[59]為此，早在抗日戰

58　《剿匪重要戰役之追述與檢討》（臺北市：「中央研究院」近代史研究所圖書館藏，1952年），第4集。該報告由蔣介石親自下令，由多位剛剛敗退來臺的國民黨高級將領就其親身戰事經歷寫成，前後共有張秉均、湯恩伯、趙桂森、胡宗南、羅列、盛文、羅澤闓、胡璉、石覺、袁朴、羅奇、趙家驤、劉玉章、侯騰、李樹正、許朗軒、張世希等人參與其中。這些人多數都曾在國防部軍事中樞或各級綏靖機構任職，其於戰後不久即根據親身經歷所述尤具史料價值。
59　蔣介石親自擬定的「綏靖軍官司須知」當中即有「組訓情報人員，建立情報網」一項，作為重要內容。參見《蔣介石日記（未刊稿）》，1946年8月25日。

爭勝利後不久，蔣介石就已經開始指示時任軍事委員會軍令部長徐永昌、政治部長張治中，對情報工作詳加指示「對於情報方面亦應發動全面之情報戰，訓練優良之軍事偵探，組織嚴密之偵探網，偵取對方之情報及運動反間製造假情報等，誘惑對方以協助我軍事攻勢之完成」，並突出強調此時的情報工作，「有關於綏靖作戰者至巨，務希加意研究，分別擬具具體方案呈報為要。」[60]在此之後，蔣介石進一步指示時任政治部次長袁守謙、黃少谷，對其提出明確要求：「今後各部隊政工要務還在情報與偵探通信網之組織訓練及其運用之技術問題。」[61]

蔣介石對於綏靖系統情報機關問題的解決思路大體是圍繞著加強綏靖機構及所屬政工系統情報工作，要求綏靖區編織所謂「情報網」，以及組建綏靖總隊作為直接管理的垂直機構，進入綏靖地區一線開展情報特務工作等，而這其中相關情報工作的推進無不與軍事中樞的指導乃至指揮密切相關。綏靖區的情報工作實際上與國民黨軍事中樞發生直接聯繫。

綏靖公署及綏靖區所屬的第二處一般均為專司處理情報事務的機構，多由此前的軍事委員會調查統計局之人員充任。其雖在名義上列入地方綏靖機構名下，但實際上更多充當軍事中樞插入地方之耳目，擔負情報搜集及內部監督之責。如第二綏靖區司令部建立後，隨即派遣了十二個諜報組，分布山東各地，統歸第二綏靖區第二處指揮。每個諜報組約二十人至三十人組成。其主要任務，即是搜集解放軍的情況，每天用電話、電報、無線電話向綏靖區第二處報告。綏靖區第二

---

60 〈蔣中正條諭徐永昌張治中依講求心理與精神等戰術指示擬具戰術方案〉（臺北市：「國史館」藏，「蔣中正總統」文物檔案，1945年11月29日，典藏號：002-020400-00003-123。）

61 〈蔣中正電白崇禧等今後各部隊政工要務在情報與偵探通信網之組訓〉（臺北市：「國史館」藏，「蔣中正總統」文物檔案，1945年12月17日，典藏號：002-020400-00003-133。）

處綜合各諜報組彙報的情況,進行研究判斷,將解放軍活動情況繪製成要圖,繕寫書面報告,附上要圖,呈報第二綏靖區及國防部。[62]直到一九四七年九月,國防部第二廳才在國防部內部會報中「簽請將所有行轅綏署第二處,統歸駐在地長官調整」,但各綏靖公署所轄第二處劃歸後,只是名義上走完程序,「人員考核仍應照人事法規辦理」。[63]

關於加強綏靖區部隊政工系統情報工作,還在軍事委員會尚未改組撤銷之際,時任軍令部長徐永昌、軍政部長陳誠就已經根據蔣介石之提議,擬定了綏靖區各軍師部隊情報組織調整實施辦法,並按照蔣介石所要求,編訂了偵探隊、反間隊、假情報員等編制裝備辦法。蔣介石在調整實施辦法上曾做出批示,要求「此應設定訓練班召集,每師挑選優秀參謀與良善政工人員切實訓練,應先擬具體訓練課目,畢業後分配各師,再由各師挑選士兵組織為要。」[64]按照國民黨方面的理想規劃,政工系統對於綏靖區黨政軍之工作,「應負責主持聯繫配合,舉凡軍民聯繫、民眾組訓、保甲與自衛團隊之整頓、民眾組織之掌握與利用,以及宣傳等技術與實施,均應特別注意策劃」,其亦希望「以軍事、政治、經濟、教育宣傳之方法,爭取民心」,從而「使人民協助軍隊守護堤防,供給情報,傳遞消息」。[65]

---

62 賀光國:《保密局在濟南活動的片段》,全國政協文史資料委員會編:《文史資料存稿選編》第14冊(北京市:中國文史出版社,2002年),頁477。(賀光國曾任第二綏靖區司令部第二處參謀、代理科長)。

63 〈國防部第五十三次參謀會報紀錄〉(臺北市:「國家發展委員會檔案管理局」藏,1947年9月6日,檔號:B5018230601/0035/003.9/6015.4。)

64 〈徐永昌陳誠電蔣中正擬定綏靖區各軍師部隊情報組織調整實施辦法偵查組反間組偽情報組編制表及各軍編制狙擊部隊實施辦法等〉(臺北市:「國史館」藏,「蔣中正總統」文物檔案,1946年1月18日,典藏號:002-080200-00304-037。)

65 〈蔣中正電袁守謙各級政工人員應負責主持聯繫匪區軍民組訓自衛團隊爭取民心成與奸黨鬥爭力量希以新縣制擬定訓練方案〉(臺北市:「國史館」藏,「蔣中正總統」文物檔案,1946年5月13日,典藏號:002-080200-00552-110。)

至於組建綏靖區情報網,則堪稱國民黨整個綏靖體系中情報工作的關鍵一環。「爭取民心」並進而使人民協助國民黨軍隊提供情報這一願景固然「立意高遠」,但在當時的現實條件下,國民黨政權顯然是無法徹底做到,更多的能夠考慮的則是如何將綏靖區的人民加以控制,編織所謂「情報網」,從而力圖隔斷綏靖區民眾與中共組織的聯繫。

綏靖區域內的情報網通常與國民黨政權所推行的保甲制度密切相關,細化基層單位組織,將各人都納入到掌控範圍當中。對此,國民黨方面將組建綏靖區情報網的目的說得很明白,就是「為杜絕『奸匪』之坐探情報人員、特工、交通通訊人員潛伏活動,撲滅『奸匪』地下各項組織」,同時還要對內「監視區鄉保甲長之工作情形」。[66]一般來講,綏靖區會在「當地各重要隘口,利用所組訓之民眾自衛隊中強壯而忠勇者,分別設置盤查哨,遞步哨,聯絡哨,以資防制,並利用保甲機構與青年隊等及兒童隊等組織,建立嚴密之情報網,以搜集情報。」[67]

以第一綏靖區為例,所謂「嚴密之情報網」,一般分為「利用保甲系統」和「利用民眾團體系統」,二者均下設「情報系統」和「督察系統」,而綏靖區各縣聯席會報則為「民間情報網之統一機構監督指揮」。「利用保甲系統」中,保甲鄉鎮區長負有法定的情報偵察責任,其情報系統為每區設一情報組,設正副組長各一人,組員若干人,分布保甲組織內,即每保每甲中各一人由原保原甲選擇「忠實勇敢」人員充任之。而督察系統則為每區設一情報督察組,設正副組長各一人,組員若干人,分布保甲組織內,每保每甲各一人,由原保原甲中選擇「忠實勇敢」人員充任之。「利用民眾團體系統」中,其情

---

66 第一綏靖區司令部編印:《第一綏靖區工作綱要》(泰州市:泰州市檔案館藏,1947年4月,檔號:0121-1947-001-0005-0001。)

67 顏邦屏:〈一年來綏靖區工作概況〉,《國防月刊》第5卷第3期(1948年),頁50。

報系統為每一民眾團體設一情報組,設正副組長各一人,組員若干人,分配各分會各級組織內,即每一會員單位有一情報員。其督察系統則為每一民眾團體設一督察情報組,內設正副組長各一人,分配各分會各級組織內,即每一會員單位有一督察情報員。在此基礎上,區鄉保甲長與第一情報系統及第二督察情報系統無橫的關係,皆為秘密組織,相互嚴密監視。[68]

一九四八年前後,在戰局日趨惡化的情況下,國民黨上層正謀劃所謂綏靖區總體戰,對綏靖體系加以調整,寄希望於對其統轄地區進行強化動員,謀求「情報網之加強」及「通信與情報組織之擴充與健全」。[69]在綏靖體系情報工作方面,突出表現為國民黨於綏靖區所轄各縣設置縣聯合情報組,由綏靖區司令部派遣各縣情報軍官負責組織,受縣長之監督指導,並通過綏靖區司令部第二處直接指揮督導。縣聯合情報組以各縣之軍事科、聯秘處、警察局以及中央直接派遣之一切諜報機構等統一組成,縣聯合情報組之下依次設置區情報小組、鄉鎮情報班及保情報員,均由各自上級直接指揮監督,構成一個多層次的情報網。[70]

在地方基層編織所謂「民間情報網」,力圖隔絕民眾與中共之聯繫,及控制民眾使其內部互相監督之外,國民黨軍事中樞在綏靖區的情報戰線還力圖建立由其自身直接掌控的一支力量即綏靖總隊,以深入綏靖區基層。綏靖總隊是屬國民黨國防部第二廳的一個武裝情報機

---

68 第一綏靖區司令部編印:《第一綏靖區工作綱要》(泰州市:泰州市檔案館藏,1947年4月,檔號:0121-1947-001-0005-0001。)
69 《蔣介石日記(未刊稿)》,1948年1月10日。
70 《第一綏靖區司令部行政公署所屬各縣聯合情報組修正辦法》,泰州市檔案館藏,檔號:0121-1948-001-0017-0011;《泰縣城防指揮部、縣政府情報網實施計劃》,(泰州市:泰州市檔案館藏,1947年4月,檔號:0121-1948-001-0017-0001。)

關和隊伍。[71]蔣介石為此曾囑咐陳誠,命其從青年軍和青年學生中擇優選取,「大部分則派其專習情報技術與組訓民眾,即綏靖區內之行政工作,先派其潛入匪區偵查『匪情』、組訓情報,及至國軍收復,即委派其為縣長、區鄉長(或名為指導員)等行政職務。不論其服務職級高低,惟仍發其原有之薪俸,並准恢復其原隊級之階級,若其工作有效,則收復該區以後,另予特獎與晉升等各種獎勵,能使之熱心服務,踴躍參加。」[72]這一機構類似於江西「圍剿」中央紅軍時期的「別動總隊」。其與同樣深入綏靖區一線的「人民服務總隊」在機構設置思路上其實並不相同,「人民服務總隊」側重於組訓民眾,部分工作兼及綏靖區情報之搜集,而綏靖總隊則明確以情報工作為主,直隸於主官情報工作的國防部第二廳,充當軍事中樞深入綏靖區的耳目。而最初組建綏靖總隊的負責人劉培初,實際上也是卸掉了「人民服務總隊」的工作後,另起爐灶,重新參與了新機構的創建工作。[73]

作為直屬於國防部第二廳的一個武裝情報機關和隊伍,綏靖總隊之任務是以搜集情報為主,並有突擊、策反、綏靖政治工作等任務,「總之是個專門偵察共產黨武裝部隊行動的武裝特務組織。」[74]綏靖總隊之核心骨幹成員由「勵志訓練班」學員組成,「勵志班」設在國民黨中央訓練團內,由國防部第二廳直接主辦,「勵志班」主任由國防部第二廳廳長鄭介民擔任,副主任由第二廳副廳長張炎元兼任。[75]「勵志班」其實是為適應當時戰局變化,國民黨政府被迫由全域進攻改為重點進攻而採取的舉措。國民黨政權為了配備專門情報人員跟隨

---

71 方步舟:〈國防部綏靖總隊與寧波起義〉,中共武漢市委黨史資料徵集編研委員會辦公室編:《武漢城工史料(二)》,1987年,頁212。
72 呂芳上主編:《蔣中正先生年譜長編》,第8冊,頁642-643。
73 陳恭澍:《軍統第一殺手回憶錄(四)》(北京市:華文出版社,2012年),頁3-4。
74 方步舟:〈國防部綏靖總隊與寧波起義〉,《武漢城工史料(二)》,1987年,頁212。
75 陳恭澍:《軍統第一殺手回憶錄(三)》(北京市:華文出版社,2012年),頁351。

大部隊做綏靖地方工作，幫助大部隊搜集情報和消滅小股共軍工作，而成立綏靖總隊作為小型精悍的武裝政治工作隊。「勵志班」的受訓內容有政治課，為學員灌輸反共思想；特工科目則是講授如何搜集情報，如何策反，如何突擊等內容，此外還有技術課目。[76]國民黨軍事高層對此項工作非常重視，蔣介石、白崇禧、劉斐均多次前來訓話、點名、召見學員談話。[77]結業後，各學員被編入綏靖總隊，參與地方綏靖工作。

綏靖總隊按照區域劃分下設若干大隊，儘量使用本地籍貫人士充任。以華北大隊為例，國防部綏靖總隊華北大隊部設在北平，在靜海、唐山、涿縣、密雲幾個地點設指揮室。指揮室下設「綏靖組」、「情報組」、「突擊組」三個組。綏靖組負責訓練壯丁、清查戶口、宣傳等地方工作；情報組負責搜集解放區的各種情報；突擊組負責配合大部隊出發或小股偷襲等任務。雖有分工，但有時集中使用。[78]

通觀國民黨綏靖系統的情報工作可以看出，在綏靖區與中共的情報戰線的較量中，國民黨政權從上到下均為之付出不少精力，軍政高層不可謂不重視。無論是強化軍隊政工系統的情報工作，編組民眾情報網，還是建立直屬於軍事中樞的情報機構充當耳目，國民黨所作所為其實並非無的放矢。但是縱然搭建了民眾情報網之「形」，其「神」亦不存在。國民黨情報系統內部審視時，亦不得不指出其縱然可以將「建立民眾情報網和通訊網」作為工作成就，但在實際運作中則不得不承認「情報欠靈活：缺乏有訓練之情報人員，且無固定經

---

76 苑晉三：《記參加國民黨「國防部綏靖總隊」前後》，寧津縣政協文史資料組編：《寧津文史資料》，第4輯（1984年），頁254-256。
77 陳恭澍：《軍統第一殺手回憶錄（三）》，頁352-353。
78 苑晉三：《記參加國民黨「國防部綏靖總隊」前後》，寧津縣政協文史資料組編：《寧津文史資料》，第4輯，頁254-258。

費，致不能運用深入匪區。」[79]不能深入中共所控制區域，從而導致綏靖總隊等機構「大都停駐於安全城市，道聽途說，竊取情報，敷衍上級主管」[80]，雖然「有時也派出運用人員（流亡地主和走私商販等）去解放區進行搜集」[81]，但其內容質量亦可以想見。

　　更為重要的是，國民黨軍事中樞指導下的綏靖系統情報工作，其所欲取得成就的關鍵前提，在於發出一系列指導意見的「軍事中樞」國防部首先應做到科學嚴謹。然而，國民黨軍事中樞恰恰始終無法做到，國防部在內部會報中曾指出，其在最初布置鄭州綏靖公署下屬之第四、第五綏靖區「圍剿」李先念所部，打響國共全面內戰第一槍的全盤計劃，其預先之布置竟從國防部內部就已完全為中共所偵知。[82]張鼎丞、粟裕、譚震林在此之前即已向中共中央軍委及李先念通報了國民黨方面關於第八綏靖區強化兵力，包圍中原解放區的具體部署。[83]日後，國防部還曾發生各種洩密事件，乃至十分低級的失誤，並曾屢次整改均無法杜絕此類事件再次發生。軍事中樞尚且如此，其所指導下的綏靖區情報系統又如何能符合蔣介石等人預想之設定。

---

79 〈保密局呈蔣中正第一綏靖區總體戰南通示範區成果與軍政未能配合基層行政幹部素質較差等缺點及改善人民服務隊輔導技術等改進意見〉（臺北市：「國史館」藏，「蔣中正總統」文物檔案，1948年7月18日，典藏號：002-080200-00331-036。）

80 〈楊蔚呈蔣中正條陳對豫省軍政局面改進及各綏靖區非正規部隊調整意見等情報提要〉（臺北市：「國史館」藏，「蔣中正總統」文物檔案，1948年8月6日，典藏號：002-080200-00547-015。）

81 苑晉三：《記參加國民黨「國防部綏靖總隊」前後》，寧津縣政協文史資料組編：《寧津文史資料》，第4輯，頁258。

82 在國防部第十二次參謀會報中，代替參謀總長陳誠主持會議的參謀次長劉斐在指示中指出：「據李先念部俘虜供稱，該部突圍前對國軍計劃全部瞭解，消息全自國防部得來，二、三廳會同查明此案洩漏情形，並望各單位切實注意保密問題。」參見〈國防部第十二次參謀會報紀錄〉（臺北市：「國家發展委員會檔案管理局」藏，1946年8月20日，檔號：B5018230601/0035/003.9/6015.4。）

83 《李先念傳》，編寫組、鄂豫邊區革命史編輯部編：《李先念年譜（1909-1948）》（北京市：中央文獻出版社，2011年），第1卷，頁553。

第二節　強行「一元化」：綏靖體系與地方黨政機構之關係

一　編組保甲與「協助」地方自治：綏靖體系向基層的權力滲透

　　在推行綏靖區各項政策的過程中，國民黨眾多軍政高層和官方輿論雖然一再標榜「政治重於軍事」的口號和理念，但在付諸實踐的過程中，其真正的邏輯仍離不開「軍事第一」的約束。惟有「軍事第一」，才是此時國民黨高層考慮決策時壓倒一切的關鍵變量。[84]在「軍事第一」的大目標之下，被劃入綏靖區的省、縣一級地方黨政系統事實上為綏靖機構所擠壓，乃至供其驅使，其部分主辦業務甚至為後者所包辦替代。與此同時國民黨綏靖部隊的政工系統則力圖透過編組保甲的方式滲透進綏靖區內的縣鄉基層。蔣介石在召集綏靖區政工主任的會議上就曾著重強調：「政工人員應以謙和的態度和服務的精神，來領導地方黨政機關，通力合作，提高行政效率。」[85]可以看到，蔣介石在此將綏靖區政工系統擺到了「領導」的地位。因而，地方黨政機構此時只能充當從旁輔助的角色，其主要權力受到了極大的攘奪與限制。

　　國民黨方面其實亦清楚需要協調綏靖區內的黨政軍系統，並制定了相應的程序辦法。按照國民黨中央頒布的《綏靖區黨政軍工作配合

---

[84] 例如，在國防部的部務會報中，國防部第二廳副廳長龔愚對此就曾明確表示：中共方面「黨政軍統一，配合運用靈活，反觀我方中央與地方政治不能配合軍事，可否由國防部向行政院提出目前施政，應以軍事第一與國防中心為最高原則。」參見〈國防部第五次部務會報紀錄〉（臺北市：「國家發展委員會檔案管理局」藏，1946年8月17日，檔號：B5018230601/0035/003.9/6015.2。）

[85] 呂芳上主編：《蔣中正先生年譜長編》，第8冊，頁399-400。

綱要》，綏靖區地方黨政軍各個系統「應分工合作集中全力構成一個戰鬥體來保持重點，爭取農村，掌握人員物資『剿共』，並斷絕其與人民之關係為共同工作之目標」，並分區劃分了不同區域的政策目標，如在作戰區「軍事第一，黨政應以協助軍事之進展為中心工作」，而在收復區則是「政治第一，黨軍應輔導行政工作之推進」。並且還要求「軍政應協助黨務工作之開展，以為軍事與政治推進之基礎。」[86]

在此政策目標的指導之下，國民黨中央還具體布置了各個區域的中心工作，如在「未收復區」需要布置地下組織，建立聯絡站與情報網，搶救人員物資。在「新收復區」則要清查戶口，重編保甲；改組人民團體，重新分配工作，擔任自衛任務；建立民眾自衛隊，以樹立人民武力；訓練地方幹部，重新建立各級政治組織，以推進建設工作；國民黨建立組織秘密活動，協助軍政工作進展。已收復區實際上才是國民黨政權的實際控制區，是真正的「綏靖區」，也是綏靖工作的重中之重。國民黨中央對於此區域的「中心工作」安排則明顯務實具體許多。收復區的中心工作要「充實民眾自衛隊之精神與物質力量」，「建立保安隊作為地方武力之核心」，「推行地方自治建立各級民意機構」，「推行經濟建設」，「解決土地問題」，「組訓民眾工作」等。[87]上述規劃綱要的內容規定不可謂不細緻，也是寄希望於綏靖區各個系統可以協同發力。然而在實際運轉中，卻是在「軍事第一」的目標之下，處處以實行「黨政軍一元化」為由，加緊對地方黨政權力的攫奪。

早在部署「圍剿」南方各個蘇區時期，蔣介石就對於辦理綏靖區的地方善後問題有過一定的思考，力圖重拾保甲制度來加緊對綏靖區基層社會的管控與滲透。一九三〇年三月，蔣介石在與胡漢民討論時局時，曾指出：「『剿匪』部隊之官長必使其實施保甲法，促進地方自

---

86 《綏靖區黨政軍工作配合綱要》，《中央黨務公報》第17期（1946年），頁576。
87 《綏靖區黨政軍工作配合綱要》，《中央黨務公報》第17期（1946年），頁576-580。

治,則『剿匪』方得有效。」胡漢民與蔣介石二人「意見頗相同,言談甚洽」。[88]從中可見,此時的國民黨最高層對於在各個綏靖區(即從中共手中「收復」的地區)通過辦理保甲,重塑地方行政秩序是有著高度共識的。蔣介石甚至認為「注重於清廉縣長與組織保甲、訓練民團」是綏靖區鄉村治理的「治本之道」。[89]而這其間,國民黨的軍事系統無疑應該發揮至關重要的作用。為此,蔣介石嚴格督促各路「清剿」部隊「厲行保甲制度,責成從速興辦」,而且要「對收復地區尤應特別認真」。[90]

辦理保甲在實施過程中要求國民黨軍事力量自上而下對鄉鎮基層予以滲透,尤其強調軍政力量的結合。蔣介石通過此舉也是想要加強對於綏靖區基層的實質性掌控,這實際上是與國民黨尤其是孫中山所一向提倡的「地方自治」理念有所衝突的。然而在當時特殊的軍事背景下,蔣介石仍舊強力推動保甲制度於原中央蘇區部分地區率先試行,力圖借此對當時綏靖區的政治組織形式予以變更。與之相配套的是,在當時的綏靖區域內率先建立起了行政督察專員體制。行政督察專員公署歸屬各個綏靖區司令部管轄[91],從而在原中央蘇區的轄境範圍內形成了「行政督察專員公署──綏靖區──綏靖公署」的格局,並由行政督察專員具體負責督導各縣所辦理的保甲事宜。蔣介石得以通過行政督察專員制度的推行,在其國民黨中央軍事力量所能實際控制的綏靖區內率先推行軍政結合的體制。[92]

---

88 周繡環編輯:《蔣中正總統檔案:事略稿本》(臺北市:「國史館」,2006年),第7冊,頁583。
89 呂芳上主編:《蔣中正先生年譜長編》,第3冊,頁674。
90 呂芳上主編:《蔣中正先生年譜長編》,第3冊,頁346。
91 參見〈贛閩兩省及鄰接邊區駐軍指揮系統表〉,《贛閩兩省及鄰接邊區綏靖計劃》(臺北市:「國史館」藏,國民政府檔案,1935年4月7日,典藏號:001-072460-00018-002。)
92 劉大禹:《蔣介石與中國集權政治研究(1931-1937)》(杭州市:浙江大學出版社,2012年),頁120-121。

抗日戰爭結束後，這一套體制機制曾經發生了一個明顯變化，即綏靖區內暫時不設立行政督察專員公署。白崇禧曾在國防部內部會議上表示：「奉主席指示，省建制不能分割，綏靖區督促省府人員規復其行政秩序，上有政務委員會，下有人民服務總隊、青年軍等之協助，以不設立行署為當。」[93]

　　蔣介石曾指示國防部在辦理收復區工作過程中，應交由各主管單位辦理，以明權責，規劃後，仍應交各行轅、綏靖公署執行，不必直接辦理。[94]按照蔣介石的思路，國防部辦理綏靖區工作中，應拿出規劃思路，以界定釐清權責為要，而後交由綏靖公署等機關具體實施。國防部在內部討論此類問題時，參謀總長陳誠曾明確表示：綏靖區「黨政人員應仿江西『剿匪』辦法，對於地方行政可先由政工人員負責組織，並推行一切業務，方能配合軍事要求，迅速恢復秩序，此事關係重大，希民事、新聞兩局會擬辦法呈報主席核奪。」[95]陳誠在這裡所做的指示其實就是先由部隊政工系統包辦綏靖區地方行政，以「配合軍事要求」。如此一來，則綏靖區「需要政工幹部甚多」。[96]

　　事實上，在當時綏靖區下轄各縣中是很少有現成的獨立成套行政班底的。此類情況之根源在於甫經戰亂，國民黨接收綏靖區伊始，其原有的政權架構業已不復存在，沒有成熟的班底，或者即便存在，也只是零散地退居到轄境以外，無法對轄地立即展開有效統治。在這種

---

93 〈國防部第十一次部務會報紀錄〉（臺北市：「國家發展委員會檔案管理局」藏，1946年10月26日，檔號：B5018230601/0035/003.9/6015.2。）

94 〈國防部第十三次參謀會報紀錄〉（臺北市：「國家發展委員會檔案管理局」藏，1946年8月28日，檔號：B5018230601/0035/003.9/6015.4。）

95 〈國防部第五次作戰會報紀錄〉（臺北市：「國家發展委員會檔案管理局」藏，1946年7月26日，檔號：B5018230601/0035/003.9/6015.3。）

96 〈國防部第一次作戰會報紀錄〉（臺北市：「國家發展委員會檔案管理局」藏，1946年6月23日，檔號：B5018230601/0035/003.9/6015.3。）

情況下，綏靖區的政務工作，「並無下層機構」，因此在「工作推行上，不能不借手於各級政治部與部隊長」。各綏靖公署及綏靖區司令部政治部實際上負責垂直指揮各級部隊的政治部，「順理成章」地包辦代替，利用政工人員來充任地方行政機構負責人。國防部新聞局局長鄧文儀為此曾報告「綏靖區行政幹部應嚴格甄別淘汰，擬在軍官總隊及軍隊政工幹部中選拔上校以上者五至八百人，並在中央黨團部及各部會中選拔三百人，集中訓練派任」，並制定了《綏靖區縣各級行政幹部甄訓辦法》。[97] 以位於蘇北的第一綏靖區為例，國防部曾建議江蘇省政府，「指定第五行政督察區為地政政策實驗區」，並由參謀總長陳誠「遴選幹訓人員，擔任專員縣長，業由蘇省府擬第一期工作實施計劃。」[98]

在具體的綏靖區地方行政幹部任用人選上，蔣介石對綏靖部隊政工系統提出明確要求：

> 綏靖部隊之政治工作人員對清查戶口、編組保甲與自衛隊之工作與技術，應特別加強，並令由各師、旅、團長負責切實訓練，至少部隊占領「匪區」大小城市以後，駐在地部隊長官應嚴格考選其所部官兵中最有能力、品格與智識者，每連三人至五人，指派其在政治部工作，受政工主任之督導指揮……總使「匪區」收復以後，一面能召集流亡，掌握民眾，維持治安，一面能建設地方自治及生產事業，訓練民眾，俾得實施新縣制也。希以此意編輯具體條文簡易方法，進入「匪區」到達每一

---

97 《俞濟時呈蔣中正綏靖區縣各級行政幹部甄訓辦法》（臺北市：「國史館」藏，「蔣中正總統」文物檔案，1947年2月7日，典藏號：002-020400-00012-007。）

98 《國防部三十五年度工作報告書：第十二章民事局》（臺北市：「國史館」藏，「陳誠副總統」文物檔案，1947年11月，典藏號：008-010706-00048-012。）

地方能立即實行也。望速訂成頒行為要。[99]

與二十世紀三〇年代「圍剿」南方蘇區前後有所不同的是，此時的蔣介石不再將推行地方自治與編組保甲對立看待。[100]相反，蔣介石在此將編組保甲格外強調，希望能通過編組保甲來穩固綏靖區內的統治秩序，以期建設地方自治。將二者加以調和甚至模糊化處理，一方面要求綏靖機構厲行保甲，一方面又強調綏靖部隊要協助地方自治。國民黨方面認為在綏靖區恢復其統治秩序，「以我國邊遠縣境的遼闊，欲想出完全不同的辦法，來替代保甲制度，作為地方的基層組織，幾乎是不可能的事。縱然想出新的辦法，等到實際應用的時候，往往依然是換湯不換藥，換名不換實。」因此，與其在制度本身上空費心思，不如在其運用上作新的設計。「我們以為，在收復區重建地方基層組織，正可利用舊勢力已經推翻，新勢力尚未形成的機會，盡可能推行地方自治政策，作為日後真正的民主政治之初步。所以，新收復區的保甲制度，應該考慮如何使其建立在民選的基礎之上，不使地方的基層組織，為社會惡勢力所把持、所利用，為魚肉人民的工具。」[101]也就是說不必糾結於保甲制度之存廢，而是充實其內容，將其與國民黨人認為的「地方自治」協調看待。

事實上，國民黨綏靖系統在「協助」地方自治過程中，很容易演

99　〈蔣中正電白崇禧建設地方自治等希以此意編輯具體條文從速頒行為要〉（臺北市：「國史館」藏，「蔣中正總統」文物檔案，1946年8月30日，典藏號：002-020400-00008-145。）

100　蔣介石曾嚴令相關省份停辦「紙面上自治」，而強行推行保甲制度。為此，蔣介石曾以豫鄂皖三省「剿匪」總司令的名義，訓令豫鄂皖三省省政府，「無論各縣市已否編配鄉鎮閭鄰，均應將紙面上自治之具文全體停辦，先行舉辦編查保甲戶口，以完成人民自衛之急切需要。」參見〈豫鄂皖三省剿匪總司令部訓令：令豫鄂皖三省政府〉，《福建省政府公報》第412期，1934年8月4日，頁24。

101　〈收復區秩序的重建〉，《中央日報》，第2版，1946年10月22日。

變成包辦代替的局面。這既是當時國民黨方面因為戰事緊急，亟待提高效率以應變，同時亦是國民黨政權原有的地方黨政基層糜爛的客觀環境使然，同時亦與國民黨各個層級主辦經手人員的個人權力爭奪密切相關。為了貫徹蔣介石的相關指示，國防部民事局會同有關部門「為指導執行便利起見，必須從立法上著手，以為工作推行之張本，故本年度工作重心，以立法為主，務使推行機構，於執行上不發生困難，本年度已公布施行者，有《綏靖區政工主管人員對收復區各縣鄉（鎮）地方行政協助推行辦法》（法十八）、《綏靖區各部隊長協助推行地方自治暫行辦法》（法十九）、《對十一戰區工作困難四項處理意見》，並著手擬定有《政工主管兼民事督導員服務規程草案》（法二〇）、《各行轅綏署民事處工作綱要草案》（法二一）、《成立廿個民事執行小組計劃及辦法》」。[102]

在這其中，尤以《綏靖區各部隊長協助推行地方自治暫行辦法》較為關鍵。《暫行辦法》規定，國民黨軍隊在收復後的鄉鎮城市，綏靖部隊政工系統要派人負責執行，即「駐在地之師旅團長（或尚未整編之軍師團長）應即就每連官兵中，嚴格考選最有能力品格及政治認識者，官長一員、士兵四名，指派配屬之政治部或團指室工作，受政治部主任或團指導員之督導指揮。」按照國民黨的自身規劃，協助綏靖區以恢復地方自治，要分三個步驟完成，其中第一步驟時間為一個月，第二步驟兩個月，第三步驟三個月。在第一步驟中，首要工作就是「恢復地方政權」，要求在隨國民黨軍隊返鄉的人群中，「選定優秀者有為青年，及公正勤廉鄉賢，先行恢復地方各級機構，建立地方政權。」而後則要清查戶口，編組保甲；「主辦機關除責令戶政及警察人員並發動當地返鄉知識分子協同辦理，務使人必歸戶，戶必歸保

---

102 《國防部三十五年度工作報告書：第十二章民事局》（臺北市：「國史館」藏，「陳誠副總統」文物檔案，1947年11月，典藏號：008-010706-00048-012。）

甲。」在第二步驟中,要著手實行清鄉與聯保連坐辦法。清查戶口,編組保甲施行後,綏靖部隊政工人員要「隨即協同縣政府或鄉鎮公所,普遍施行清鄉,以一族清一族,一房清一房,一戶清一戶,辦理同時實行聯保連坐辦法」,其目的是要使中共的地下組織無法潛伏活動。綏靖部隊其協助推行地方自治之成績,得列為本年度部隊考成之一,國防部並得派員分赴收復區實地視察情形。[103]同時為明瞭各綏靖公署綏靖政務實施情形,國防部還「特簽准規定戰區長官部、綏靖公署、綏靖區司令部等機關,按月呈報施政月報。」[104]

白崇禧曾明確表示被劃入綏靖區域的省建制不能分割,綏靖區要「督促省府人員規復其行政秩序」,形成上有行政院綏靖區政務委員會,下有「人民服務總隊」、青年軍等之協助的格局。與此同時,「黨團亦必須隨軍隊之進展以開拓工作,使諸種力量配合,始可收效,建立地方之基層政治,實為當務之急。」[105]

行政院綏靖區政務委員會在中央層級發揮綏靖政策制定的指導作用,而「人民服務總隊」在這其間則直接深入綏靖區,具體負責協助地方規復行政秩序及編組保甲工作。「人民服務總隊」一般「每到達一新收復地區,如地方政權無人負責建立時,即就當地人民中選公正勤廉奮發有為之青年,先行恢復其各級地方機構,建立地方政權,俟政府所派行政人員到達後,即行移交並仍督導,協助其工作。」在國民黨軍隊攻占延安後,因為陝北方面情勢尤其特殊,所以縣以下各級

---

103 《附表十八:綏靖區各部隊長協助推行地方自治暫行辦法》,國防部史政局編印:《國防部卅五年度工作報告書》(南京市:國防部史政局,1947年),頁402-404。
104 《國防部三十五年度工作報告書:第十二章民事局》(臺北市:「國史館」藏,「陳誠副總統」文物檔案,1947年11月,典藏號:008-010706-00048-012。)
105 〈國防部第十一次部務會報紀錄〉(臺北市:「國家發展委員會檔案管理局」藏,1946年10月26日,檔號:B5018230601/0035/003.9/6015.2。)

地方行政人員，甚至均由國防部「人民服務總隊」第二總隊直接遴選優秀幹部或隊員充任鄉保長，「而為健全基層行政組織，授權地方之橋樑」。[106]

待到「地方行政機構恢復後，立即建立嚴密的保甲組織，實施戶口清查，使人必歸戶，戶必歸甲，甲必歸保。」國民黨方面經常宣稱要做到「人必歸戶，戶必歸甲」。「人必歸戶，戶必歸甲」、「制發國民身份證」、「設立鄉村秘密警察」「連保連坐」等舉措，在中共方面看來均屬「血腥的法西斯恐怖政策」。[107]而且在綏靖區實施起來其實並不容易，需要各方面的協調配合。「人民服務總隊」正是國民黨高層鑒於自身基層力量疲弱不堪，而由國防部直接掌控協助地方組訓民眾的機構。以國民黨統治根基較為深厚的第一綏靖區為例，第一綏靖區以黃橋一帶為實驗區，設置綏靖復員工作指導委員會。該會一九四六年底抵泰興縣城後，在「人民服務總隊」第一、四兩個大隊的協助下開展戶口清查及整編保甲的工作。「人民服務總隊」官佐首先「舉行城區突擊戶口檢查，配合當地軍警挨戶檢查，計獲嫌疑犯六十餘名，均解該縣政府訊辦」。旋即舉行講習會講解清查戶口及整編保甲有關法令。隨後開始整編保甲，並由綏靖復員工作指導委員會派員指導辦理整編保甲工作。「就泰興城區四鎮言，係由人民服務總隊第四大隊兩個中隊配合各鎮保甲長分組挨戶清查及整編。截至十月二十七日，上開各鎮經告整編完成；各項戶籍表冊，亦經統計完畢。……本會於十一月七日由泰興縣城遷駐黃橋，即督飭人民服務總隊第一大隊辦理黃橋所屬禮義廉恥整潔簡樸四鎮清查戶口及整編保甲工作，於十一月十日完成。同時駐口岸之人民服務總隊第四大隊第十二中隊亦由口岸

---

106 顏邦屏：〈一年來綏靖區工作概況〉，《國防月刊》第5卷第3期（1948年），頁48-51。
107 〈蔣記「人民服務總隊」在侵占區苦害人民〉，《人民日報》，第3版，1947年5月21日。

鎮分赴龍窩、環溪兩鎮整編保甲。總計於泰興城區八鄉鎮,黃橋四鎮,口岸三鎮,共計十五鄉鎮清查戶口及整編保甲工作,均遵期完成。」[108]除此之外,「人民服務總隊」還要協助訓練綏靖區內的地方基層行政幹部。「凡本隊所屬駐在地所有鄉鎮保長各級幹事,自衛幹部等基層人員,均由當地縣訓所分期予以調訓,並由本隊所屬遵照前辦法調幹員前往協助訓練,擔任政治及軍訓教官。」[109]

無論是在綏靖區厲行整編保甲,還是綏靖部隊所謂「協助」地方自治,蔣介石制定這類政策其本身都不是就事論事,其核心目標都是寄希望於借此實現國民黨軍政權力向基層的滲透與控制,進而實現綏靖區內國民黨統治秩序的初步穩定。在此基礎上則需要統籌協調,榨取綏靖區內的戰爭潛力,使「政治配合軍事」,從而支撐一線戰局,以實現與中共的全面對抗。而在整個戰局的大前提下,蔣介石反復強調要「領導地方黨政機關,通力合作,提高行政效率」。[110]為此,在中央層面,通過組建行政院綏靖區政務委員會統一督導之前「由地方軍政當局分別推進中的復員、救濟與安撫工作」,「必然可以獲得密切的聯繫,而地方政府的困難,也可以在中樞統籌之下獲得解決,這種作法,自然可以達成更高強的行政效率。」[111]在地方,則是在綏靖區內強行推動所謂各級黨政軍的一元化,賦予綏靖機構主官以更大權限來加以整合與協調。

---

108 〈第一綏靖區黃橋實驗區綏靖復員工作指導委員會第一期(泰興黃橋口岸)工作概況〉,《綏靖導報》2-3期合刊(1947年),頁14-15。
109 顏邦屏:〈一年來綏靖區工作概況〉,《國防月刊》第5卷第3期(1948年),頁48-51。
110 呂芳上主編:《蔣中正先生年譜長編》,第8冊,頁399-400。
111 〈對綏靖區政委會的希望〉,《華北日報》,第2版,1946年10月2日。

二 「如何加強自己組織」：綏靖區黨政軍聯席會報之運作

　　早在抗日戰爭結束不久，蔣介石其實就已經思考如何在綏靖區建立起黨政軍一元化的體制。為此，蔣介石要求時任軍令部長徐永昌擬具方案：「今後『剿匪』計劃應特別注重於各『剿匪』區域內建立黨政軍一元化之具體方案，所有黨務政治均應歸該區軍事長官統一指揮。尤以於軍隊所到之地，對於推行地方政治，領導民眾組訓，加強保甲組織，使用民眾武力，安撫流亡，救濟災黎，以及當地土地經濟與生產必須之改革，地方教育之改造等，均應研擬對策，期以集中政治經濟文化之力量，輔助軍事，徹底消滅共軍，安定地方秩序為目標。希照此指示擬呈整個實施方案具報為要。」[112]蔣介石在此提到的「剿匪區域」其實就是日後所建立的綏靖區，而且此時還明確提出了一元化的指導思想。

　　綏靖區「黨政軍一元化」的理念和想法曾為國民黨眾多高層反復提及。而之所以如此翻來覆去地強調，一定程度上其實也說明國民黨的相關政策理念目標始終沒有得以貫徹落地。在蔣介石看來，想要實現此目標，首先是綏靖機構主官人選要有能力切實發揮作用，其次則是要在綏靖區自上而下建立起黨政軍聯席會報制度，以協調地方黨政軍群各系統。對此，蔣介石曾在一九四六年二月南京召開的國民黨軍事復員會議上，著重指出：「綏靖主任要負責任，聯合黨政軍集中起來，發揮力量。一、組訓民眾，使用民眾，而達成其目的；二、中央黨政小組會議，各綏署應有此會議，對共產黨要知其計劃及組織，如打破其組織，其他即無問題，如何加強自己組織，而打破其組織。組

112　〈蔣中正條諭徐永昌依建立黨政軍一元化之指示擬具剿共計劃方案〉（臺北市：「國史館」藏，「蔣中正總統」文物檔案，1945年11月29日，典藏號：002-020400-00003-125。）

織者上下聯繫多，左右聯絡多，才有力量。」[113]綏靖機構的主官（包括綏靖公署主任和綏靖區司令官等）在此被蔣介石賦予了聯繫黨政軍，進而「組訓民眾、使用民眾」之責。而如何保證聯繫各方，既要考慮主官人選的能力資歷背景，更重要的則是依靠黨政軍聯席會報的體制機制。不僅國民黨中央層面業已設立，更要進一步向下推廣。各綏靖公署、綏靖區及以下各個層級建制均要按照規定依次設立。

為此，國民黨中央制訂頒布了《綏靖區黨政軍工作配合綱要》，其中明確規定：「加強並調整本黨各級黨政軍幹部聯席會議之職權，為綏靖區黨政軍策劃決定工作配合之機構。」[114]

蔣介石所著重強調的「中央黨政小組會議」（此處為胡宗南一九四六年二月開會時所做之筆記，其實正式名稱應為「中央黨政軍聯席會報」），屬國民黨的「特種會報」制度中的「乙種會報」。這種會報制度其實並非始自戰後，而是早在抗日戰爭進入相持階段後，國民黨為了加強政治、軍事等情報之搜集與匯總工作而設立的。中央黨政軍聯席會報是國民黨黨、政、軍三方面旨在統一協調、聯合反共和對付日偽的一個組織指揮和決策機構。中央黨政軍聯席會報當時由國民黨中央組織部、軍事委員會軍令部以及中統局、軍統局、憲兵司令部等單位組成。先由軍事委員會參謀總長何應欽主持，後改為國民黨中央執行委員會秘書長主持。一九四四年後，則移交給國民黨中央組織部出面召集。

中央黨政軍聯席會報內容主要是研究日本和汪偽方面的軍事動態與活動，實際上也包括商議對在敵後活動的八路軍、新四軍活動的對策。在中央黨政軍聯席會報的指導之下，地方上設立丙種會報，即地

---

113 蔡盛琦、陳世局編輯：《胡宗南先生日記（上）》，1946年4月1日，頁546。
114 《綏靖區黨政軍工作配合綱要》，《中央黨務公報》第17期（1946年），頁576-580。

方層面省市一級的聯席會報。由各地區最高軍事機關負責人主持,如抗日戰爭時期的各戰區司令長官,抗日戰爭勝利後的國民政府主席各行轅主任、各綏靖公署主任、各綏靖區司令官。[115]如第十一戰區(後改設為保定綏靖公署)即奉蔣介石手令,為使各級黨團軍政嚴密配合防止中共活動起見,「特組織本戰區黨政聯席會報秘書處。由職(第十一戰區司令長官孫連仲——引者注)兼任主任,並分設綏靖區聯秘處及綏靖分區聯秘處,縣聯秘處辦理民眾組訓及特種調查統計,安定社會各事項,俾組織益臻完密,並收統一迅速之效。」[116]

而在此前後,一九四六年下半年成立的行政院綏靖區政務委員會負責統籌制定關於綏靖區的各項政策辦法,實際上與「中央黨政軍聯席會報」同樣屬中央層級。兩大機構之間存在一個相互銜接配合的過程,以指導綏靖區以下黨政機關的問題。白崇禧為此曾擬定了經由行政院綏靖區政務委員會審議通過的兩大機構配合辦法,並呈請蔣介石批准。[117]其中規定:在中央層面兩大機構要互通聲氣,中央黨政軍聯席會報與綏靖區政務委員會秘書長相互參加對方機構運作;綏靖區政務委員會派聯絡秘書參加中央黨政軍聯席會報秘書處聯絡秘書會議。在地方層面,綏靖區政務委員會派往各綏靖區之督導人員應參加各綏

---

115 馬振犢:《國民黨特務活動史》(北京市:九州出版社,2012年),下冊,頁325-326。
116 〈孫連仲呈蔣中正為使各級黨國軍政緊密配合防止匪人活動特組設黨政聯席會報秘書處並分設綏靖區聯秘處及綏靖分區聯秘處〉(臺北市:「國史館」藏,「蔣中正總統」文物檔案,1946年11月9日,典藏號:002-080105-00007-006。)
117 在此之前,國民黨中央執行委員會秘書長吳鐵城、中央組織部部長陳立夫即已致電蔣介石,向其請示:目前綏靖區黨政軍工作之加強聯繫,至為重要。中央各機關尤須密切配合,統一指導,為使於協同策劃起見,擬請國防部長白崇禧、行政院綏靖區政務委員會秘書長何浩若參加黨政小組會議,以資聯繫,而利工作。參見〈吳鐵城陳立夫呈蔣中正為加強聯繫綏靖區黨政軍工作擬請白崇禧何浩若參加黨政小組會議等文電日報表〉(臺北市:「國史館」藏,「蔣中正總統」文物檔案,1946年10月17日,典藏號:002-080200-00534-109。)

靖區黨政軍聯席會報；各地黨政軍聯席會報應遵照綏靖區施政綱領及各項辦法推進工作。與此同時,「各綏靖區會報有關綏靖政務事項應由中央黨政軍聯席會報送請綏靖區政務委員會處理,綏靖政務委員會之重要法令辦法,應送請中央黨政聯席會報轉發各級會報辦理。」[118]

事實上,國民黨方面這種聯席會報制度在抗日戰爭時期還只是更多地發揮交換日偽情報與暗地裡商討應付中共策略之作用。在這其中,國民黨中央執行委員會調查統計局和軍事委員會調查統計局等情報特務機構在聯席會報中話語權較大,因而在當事人事後回憶看來,聯席會報的機構運作更類似於一個特務組織。[119]

戰後,綏靖區之黨政軍聯席會報則有所不同,雖然「黨團軍政之統一領導,即運用各地原有之黨政聯席會報(會議)」,不再另外成立機構,但又明確提出「提高其權責,加強其機能」。[120]這一時期聯席會報機制不再單純以各部門情報搜集與互通消息為中心,而是按照蔣介石的要求,更加強調「組訓民眾,利用民眾」等職能。如後來設在兗州的第十綏靖區,其綏靖區黨政軍聯席會報由第十綏靖區司令官李玉堂擔任主席,秘書長則由綏靖區政工處長曹承彬兼任。參加會報的人員為兗州地區黨政軍教民等機關團體負責人。會址在綏靖區政工處,每週照例舉行會報一次,如組訓民眾、檢查戶口、軍民合作宣傳和軍民糾紛等都得提出會報討論決議。會報的主要內容是動員和加強國民黨黨政軍的聯合力量,使之一元化,在李玉堂的控制之下,以抵

---

118 〈白崇禧呈蔣中正通過綏靖區政務委員會與黨政軍聯席會報配合辦法〉(臺北市:「國史館」藏,「蔣中正總統」文物檔案,1946年11月4日,典藏號:002-020400-00009-055。)

119 陳嘉猷:《國民黨第三戰區黨政軍聯席會報秘書處的片段回憶》,上饒市政協文史資料研究委員會編:《上饒市文史資料》第2輯(1983年),第71-74頁。

120 《綏靖區軍政聯席會報組織辦法》(臺北市:「國史館」藏,行政院文物檔案,1946年4月19日,典藏號:014-030200-0059。)

抗人民解放軍的進攻。[121]

　　所謂綏靖區黨政軍一元化，國民黨方面早在抗戰勝利之後即已經開始謀劃，在由各個戰時指揮機構向綏靖機構轉設的過程中亦著力推進。直至一九四六年六月全面內戰爆發之際，國防部新聞局局長鄧文儀在國防部作戰會報中曾指出，此時的綏靖區黨政統一指揮，東北及山東均已局部實施。[122]事實上，山東地區一直以來也是國民黨方面傾力最重，最為關注的地區之一。[123]然而，即便是此時國民黨樂觀地估計山東地區已經局部實施了「黨政統一指揮」，但其實施的過程也不是一蹴而就的，而是充滿變數與曲折。

　　抗日戰爭結束之際，負責山東濟南地區受降的最初是第十一戰區副司令長官兼山東挺進軍總司令李延年。李延年雖為山東籍人士，但之前在山東基本沒有任職經歷，既無根基班底，更沒有能力完成接收山東敵偽財產的任務，蔣介石因而下令直接撤銷了第十一戰區副司令長官部及山東挺進軍總部機構。[124]在蔣介石的直接干預下，山東地區設立第二綏靖區意欲加強控制，並在人事上作出重要調整，走馬換將，由嫡系將領王耀武出任綏靖區司令官。而王耀武之前在湖南長沙已經有過主持接收受降工作之經歷，曾經得到蔣介石認可。然而，實際上王耀武初來山東之際，其自身處境也很孤立，受各方掣肘，「不受山東人的歡迎」。山東地區原有的李延年系統，省主席何思源的勢

121　曹承彬：〈兗州戰役時期的第十綏靖區〉，全國政協文史資料委員會編：《文史資料存稿選編》第10冊（北京市：中國文史出版社，2002年），頁249。

122　〈國防部第一次作戰會報紀錄〉（臺北市：「國家發展委員會檔案管理局」藏，1946年6月23日，檔號：B5018230601/0035/003.9/6015.3。）另外，東北地區國民黨的統治方式比較特殊，與關內有所不同，本文暫不予以討論。

123　〈電呈協商會議行將閉幕再陳愚見〉（1946年1月24日），何智霖編：《陳誠先生書信集——與蔣中正先生往來函電（上）》，頁633-634。

124　李致中：《山東挺進軍與濟南受降紀略》，全國政協文史資料委員會編：《文史資料存稿選編》（北京市：中國文史出版社，2002年），第7冊，頁595。

力，其實均與後來入魯的王耀武貌合神離，同床異夢。他們把王耀武的嫡系部隊劃歸別的將領指揮。而「山東省黨部主任龐鏡塘是個老奸巨猾的政客，明裡對王耀武是歌功頌德，暗中在拖王的後腿。」[125]王耀武本人也並未能將大量嫡系部隊帶入山東，初來乍到根基亦並不深厚。缺乏支撐力量的第二綏靖區司令官王耀武最初面對的是黨政軍機關林立、不能統一指揮的局面，「當時山東全省的情況，非常複雜、紊亂，達到極其糟糕的地步」。[126]

第二綏靖區內的國民黨的黨政軍團各個系統其實均各懷心事，距離所謂「黨政軍一元化」運作還相去甚遠。為此，蔣介石直接過問，致電時任第二綏靖區司令官王耀武、山東省政府主席何思源、國民黨山東省黨部主任委員龐鏡塘，明確告知：「目前山東軍事情勢緊要，所有黨政軍一切設施，務須密切配合，齊一步驟，以利事功。今後該省黨務、政治應由第二綏靖區王司令官耀武同志統一指揮，負責考核。」[127]同時，蔣介石甚至考慮王耀武以綏靖區司令官之身份兼任山東省政府主席，加重其權柄。[128]

在此基礎上，王耀武以「謀第二綏靖區黨政軍團指揮統一，運用靈活，以配合軍事需要」為由，甚至組建了山東綏靖統一總指揮部之

---

125 沈世榮：《回憶國民黨第二綏靖區的幾件往事》，全國政協文史資料委員會編：《文史資料存稿選編》，第15冊，頁134。
126 陸承裕：《關於王耀武第四方面軍司令部改變為第二綏靖區司令部的經過概述》，泰安市政協文史資料委員會編：《泰安文史資料》（1991年），第5輯，頁63。
127 〈蔣中正電王耀武何思源龐鏡塘中國國民黨山東省黨務政治應由王耀武統一指揮〉（臺北市：「國史館」藏，「蔣中正總統」文物檔案，1946年3月30日，典藏號：002-020400-00008-017。）
128 〈蔣中正電王耀武山東黨政軍亟宜統一在省府中遴選人才以免政務中斷〉（臺北市：「國史館」藏，「蔣中正總統」文物檔案，1946年4月13日，典藏號：002-020400-00036-027。）何思源於一九四六年十月間卸任山東省主席一職，由王耀武繼任。參見〈政院通過杜建時任天津市長何思源調任北平市長王耀武任山東省主席〉，天津《大公報》，第2版，1946年10月23日。

機構建制。[129]山東綏靖統一指揮部的組成和運作模式其實與綏靖區黨政軍聯席會報基本沒有差別，局內人事後回憶也將其一同看待。[130]綏靖統一總指揮部主任由第二綏靖區司令官王耀武擔任，副主任則由山東省政府主席何思源、省黨部主任委員龐鏡塘兼任，囊括了山東地區（含青島特別市）國民黨政權黨政軍團的各個方面力量。[131]山東省的黨政軍系統力量借此聯合會報機制加以整合，王耀武亦多次以此名義向蔣介石直接彙報請示工作，其彙報內容涵蓋軍事、政治、黨務、民眾組訓等多個重要方面。[132]

第二綏靖區在山東地區幾經波折之後至少搭建了形式上的綏靖區黨政軍一元化的框架，並且還能有所行動，尤其王耀武在濟南附近的所謂民眾組訓工作為國民黨軍政高層所頻頻稱道。[133]然而這種所謂的

---

[129] 《國民政府關於山東綏靖統一總指揮部組織規程與備案文件》（1947年1月），中國第二歷史檔案館編：《中華民國史檔案資料彙編》，第5輯，第3編，政治（二），頁108。

[130] 賀執圭：《我所知道的國民黨山東省綏靖統一總指揮部》，山東省政協文史資料研究委員會編：《山東省文史資料選輯》，第1輯（1982年），頁132-138。賀執圭時任第二綏靖區參謀長。

[131] 《國民政府關於山東綏靖統一總指揮部組織規程與備案文件》（1947年1月），中國第二歷史檔案館編：《中華民國史檔案資料彙編》，第5輯，第3編，政治（二），頁108。

[132] 參見〈王耀武呈蔣中正山東綏靖統一總指揮部三十五年九月份下半月至十月份上半月軍事政治黨務工作概況報告書等文電日報表〉（臺北市：「國史館」藏，「蔣中正總統」文物檔案，1946年10月20日，典藏號：002-080200-00534-096。）〈王耀武電蔣中正山東綏靖統一指揮部三十五年工作報告書〉（臺北市：「國史館」藏，「蔣中正總統」文物檔案，1947年6月30日，典藏號：002-020400-00008-076。）

[133] 國防部長白崇禧和參謀總長陳誠二人雖然在不少問題上意見分歧，但卻都對王耀武所領導的第二綏靖區的「民眾組訓工作」予以肯定，並多次在國民黨內部會議場合予以推介，希望其他地區予以參考借鑑。參見〈白副主任委員會在綏靖區政務會議席上講詞〉（1946年11月21日），中國第二歷史檔案館編：《中華民國史檔案資料彙編》第5輯，第3編。政治（二），頁164。〈國防部第二次作戰會報紀錄〉（臺北市：「國家發展委員會檔案管理局」藏，1946年7月5日，檔號：B5018230601/0035/003.9/6015.3。）

一元化的建立其實也是極不穩固的,要與前方國共兩軍一線戰事的勝敗直接掛鉤。尤其是一九四七年初,作為國民黨方面重點進攻地區所在的山東戰場,國民黨軍隊在此連遭敗績。第二綏靖區轄區內國民黨的形勢急轉直下。外間對於綏靖區「黨政工作配不上軍事的責難又紛紛而起。」[134]更何況,即便是國民黨方面認為在推進綏靖區一元化工作方面做得較好的第二綏靖區,實際上其工作也更多只是流於形式,並沒有從根本上解決軍政協同配合問題。

時人其實業已注意到綏靖機構與地方黨政機構之間存在的矛盾日益顯現,愈發突出,此類情況極其類似是清朝時期的地方督撫矛盾。二者同在一地辦公,而職權往往又不易劃分,以致政務牽制,督撫各不相下。國民黨當時的局勢就是:「今日綏靖公署與省政府之間,其弊病實與督撫一般無二,論階級,綏靖公署高於省府,然而綏靖公署管制太繁,則省府有無事可為之苦。」[135]這種看似表面上搭建起來的綏靖區一元化架構,倘若在國民黨軍事情勢進展順利時尚可按部就班,勉強維持得以將綏靖區內的各個系統及民眾的力量加以調動整合,但如若情勢發生急劇變化,則體制運轉仍舊不能適應。

國民黨資源力量重點傾斜,基礎工作尚可的山東第二綏靖區尚且如此,其他綏靖區的實際情況足以想見。對此類問題,國民黨內部並非沒有察覺,白崇禧就曾指出局面之所以如此,「不是黨政工作人員不努力之過,實在是黨的權威不足之過」,甚至認為國民黨方面對共產黨的「軍略政略都有錯誤,所以弄成今日這樣不好的局面。」[136]白崇禧對此類問題的分析其實是較為深刻的,只不過白崇禧本人為國民黨之病症所開具的治病藥方則更為激進,非但未能扭轉「這樣不好的

---

134 陳方正編輯校訂:《陳克文日記(1937-1952)》,下冊,1947年1月24日,頁1029。
135 勤孟:〈論綏靖公署〉,無錫《導報》,第2版,1948年7月24日。
136 陳方正編輯校訂:《陳克文日記(1937-1952)》,下冊,1947年1月24日,頁1030。

局面」，反倒一定程度上加速了國民黨綏靖體系的徹底崩潰。

小結

綏靖體系如何與原有的國民黨政權黨政機構進行銜接與配合始終是一個讓國民黨上上下下頗為棘手的問題，且伴隨著綏靖體系存續的始終。綏靖體系重建的過程，與國民黨中央軍事機構改組的過程幾乎相伴隨。而綏靖機構的職責及其人員來源決定了其濃烈的軍事色彩，因而其首先要解決的就是如何與新軍事中樞從軍令與軍政這兩條主線確立關係。國防部之參謀本部在軍令方面只能「指導」綏靖機構，而大權實際操之於國民政府主席蔣介石之手。同時由於職能界定不清以及國民黨內高層複雜的派系背景，國防部與同時在過渡階段並存的綏靖公署、行營、戰區等機構之關係並未徹底理順。而在軍政方面，考慮到綏靖區極其複雜的局面，顯然並非政工機構乃至國防部可以徹底組織協調，解決問題，也超越了純軍事機關之業務範疇，而需要國民政府中央層級出面協調各部會對相關綏靖區加以整合督導。

國民黨軍政高層頻繁標榜所謂「政治重於軍事」理念，甚至將其奉為能與中共鬥爭戰而勝之的不二法門。然而，在現實中，國民黨綏靖體系上下則是形式大於實際，更多是法令條文功夫做足，而實質協調推動不力，「現在人人都會喚出一套『政治重於軍事』的高妙理論，事實上不要說『重』，簡直連『輕』都談不到，因為誰也看得清，今日政治和軍事實在說脫節太遠了！」[137]整個綏靖體系與國民黨軍事中樞之關係屬職責含混不清，與中央及地方各級黨政部門來說則是摩擦不斷，根本做不到真正的一元化，各級部門之間「還是各自為

---

137 〈華中綏靖會議揭幕〉，《東南日報》，第3版，1948年3月17日。

政，意志不能統一，力量無法集中，工作互相抵消。因為骨子裡不能一元化，於是表面上不彼此摩擦，就儘量敷衍，人事的應付，往往占據了負責者的大部分時間精力。」[138]國民黨高層對此並非沒有察覺，從一九四七年底即醞釀對其動大手術，並最終演化發展到將綏靖機構凌駕於地方黨政機構，職責權限集中於綏靖區司令官之地步，寄希望於以此來緩解綏靖體系與國民黨原有黨政系統的緊張關係。

---

138 〈華中綏靖會議揭幕〉,《東南日報》,第3版,1948年3月17日。

第四章
綏靖區政務的推行：以土地和金融問題為中心

　　一九四六年十月，行政院綏靖區政務委員會成立之際，實際主持該委員會運作的白崇禧曾在國防部內部會議上詳細解釋了《綏靖區施政綱領》的主旨大要，宣稱：「綏靖區施政之主旨，在求安定社會秩序、解除人民痛苦、恢復行政機構，發展民權、扶植民主，以加速三民主義之徹底實行。」正是根據施政綱領之精神，國民黨方面才制定各項措施法令，以推動綏靖區政務的開展。白崇禧在報告結尾著重強調：此時對付中共，「仍要七分政治三分軍事方可達成目的，尤以經濟問題為重要」，目前收復各地，「政治工作不夠，黨團亦必須隨軍隊之進展以開拓工作，使諸種力量配合，始可收效」。同時，白崇禧還著重指出，「自廬山會議迄今，因為各種困難所遲延，今始逐漸開展工作，就中當以經濟為尤要。」[1]

　　白崇禧在重要場合曾經反覆提及「經濟問題」至關重要，其癥結主要涉及到如何辦理綏靖區善後問題，在此基礎上則需要重建綏靖區的經濟秩序。而處理綏靖區善後固然牽涉萬端，但其核心仍是以解決綏靖區土地問題為主，「綏靖區土地問題之處理，乃行政最緊要之措施」。[2]實際上，所有綏靖區都是農業地帶。[3]因此，對於綏靖區內的其

1　〈國防部第十一次部務會報紀錄〉（臺北市：「國家發展委員會檔案管理局」藏，1946年10月26日，檔號：B5018230601/0035/003.9/6015.2。）
2　〈國防部第十一次部務會報紀錄〉（臺北市：「國家發展委員會檔案管理局」藏，1946年10月26日，檔號：B5018230601/0035/003.9/6015.2。）

他問題的觸碰，無不服從和服務於土地問題的解決。嘗試解決綏靖區土地問題，不僅是由於當時綏靖區廣大農村的普遍現實情況所決定，也是國民黨政權在國內外、黨內外輿論影響之下，試圖振衰起敝，支撐其一線戰局的一次自救舉動。

而在這其中，行政院綏靖區政務委員會負責起草制定相關土地改革方案，整個國民黨的各級綏靖機構則會同地方黨政機關及相關專業金融與合作機構，深度參與執行，乃至最終影響了決策走向。

第一節　綏靖區土地改革的啟動與挫敗

一　「借水行舟」：國統區輿論對綏靖區試點土地政策之呼籲

中國自古就以農立國，至民國時期仍是一個農業國，未曾實現工業化之目標，「現在仍滯留在農業階段，而農業之發展有賴於土地之合理分配與使用。」[4]基於這樣的總體國情，農村土地問題之於當時的整個中國社會發展而言，其重要性不言而喻。[5]曾擔任國民政府行政院秘書長的蔣夢麟甚至認為：「土地問題是我國歷史上改朝換代最

3　〈綏靖區的土地問題〉，《東南日報》，第2版，1946年10月20日。

4　陳誠：〈綏靖區縣政的實施與後期革命的任務：對綏靖區縣各級行政幹部訓練班講〉（臺北市：「國史館」藏，「陳誠副總統」文物檔案，1947年3月21日，典藏號：008-010102-00020-007。）

5　如國民黨六屆三中全會在其宣言中就曾宣稱：「我國總人口百分之八十以上為農民，根據民生主義之經濟政策，必須針對農民實際生活之需要，又必須根據農民所能產生之經濟力量，而扶助其充分之發揮。今後尤宜依照過去所決定農業工業平均發展之方針，使經濟復興建設不偏重於都市，而遍及於鄉村。而工業之建立，應植基於農業。」參見毅民：〈內戰中所見國共土地政策及其實施〉，《經濟週刊》第4卷第17期（1947年）。

重要的一個原因。」[6]具體到彼時的國民黨政權統治而言，土地問題儼然已經是「一個相當嚴重的問題」，[7]尤其是綏靖區的土地問題，更是業已成為擺在國民政府高層面前不得不推動解決的一大問題，既無法託詞迴避，也不能閃轉騰挪。[8]

綏靖區的土地多數曾在抗戰時期淪為日偽統治，戰後又曾遭遇國共戰事，為國民黨軍事力量從中共手中「搶佔」，可以說飽經戰亂之苦，「地方情形也可能比抗戰後一般的收復區更見複雜」。[9]伴隨著國民黨嘗試在綏靖區內恢復統治秩序，部分認同國民黨統治的團體和個人跟隨國民黨軍事力量「返鄉」。國民政府也有意將這部分「難民」進行編組，組成「還鄉團」，以協助其恢復綏靖區的統治秩序，建立所謂自衛武力，陳誠等人甚至認為此舉「軍事上意義雖小，在政治上作用甚大，頗有可采之處。」[10]然而，這些返鄉的「難民」與原來留守本地的民眾不可避免地形成矛盾衝突，「他們目睹廬舍坵墟，田園焦毀，滄桑陵谷，百事皆非，憂傷怨誹，情理之常，因而引起報復行為」[11]，有些認為自己在中共統治時期「吃了虧」的人，組織了還鄉

6　蔣夢麟：《西潮與新潮》（北京市：人民出版社，2012年），頁301。
7　〈綏靖區土地處理辦法與民生主義土地政策〉，《軍民日報》，第1版，1946年10月21日。
8　如作為戰後主要的民營報刊《申報》在其社論中就曾尖銳地指出：「無論從任何一點看，國民政府沒有長久擱置延不實施的理由……以往，還可說是因為抗戰軍興，事出非常，不得不為之推遲；但現在勝利了，國家的改革大計應該著手了，政府尤應與民更始了，那裡還可以不針對農村現狀而實施農地改革？故政府既有此決心，便當主動的積極的，負起實施遺教、執行國策的責任來，勇往邁進，百折不回，不顧一切的幹，決不能把這樣一種有關國民生計根本的大事，看作某種應付點綴的例行公事。」〈農地改革的先決條件〉，《申報》，第2版，1946年8月30日。
9　〈由綏靖區政委會說起〉，上海《大公報》，第1版，1946年10月3日。
10　《陳誠等呈蔣中正綏靖區難民還鄉團組織辦法及所需經費服裝撥發辦法等文電日報表等二則》（臺北市：「國史館」藏，「蔣中正總統」文物檔案，1946年8月11日，典藏號：002-080200-00533-268。）
11　〈綏靖區的善後問題〉，《和平報》，第2版，1946年9月27日。

隊、自衛隊、服務隊之類,跟著國民黨的軍隊進入綏靖區,大做其報復的工作。[12]甚至逐漸嚴重,滋生出所謂「報復問題」。[13]國民政府雖然一再明令要求嚴禁「報復」,但其根源仍在綏靖區鄉村廣大土地的分配問題,不觸動這類問題,這些現象實際上也無法根絕。[14]

因此,國民黨的統治區域內事實上出現了無論是國民黨的官方輿論,還是民間的社會報刊,都對綏靖區試點土地改革政策抱持相當期待的局面。同時,輿論界與國民黨軍政界以及相關領域學術團體之間還形成了聯動,呼籲之聲不絕於耳,給予國民政府決策層以相當大的輿論壓力。

社會輿論對於儘快推動綏靖區土地政策改革的呼籲主要有如下幾個方面:

首先,是從國民黨歷來所標榜和提倡的相關政綱理念,及國民政府業已頒訂的相關法令條文中,為啟動綏靖區土地改革尋找依據。「平均地權」為孫中山所提倡,是國民黨民生主義的主要政綱。「耕者有其田」也是國民黨方面宣稱所要長期堅持的政治理念。然而,孫中山所倡導之「耕者有其田」,卻「未見提及具體辦法」[15],其實客觀上為各方對其闡釋留存了空間。在孫中山逝世後,國民黨方面更是將「耕者有其田」神聖化為所謂「國父遺教」。因此,以此為號召,作

---

12 〈綏靖區的土地問題〉,《東南日報》,第2版,1946年10月20日。
13 據國防部第二廳負責人在國防部內部部務會報中報告:「蘇北、魯南的各收復區,各縣府所組織之還鄉隊,均原為『奸匪』區內被鬥爭而流亡者,返鄉者,多不擇手段任意報復,擅用私刑,隨意殺戮等情形,以致收復區壯丁四處逃逸,或隨『奸軍』逃竄,擬請懇由民事局主辦,通飭嚴禁,非法報復,任意殺害,如認為有『奸匪』嫌疑,應依照法律手續辦理,或呈請行政院通飭省府轉飭遵照。」足見當時各綏靖區報復問題之嚴重程度。參見〈國防部第十三次部務會報紀錄〉(臺北市:「國家發展委員會檔案管理局」藏,1946年11月9日,檔號:B5018230601/0035/003.9/6015.2。)
14 〈綏靖區的問題〉,天津《益世報》,第1版,1946年10月23日。
15 劉君煌:〈論綏靖區土地改革(續)〉,《中央日報》,第6版,1946年11月25日。

為立論的前提和依據，國民黨方面無論如何也不好從明面上加以反駁。與此同時，《土地法》實際上也早由國民政府頒布有年。戰後不久，一九四六年四月間國民政府又對其加以修正，其施行法亦早經公布，無論從任何一點看，「國民政府沒有長久擱置延不實施的理由」。[16]

而民生經濟之建設，應當建設在合理的土地政策之上。「蓋中國乃一農業國家，而農業離不開土地，所以想發展中國的農業，必首先解決中國土地上的種種畸形病態。而土地分配之不合理，又為土地畸形病態中之甚者，故農村土地制度之應徹底改革，實為發展農業民生經濟的當務之急。——那就是耕者有其田的制度之推行。」[17]

其次，為國民政府出謀劃策，開方抓藥，提出相關對策方案，乃至策動輿論，試圖影響國民黨高層最終決策。早在一九四六年八月，就已有中國地政學會理事長蕭錚「向中樞有其體的建議，以『耕者有其田』為實施原則」，開展綏靖區土地改革的消息見諸報端。[18]蕭錚認為：「土地改革實為中國建立新農業制度之基礎，亦為實行工業化之前提，本會歷年呼籲，頗得朝野有識人士之贊許，國際學者亦公認中國必須改革封建的地主制度，使農民獲得生活上之改良，中國經濟方能趨於繁榮進步。」在具體實施辦法上，則為「使地主土地移歸農民所有，並使農民所領土地合作經營，成為現代化之新式農場，則中國新農業制度即可於此開端。」與此同時，運用農村金融對各區域地主中「被非法分配實際上已經喪失之地權重行獲得補償，由中國農民銀行給予信用極為穩固之土地債券，可分年向銀行收回地價，而無須再行負擔田賦，因為依照該辦法，此次被徵收土地稅轉移於領地之農民

---

16 〈農地改革的先決條件〉，《申報》，第2版，1946年8月30日。
17 〈綏靖區土地處理辦法與民生主義土地政策〉，《軍民日報》，第1版，1946年10月21日。
18 〈農地改革的先決條件〉，《申報》，第2版，1946年8月30日。

負擔,使地主嗣後可藉收回地價,轉投資於實業,成為現代經濟制度下之企業,而於地主實亦有利。」在蕭錚等人的設想中,此種辦法能兼顧地主與農民之利益,「並以愉快語調表示其誠摯的期望及理想,盼望負責推行之中央及地方機構,能善體中央通過本辦法之深意,妥籌進行而使之迅速奏效,則此後推廣此一辦法及於全國,使農地改革之偉業能全部實現,則更為全國農民同胞所祈禱也。」[19]

再次,在事務操作層面,輿論積極呼籲加強有關行政主管部門之權責。在時人看來,「平均地權不是一件小事,更不是一件毫無阻力咄嗟可辦的易事,必須具大決心,有大魄力,允須在中樞乃至地方樹立執行此政策的行政機構與經濟機構的力量」,因此,必須確立執行政策機構的權威,並課以應負的責任。然而,作為當時土地事務的主管機構「地政署」,雖然設立有年,規模雖已粗具,而「限於地位,格於經費,經常地政的推行,尚感力量不足,若欲責以貫徹平均地權政策,恐怕將有力不從心之歎。」因此,時人公開建議,不但應「改署為部」,「以示積極改革農地的決心,而且應在各省市普遍成立地政主管處局,限以時日,寬其經費,必使土地陳報、土地測量等等一切應辦的事,在規定期間辦有頭緒,然後始可以根據耕者有田的原則,為合理的重行分配。」而在處理土地分配以外,農地改革還應致力於促進生產。在農地改革與農業生產的改良中,「中樞和地方必須加強農業金融機構與合作金融機構的地位與實力,使它們能配合政府的政策,絲絲入扣的一致推行,然後可望收到事半功倍之效。」[20]

除此之外,美國方面也在積極建言國民政府從調整土地政策入手,進行內部改革,以消弊除害。美國駐華大使司徒雷登即認為:

---

19 〈耕者有其田綏靖區域首先實行農民地主均有利蕭錚暢談土地改革前途〉,《申報》,第3版,1946年10月19日。
20 〈農地改革的先決條件〉,《申報》,第2版,1946年8月30日。

「對付共產主義運動最高的也許是唯一的辦法，就是實行土地及其他方面的改革。」[21]美國方面關心國民黨政權所謂「內部改革」，實際上也非就事論事，而是認為「這些弊害已臭名遠揚，破壞了中國的內外信譽」[22]，其實也就是破壞了國民黨政權的國際輿論形象。因而，美方其實也是從改善國民政府輿論形象的角度入手對其加以規勸，美國特使馬歇爾和司徒雷登曾屢次質問國民政府高層人士：「何以不行農村改革，以對付共黨，若能及時采更為徹底而有效之改革，於爭取民心及改變國際輿論上必收宏效。」[23]美方之建議乃因國民黨政權輿論形象日漸趨於惡化而發，又事實上呼應了國統區輿論對於試點土地改革政策的呼籲，並且對國民政府實行改革起到了相當大的影響。

更為國民黨高層人士所受用的是，對於此時的國民政府而言，綏靖區之土地多數為其從中共手中軍事搶占而來。相較於國民政府長期統治的廣大長江以南地區，國民黨在中原及華北大部分地區實際上已有數年未曾有效統治，與當地本土士紳階層基本不存在千絲萬縷之聯繫，推行新政策之前並無「歷史包袱」。沒有強大的既得利益集團阻撓國民黨方面推行改革，如同《大公報》社論所稱：「政府處理綏靖區的土地，自不必為原來地主的利益顧慮太多。」[24]因此，對假綏靖區之土地以開啟土地改革之提議，當時社會輿論即有「借水行舟」之議，[25]殷切盼望國民黨當局，「以綏靖區為嚆矢，從事土地改革，做到

---

21 〈司徒致國務卿〉（1946年7月21日），（美）雷（Rea, K.W.）、（美）布魯爾（Brewer, J.C.）編，尤存、牛軍譯：《被遺忘的大使：司徒雷登駐華報告（1946-1949）》（南京市：江蘇人民出版社，1990年），頁3。
22 〈司徒致國務卿〉（1946年7月21日），（美）雷（Rea, K.W.）、（美）布魯爾（Brewer, J.C.）編，尤存、牛軍譯：《被遺忘的大使：司徒雷登駐華報告（1946-1949）》，頁3。
23 〈沈昌煥呈蔣中正關於皮爾斯對於綏靖區內土地改革建議〉（臺北市：「國史館」藏，「蔣中正總統」文物檔案，1946年11月7日，典藏號：002-020400-00036-049。）
24 〈由綏靖區政委會說起〉，上海《大公報》，第1版，1946年10月3日。
25 〈一座死城的復活東臺收復前後〉，《申報》，第9版，1946年11月14日。

耕者有其田,健全農村合作事業,使每個農民都能得到生產和消費的便利。」[26]

上述討論為國民政府啟動土地改革建言獻策,開方抓藥,一時好不熱鬧。無論是大政方針的確立,土地政策的調整,還是具體執行機構權限的強化均有所涉及。美國方面亦從國民政府輿論形象改善的角度對其加以規勸。更為關鍵的是,社會輿論亦拋出了「借水行舟」的觀點,即國民政府處理綏靖區的土地不必為原有的地主利益所牽絆。國民政府內部有志於推動土地改革的一部分人士也樂於以上述言論為說辭,積極遊說國民黨最高層,推動當局有所動作。如曾任《掃蕩簡報》副總編輯的周一弘就曾公開撰文表示:「確定土地經營制度重新劃分耕地。戰後一切均破壞重建,共匪既已將固有的土地制度全般毀壞,這正是我們在收復以後建立新制度的最好機會。」[27]內外壓力交相作用之下,國民政府此時自然也不好再以其他任何藉口來加以搪塞拖延,主客觀的形勢其實都迫使國民黨方面採取切實動作來觸碰相關問題。

二 國民黨方面處理綏靖區土地問題的思路與困境

國民黨方面對土地政策尤其是戰後綏靖區的土地問題其實也是相當重視的。但高層領導人個人思想理念上的重視,到整個政權系統具體有效政策措施的出臺,乃至推動政策落地之間有著巨大的鴻溝需要跨越。這期間國民黨方面囿於形勢與自身的局限,其對於綏靖區土地改革的認識並不統一,其制定的改革路線圖最終也沒有真正落地。

---

26 〈綏靖區的善後問題〉,《西北文化日報》,第2版,1947年2月6日。
27 周一弘:〈綏靖區土地改革的商榷〉,重慶《時代週刊》第49期(1947年),頁8-10。

早在「圍剿」南方紅軍，並進而深入到贛南、閩西中央蘇區腹地之際，國民黨軍隊中的青年將校親眼目睹當地情勢之後，就已有人對於中共當時之土地政策心中有所觸動。而國民黨高層中常委甚至也有人認為：「共黨土地政策切合民生，深惜政府不能仿行」。[28]此情此景讓處在南京主持行政院工作的汪精衛深感不安。而此時的蔣介石仍認為：就土地政策而言，「經營及整理問題實更急於分配問題」。[29]而在第五次「圍剿」中央蘇區即將得手之際，蔣介石曾巡視北方多省。在此過程中，蔣介石愈發強化了「整理問題實更急於分配問題」之固有認知，其認為：「惟對於清丈土地與調查戶口，除寧夏一省外，尚多畏難不前，不惟未及實行，甚至未著手設計，此應從速促進實施，以符訓政之旨。蓋土地為勞力與資本之基礎，古人所謂『有土此有財』。土地不能清查整理，則經濟之基礎不固，一切建設均無法實施矣。」[30]

在彼時的蔣介石看來，分配問題只需要籠統地「遵奉平均地權遺教」，「應達到耕者有其田之目的」即可，遑論涉及具體如何達此目的的保障措施辦法，更無意觸及到當時的農村土地關係一層。而關於經營及整理而言，蔣介石認為「應倡導集合耕作，以謀農業之復興。」與此同時，蔣介石更是集中強調了其對於土地問題的系統主張，即「蓋本黨立場，不認階級，反對鬥爭。關於土地分配，自應特闢和平途徑，以漸進於耕者有其田。」[31]蔣介石對於此類問題解決途徑之輕

---

28 〈汪兆銘電蔣中正此間中委有以共黨土地政策切合民生惜政府不能仿行者除據理指駁外請由尊處將匪區慘狀隨時詳示〉（臺北市：「國史館」藏，「蔣中正總統」文物檔案，1933年12月17日，典藏號：002-080200-00139-022。）
29 〈蔣中正電汪兆銘葉楚傖對於土地問題意見〉（臺北市：「國史館」藏，「蔣中正總統」文物檔案，1933年12月22日，典藏號：002-090300-00068-248。）
30 〈蔣視察各省後觀感〉，天津《大公報》，第3-4版，1934年11月21日。
31 〈蔣中正電汪兆銘葉楚傖對於土地問題意見〉（臺北市：「國史館」藏，「蔣中正總統」文物檔案，1933年12月22日，典藏號：002-090300-00068-248。）

重緩急的認識，實際上也大大影響了此一時期國民黨土地政策的出臺進程和實施力度。在此以後，國民政府對日備戰工作比重逐漸上升，對國內土地問題處理則仍是循規蹈矩。抗日戰爭期間，國民黨高層內部在對嘗試觸動農村土地問題亦存在不少顧慮，內部討論時意見紛紜，莫衷一是。[32]遂導致即便國民政府曾經頒布了一些土地法案，但實際上在戰時條件下亦不存在可以順利實施的客觀環境。更不用說，國民黨當局推動政策落地之主觀意願亦不強烈。

　　戰後，面對複雜的復員接收工作局面時，國民黨方面此時不得不將土地政策的調整逐漸擺上檯面，納入到黨政高層的議事日程當中。蔣介石在之前初步擘畫戰後綏靖體制之時，不僅設想要在綏靖區建立起所謂黨政軍一元化機制。同時，與之配套的是，「軍隊所到之地，對於推行地方政治，領導民眾組訓，加強保甲組織，使用民眾武力……以及當地土地經濟與生產必須之改革……均應研擬對策」，「期以集中政治經濟文化之力量，輔助軍事……安定地方秩序為目標。」[33]蔣介石此時已將綏靖區當地的「土地經濟與生產」放到必須要改革這一總體想法擺到檯面上。隨即於一九四六年初，蔣介石即致函地政署署長鄭震宇，命其將「中國國民黨土地政策實施辦法辦理情形呈望繕呈一份備閱」[34]，以便蔣介石謀劃制定重大改革政策時加以參考。

---

32 軍事委員會委員長侍從室第二處主任陳佈雷在與侍從室第六組組長唐縱討論國民黨第六次全國代表大會之所以未能出臺的新農工政策時，就曾表示了以下幾層顧慮：「第一將引起地主之反對，尤其四川征糧工作將受影響；第二可能引起社會不安與騷擾；第三恐為反動黨派所把握利用。」參見公安部檔案館編注：《在蔣介石身邊八年：侍從室高級幕僚唐縱日記》1945年5月22日，頁512-513。

33 〈蔣中正條諭徐永昌依建立黨政軍一元化之指示擬具剿共計劃方案〉（臺北市：「國史館」藏，「蔣中正總統」文物檔案，1945年11月29日，典藏號：002-020400-00003-125。）

34 〈國民政府主席蔣中正函地政署署長鄭震宇關於中國國民黨土地政策實施辦法辦理情形呈望繕呈一份備閱〉（臺北市：「國史館」藏，國民政府文物檔案，1946年1月15日，典藏號：001-056230-00001-001。）

全面內戰爆發之初，蔣介石自己擬定了所謂四項政治與經濟政策，作為指導綏靖區收復工作之原則。即「一、土地問題之解決；二、土地債券之發行，三、集體農場之設立；四、農村合作社與農民銀行之設立。」[35]這也可以看作是蔣介石長期以來處理農村問題的總體思路。然而，蔣介石之總體思路如何在國民黨高層中貫徹執行，及至制定出可行辦法，則實際上還存在很大距離。而且國民黨高層內部對於綏靖區土地問題之解決認識尚未統一，最初亦未能領會蔣介石之本意。

蔣介石於一九四六年八月二十一日致電行政院院長兼綏靖區政務委員會主任委員宋子文，要求其與相關負責人員「速定綏靖區域土地與經濟問題實施辦法。」[36]縱然蔣介石在一九四六年夏天於廬山辦公期間，就已經召集召見中國農民銀行事長陳果夫和總經理李叔明，就農村土地問題專門商討如何進行改革，且宋子文亦曾赴廬山牯嶺請示機宜。[37]然而，宋子文等人隨後呈上的土地問題處理草案著實不能讓蔣介石滿意。

宋子文彙報稱就綏靖區施政綱領中關於土地問題之處理一事，迭經召集國防部部長白崇禧、糧食部部長徐堪、國民黨中央常務委員潘公展、國民黨中央組織部副部長余井塘、《東南日報》社長胡健中、經濟部政務次長蕭錚、地政署署長鄭震宇、中國農民銀行總經理李叔明等人一同商討。[38]宋子文所召集商討的人選中其實基本涵蓋了國民黨政權的黨政軍及新聞輿論系統各方面的要員，並有土地行政部門及

---

35 《蔣介石日記（未刊稿）》，1946年7月23日。
36 〈國民政府主席蔣中正電行政院長宋子文為速定綏靖區域土地與經濟問題實施辦法〉（臺北市：「國史館」藏，國民政府文物檔案，1946年8月21日，典藏號：001-056230-00001-003。）
37 〈農地改革的先決條件〉，《申報》，第2版，1946年8月30日。
38 〈行政院長宋子文呈國民政府主席蔣中正關於綏靖區域土地問題經召集相關會首長商茲以革擬農地改革辦法大綱乞請查閱〉（臺北市：「國史館」藏，國民政府文物檔案，1946年9月3日，典藏號：001-056230-00001-004。）

農村金融機構主要負責人參與討論。而這其中潘公展、余井塘、胡健中、蕭錚、鄭震宇、李叔明等人均與陳果夫交往甚密，具有濃厚的CC系背景。[39]其中數人在此之前還曾當面向蔣介石請示土地政策相關問題。然而，他們合議討論出的《農地改革辦法大綱》則無法博得蔣介石之認可。不惟如此，蔣介石此前曾命地政署署長鄭震宇呈報一九四六年所要關注之重點工作時，地政署方面所彙報之工作也多是循規蹈矩，還沒有能夠體察蔣介石此時意在有所變革之決心。[40]

宋子文等人所一同草擬的農地改革辦法大綱，其實極為簡略，只有八條內容。[41]蔣介石之本意在於吩咐宋子文牽頭，在《綏靖區施政

---

[39] 江蘇省政協文史資料委員會編：《江蘇文史資料》（1993年），第49輯，〈民國江蘇的督軍和省長〉，頁247；《記潘公展二三事》，楊偉民主編：《湖州民國史料類纂與研究》（瀋陽市：瀋陽出版社，2015年），頁111；郭子超：《〈東南日報〉簡述》，浙江省政協文史資料委員會編：《浙江文史集粹》（杭州市：浙江人民出版社，1996年），文化藝術卷，頁154-160；吳曉晴：《陳果夫主政江蘇和他的CC班底》，江蘇省政協文史資料委員會編：《江蘇文史資料集萃》（1995年），政治卷，頁62。

[40] 〈地政署長鄭震宇呈國民政府主席蔣中正為呈複關於本黨土地政策實施方案辦理情形附呈各項實施辦法草案及本屬本年度中心工作概要等乞核示〉（臺北市：「國史館」藏，國民政府文物檔案，1946年1月25日，典藏號：001-056230-00001-002。）

[41] 其所擬定的大綱內容為：一、本大綱依土地政策綱領制定之，除本大綱所規定者外，悉依土地法、土地法施行法及其他有關法令之規定；二、農地除歸國營農場、公營農場所有者外，悉依本辦法之規定，儘量移轉於自為耕作之農民；三、省縣政府為實施農地改革應於五年內分期分區依法徵收非自耕之土地，劃定單位農場，配給農民承領自耕，前項被徵收土地之地價應由縣政府依法估定，並依其估定地價，折合農產物，以土地債券補償之；四、依前條規定徵收之土地，其地價之補償由四聯總處指定中國農民銀行發行土地債券，並負責辦理之。前項土地債券以農產物為本位，於償付時依當地農產物市價折合法幣支付之；五、農民承領土地後，應即依照估定地價折合農產物分年向中國農民銀行償還之，在未償清前，並以承領土地為抵押擔保，前項農民分年應交之地價，依當地農產物市價折合法幣繳付；六、自本大綱公布之日起，凡尚未實施之地區仍繼續佃耕者，其租額應依土地法之規定限制之；七、本大綱由地政機關督導省縣政府負責執行之；八、本大綱實施辦法由行政院訂定之。參見〈行政院長宋子文呈國民政府主席蔣中正關於綏靖區域土地問題經召集相關會

綱領》有關土地內容的框架下，制訂出綏靖區的土地政策辦法。而宋子文等人顯然未曾充分理會蔣介石徐圖緩進之意（「此只可在收復區試行，不能全國通行」），所制定的辦法草案全然不見「綏靖區」字樣，而是寄希望於「一步到位」，力圖直接在全國推行改革大綱。蔣介石在批閱過程中，對其具體條文內容心中多存疑問，滿腹狐疑，並在最後將其推倒重來，認定其為「此大綱不合實際，須重加考慮。」[42]

蔣介石之所以否決宋子文等人所擬之方案，認為其「不合實際」，原因在於這一草案並沒有明確解決土地政策中的癥結即分配問題，而這其實是達到「耕者有其田」的關鍵。[43]為此，國民黨中常委及國防最高委員會委員在審議《綏靖區施政綱要》時，就「關於地主、佃戶分配所得問題討論甚久」。[44]經過多次審議後，「現經國防最高委員會核議通過，將土地改革各點，除訂入綏靖區域施政綱領外，並特訂綏靖區域土地處理辦法，以為施行準則。」[45]最終討論通過的

首長商茲以草擬農地改革辦法大綱乞請查閱〉（臺北市：「國史館」藏，國民政府文物檔案，1946年9月3日，典藏號：001-056230-00001-004。）

42 〈行政院長宋子文呈國民政府主席蔣中正關於綏靖區域土地問題經召集相關會首長商茲以草擬農地改革辦法大綱乞請查閱〉（臺北市：「國史館」藏，國民政府文物檔案，1946年9月3日，典藏號：001-056230-00001-004。）

43 〈綏靖區的善後問題〉，《和平日報》，第2版，1946年9月27日。

44 《蔣介石日記（未刊稿）》，1946年10月16日。另外，現行已刊的檔案資料彙編將《綏靖區施政綱領》的發布生效日期斷定為「一九四六年九月」（參見中國第二歷史檔案館編：《中華民國史檔案資料彙編》，第5輯，第3編，政治（二），第140頁），其實是不準確的，並進而影響到日後相關研究對於綏靖區施政問題時間線索的清理。實際上，據蔣介石本人日記及當時的報刊報道所知，直到一九四六年十月，國民黨方面的黨政高層仍在圍繞施政綱領的核心內容展開激烈爭論。至一九四六年十月下旬，《綏靖區施政綱領》的立法流程才得以走完，隨即公開頒布實施生效。參見《蔣介石日記（未刊稿）》，1946年10月16日、1946年10月19日；《國防最高委會通過綏靖區施政綱領》，《申報》，第3版，1946年10月23日。

45 〈耕者有其田綏靖區域首先實行農民地主均有利蕭錚暢談土地改革前途〉，《申報》，第3版，1946年10月19日。

《綏靖區施政綱領》及《綏靖區土地處理辦法》等法令，較之以往國民黨之土地政策終於有所進步，「其內容偏重於保障佃農」。[46]在此之前，國防部新聞局局長鄧文儀就曾代表國民黨官方公開宣稱：「土地問題，實行民生主義平均地權，決不袒護地主。農民之使用權，將予保障。」[47]

《綏靖區施政綱領》法理地位相較而言更高，其對於整個綏靖區包括土地問題在內的一切政務推行發揮指導作用，而《綏靖區土地處理辦法》則具體規定了國民黨處理綏靖區土地問題的思路和程序。按照國民黨官方的設計思路，此次綏靖區土地處理辦法旨在「保障佃耕農利益，指導集體經營，以達到耕者有其田為目標。」[48]《綏靖區土地處理辦法》共有二十一條內容。其基本內容為：一、農地所有權人為自耕農者，依原有證件或保甲四鄰證明，收回自耕；農地所有權人為非自耕農者，保持其所有權，准許依原有文件或保甲四鄰證明，保持其所有權，並應由現耕農民繼續佃耕；二、佃租額不得超過農產三分之一，其約定以錢幣交租則不得超過農產正產物三分之一折價；三、在變亂時期，農民欠繳佃租一概免予追繳；四、農地經非法分配者，一律由縣政府徵收，被徵收土地之地價則由縣政府依法估價、折合農產物，以土地債券分年補償；五、縣政府依法徵收之土地，依優先順序分配給人民承領自耕：甲、變亂前原佃耕人，乙、現耕種人，丙、有耕種能力之退伍士兵及抗戰軍屬；六、農民承領土地後，即應依照估定地價折合農產物，在十五年內向中國農民銀行繳納之；七、

---

46 蕭錚：《土地改革五十年：蕭錚回憶錄》（臺北市：「中國地政研究所」，1980年），頁274。
47 〈國軍戰鬥力堅強綏靖原則分四項鄧文儀對記者報告〉，《新聞報》，第2版，1946年10月5日。
48 石玉圭：〈論綏靖區之地制改革〉，《中央日報》，第8版，1946年10月29日。

農民承領之土地,應由縣政府發給其土地所有權狀,並依法繳納賦稅。[49]

其主要內容約可歸納為以下四項:一、地權:凡經非法處分及強占者一律歸還原主,但原佃戶有繼續租佃權(有的地方規定地主土地在八十畝以上者得依法徵購之)。二、欠租及租額:過去欠租一律不得追償,今後租額不得超過三分之一。三、發行土地債券:農地經中共政權分配,地主失蹤,或無法恢復原狀者,概以中國農民銀行所發行之土地債券徵收之,分配與自耕農,按年分期償還,由「中農」保本付息。四、擴展農貸,健全農村合作事業,以「幫助」農民取得土地,取得生產與消費的便利。然而細究起來,「根據第一項,我們可以看出,基本上是把地主與農民的關係又重新翻轉過來恢復共軍未來以前的情況了。而繼續租佃與承佃權也有很大的差別。根據第二項,目的在使農民不要恐懼地主追償長期欠租,和增加租額。但是中共政權時農民靠清算地主所得到的土地以外的東西,卻未明白規定,這還是給了地主報復的機會。同時二五減租,國民黨規定了快二十年,卻始終未認真實行,這種所說租額不得超過三分之一,恐怕也要成為空話。按照第三項,真正得到實際利益的,只有中國農民銀行。有些地主看到大局未定,不一定回家,賣給『中農』,只能拿到無法解決當前問題的土地債券,土地購買者,除了負擔賦稅外,還要按期償還農貸本息,也決不會比種地主田時好一些。按照第四項,政府過去所辦的農貸,內中弊端之大,對農民壓榨之凶已經是人所共知的了。」[50]

然而,即便是上述國民黨政權在土地政策的制定上所取得的有限

---

49 《綏靖區土地處理辦法》(1946年10月),鹽池縣檔案局編:《民國時期的鹽池:檔案史料彙編》(北京市:陽光出版社,2016年),頁315-316。
50 毅民:〈內戰中所見國共土地政策及其實施〉,《經濟週刊》第4卷第17期(1947年)。

的些許進展,其實仍伴隨著巨大的爭議和雜音。在審議過程中,國民黨高層內部事實上分歧較大,「對於佃租為農產物三分之一,及農民得請求徵收農地各點」,糧食部長徐堪、國民黨中央宣傳部部長彭學沛、國民政府文官長吳鼎昌等人「紛紛表示反對」。主持制定辦法草案的經濟部政務次長蕭錚則「力主原議」,立法院長孫科、邵力子等人表示贊同蕭錚之議。經過激烈爭論,最終方得以通過。[51]國防部部長兼行政院綏靖區政務委員會副主任委員白崇禧事後在國防部的內部會議上曾經詳細闡述了《綏靖區施政綱領》之政策要點。白崇禧首先突出強調「綏靖區土地問題之處理,乃行政最緊要之措施」。而對於施政綱領之土地政策部分具體內容,白崇禧尤其稱讚:「綏靖區內之佃租額,不得超過農產正產物三分之一,較之二五減租尤為合理。」[52]事實上,「二五減租」在此之前不惟在國民黨統治區域內推行範圍和程度有限[53],且即便是推行了的地區也對其弊端深有體會。據位於山東的第二綏靖區在一九四七年初反饋,二五減租計算方法農民不易明瞭,且積習難改,推行多感不便。[54]

對於法案公布後的前景,主持綏靖區土地法案起草工作的蕭錚當時表示了相當程度的樂觀態度。蕭錚面對報界專訪時,「以愉快語調表示其誠摯的期望及理想,盼望負責推行之中央及地方機構,能善體中央通過本辦法之深意,妥籌進行而使之迅速奏效,則此後推廣此一

---

51 蕭錚:《土地改革五十年:蕭錚回憶錄》,頁274。
52 〈國防部第十一次部務會報紀錄〉(臺北市:「國家發展委員會檔案管理局」藏,1946年10月26日,檔號:B5018230601/0035/003.9/6015.2。)
53 當時受國民黨內CC系統控制的《東南日報》就曾在社論中感慨:「試看二五減租倡行了十餘年之久,現在全國實行的已占了百分之幾十幾?」參見〈綏靖區的土地問題〉,《東南日報》,第2版,1946年10月20日。
54 〈山東省政府關於民政土地設施部分綏靖政務報告〉(1947年2月),中國第二歷史檔案館編:《中華民國史檔案資料彙編》,第5輯,第3編,政治(二),頁203。

辦法及於全國，使農地改革之偉業能全部實現，則更為全國農民同胞所祈禱也。」在蕭錚看來，綏靖區施行新法其實有著得天獨厚的主客觀條件，「蕭謂此確有其客觀環境及價值，因綏靖區域如蘇北皖北豫北以及河北山東與東北各省，為吾國之著名麥作區，本宜為大規模之經營，此次重經變亂，人口減少，尤以壯丁犧牲甚大，勞動力不足，其先天的條件即不宜於佃耕制度，故依照本辦法，推行耕者有其田，常甚順利……此次土地改革，使地主土地移歸農民所有，並使農民所領土地合作經營，成為現代化之新式農場，則中國新農業制度即可於此開端，良以久經破壞之區域，飽經憂患之各該區農民，政府實有使其首先獲得農業救濟，儘先獲致經濟繁榮之必要也。」[55]

然而，隨國民黨政權敗退來臺的蕭錚，在時隔多年之後回首國民黨統治大陸期間推行土地改革前後的史事時，則全然不復往昔之躊躇滿志，心中反而頗有一事無成之感。[56]這顯然與國民黨政權有關綏靖區相關土地法令最終無法推行直接相關，也堪稱綏靖區土地改革所無法突破的現實困境。

首先，實際上早在國民政府頒布《綏靖區土地處理辦法》之際，就連國民黨政權內部人士也曾公開指出，綏靖區土地相關法令立法過程中存在先天不足，並進而對其頒布後的實施前景表示擔憂。其缺陷突出表現在：「其一，辦法中未提及限制私有田地最高額，此在十餘年前之《剿匪區內各省農村土地處理條例》中已有之規定，今日不列入，未免遺漏，蓋私有土地最高額不確定，則惟有減租限租，新大地主之出現，舊大地主之再興，均難阻遏也。其二，辦法中未明定保障佃耕農之永佃權，使佃耕農之地位，仍不可十分樂觀，蓋耕種權利

---

55 〈耕者有其田綏靖區域首先實行農民地主均有利蕭錚暢談土地改革前途〉，《申報》，第3版，1946年10月19日。
56 蕭錚：《蕭錚回憶錄：土地改革五十年》，頁73。

不固定，仍難以脫離地主之控制。其三，減租與減息，如車之兩輪，不可偏廢，舍一則另一必為無大功效之措施。固然土地處理辦法中不宜提及減息，但希望其他農村經濟有關法令中作一合理而有效之規定。」[57]

其次，國民黨選擇綏靖區這一類看似特殊之地區，以推行土地之改革法案，寄希望於在此特事特辦。國民黨所以做出如此選擇，看中的其實就是這一類地區舊有勢力既得利益集團虛弱，呈現一定真空，便於推動新法。但事實上隨著國民黨的軍事進展，連國民黨自己的喉舌都感慨：「還鄉隊等份子之良莠不齊，新的政策新的辦法誰能十足的予以監督執行？如果地主恃勢逞強，不給佃農減租又怎樣？他如給價收買問題，所有權重新確定問題，在在皆可以被不知守法的豪強所利用以自肥的。」換言之，這一類地區權力之真空並沒有想像中那麼大，追隨國民黨的還鄉勢力迅速補上，並與其他勢力之矛盾迅速激化。與土地問題捆綁交織的報復問題事實上始終沒有得到根治，各種亂象層出不窮，「綏靖區的基層政治落到了報復心理非常堅強的人們的手裡去。他們不但不會奉公守法，而且只有損人利己，不顧大體，破壞國家的威信，擾亂農村的秩序。」[58]

再次，作為國民黨政權的「新收復區」，綏靖區範圍內的國民黨政權統治基礎其實十分薄弱。雖然劃分了若干執行綏靖政策的實驗示範縣[59]，但其相關工作多數仍屬敷衍應付，無論是中央主管業務部門還是地方綏靖機構，對於相關政策的落實督導都難稱有力。具體來

---

[57] 石玉圭：〈論綏靖區之地制改革〉，《中央日報》，第8版，1946年10月29日。
[58] 〈綏靖區的土地問題〉，《東南日報》，第2版，1946年10月20日。
[59] 在綏靖區推行之新土地政策，即將開始實行，初步行動，為發行土地債券，與徵收綏靖區地主土地。據悉上述政策，將在綏靖區各模範縣首先推行，計蘇北四縣，山東兩縣，河北兩縣。參見〈綏靖區新土地政策即將開始實行〉，《和平日報》，第1版，1947年1月30日。

看，對於地籍調查這一基礎性工作，其完成程度就屬十分浮皮潦草，敷衍應付。在中央層面，國民政府地政署即便在最初國民黨整體局勢尚處較為穩定的時期，也只是派遣一個科長趕赴第一綏靖區所屬的蘇北各縣，實地視察中共之前統治該地區時期的「處分土地之實況，以便督導清理。」這種牽頭負責人層級很低，實地走訪範圍不廣，同時亦只是例行公事的考察，能獲取多少「實情」其實可想而知。與此同時，對於更多的廣泛分布於北方省份的綏靖區，地政署更是只用「函詢」的方式進行「詳詢」，未曾派人親赴實地開展調查。[60]

《綏靖區施政綱領》及《綏靖區土地處理辦法》賦予了省、縣政府以處理土地問題之責，但實際上彼時綏靖區較多的省政府有的被架空如山東省政府，有的如河北省政府輾轉平津保之間，無法對省轄境進行直接有效的統治，更別說指導綏靖區所屬各縣處理土地問題。而河南省境內本就設有多個綏靖區機構建制，情勢頗為複雜，河南省政府主席劉茂恩夾在一眾綏靖區其間，基本處於懸空狀態，其權柄甚至不如綏靖區司令官。至於縣政府，此時更是不少形同虛設，需要靠綏靖機構、綏靖部隊政工幹部包辦，有的甚至不在轄境內，躲在國民黨轄區後方安全地帶，國民黨中央三令五申仍不能驅使其回到轄境之內，遑論靠其推行新法新政。[61]

雖然按照法理賦予了國民黨政權體系中省、縣地方政府以權責，但地方行政系統之力量無法保證綏靖政策的貫徹落實。而綏靖機構雖然具備一定力量，但其實仍屬「以軍統政」性質。綏靖機構主官均為

---

60 〈行政院綏靖區政務委員會暨各部署綏靖工作報告〉（臺北市：「國史館」藏，國民政府文物檔案，1946年11月23日，典藏號：001-075700-00001-005。）

61 至一九四七年九月，行政院仍在為此發出訓令，鑒於「綏靖區各級行政機構，尚有少數流亡外省，或外地辦公者，政院為增進行政效力，加強剿匪工作起見，特訓令各省市政府轉飭所屬，將其機構，推進至轄區，並希切實遵行。」參見〈綏靖區機構向轄區推進〉，《和平日報》，第1版，1947年9月29日。

軍人出任,雖一再標榜「政治重於軍事」,但其主官之脾氣秉性、學識素養乃至其班底團隊,對此類事務均缺乏條分縷析,穩妥推進之能力。[62]即便以國民黨政權統治基礎較好的蘇北第一綏靖區為例,第一綏靖區在其工作綱要中對於土地問題只是寥寥數筆,頗為籠統地表示要「厲行中央土地政策」,但卻只是照抄國民黨中央的土地法案而已,沒有任何可供操作的相關配套實施辦法。[63]比之在綏靖區內推行「民眾組訓」、「編織情報網」、「編組民眾自衛隊」等看似立竿見影、得以明顯充實自身力量的舉措而言,綏靖機構主官對於解決土地問題這類雖然可能利在長遠,但又難以短期見效的政策變動,顯然並不熱心,缺乏足夠的意願去加以推動。

實際上,蔣介石等眾多國民黨中央高層雖然在思想意識層面認識到了土地問題之嚴重性,卻無法充分傳導到真正負責執行的綏靖體系負責人、地方黨政機構主官這一層級。彼時,報章輿論呼籲綏靖區土地改革的聲浪雖然較高,一時頗為熱鬧,但積極參與討論的也多是相關領域的學者知識分子和有關部門的技術官僚而已,他們在當時的國民黨統治區輿論場而言,也許一段時間內聲量很大,但究其實質更類似於雷聲大雨點小,其在國民黨政權架構中的真正話語權著實有限。隨著日後國民黨戰事急轉直下,國民黨政權雖然又推出一些草案,妄圖死馬當作活馬醫,但更類似於病急亂投醫,根本不具備實施新法案

---

62 如王耀武在出任第二綏靖區司令官期間,蔣介石就曾對王耀武出身軍旅缺乏經驗、如何執掌地方政務表示一定程度的擔心,認為「吾弟年輕,對於行政恐無經驗,平時亦未籌備此等政治幹部,輔佐乏人為慮」,並囑咐王耀武「對於人才必須切實研究物色與準備。第一步或即以現有省政人才中遴選,以免政務中斷也。」參見〈蔣中正電王耀武山東黨政軍亟宜統一在省府中遴選人才以免政務中斷〉(臺北市:「國史館」藏,「蔣中正總統」文物檔案,1946年4月13日,典藏號:002-020400-00036-027。)

63 第一綏靖區司令部編印:《第一綏靖區工作綱要》(泰州市:泰州市檔案館藏,1947年4月,檔號:0121-1947-001-0005-0001。)

的條件，多數方案亦最終難免落得胎死腹中之命運。

最後，回到整個國民黨政權推行土地改革問題的原點，就是國民黨在綏靖區推行土地新法到底有無真正的誠意與全盤規劃。其實站在局外人的角度，當時就已有專業學者尖銳地指出：「國民黨今天所要積極推行的土地政策，其惟一目的既然是為的對抗中共的土地改革，土地問題卻是在國民黨軍隊後方到處存在，如今卻只限於在綏靖區施行，顯然也只是頭痛醫頭，腳痛醫腳的辦法，假如中共在到處存在著嚴重的土地問題的國軍後方，發動起土地鬥爭來，豈不是會弄得顧此失彼嗎。」國民黨方面一向標榜倡導和平解決的辦法來處理土地問題，同時攻擊中共解決土地問題「往往易於趨向激烈」。而實際上，問題的關鍵在於國民黨往往就以和平辦法做掩護，實際上卻根本不去進行土地改革了。「國民黨當權已二十年，土地改革也已倡導了二十年」，但主持土地改革的蕭錚等人在發表談話時，「卻認為中國土地改革，應該首先在從共黨退出的綏靖區實行，豈不令人奇怪？」[64]

除此之外，無論是戰前還是戰後，國民黨推行土地政策無不援引孫中山「耕者有其田」之主張，上升到貫徹落實國民黨政綱之高度。然而，就只局限於綏靖區推行土地改革這一舉動而言，則是偏離了「耕者有其田」的最初航向。據曾任行政院秘書長，後又主持農復會工作的蔣夢麟回憶：早年孫中山曾詢問梁士詒，袁世凱何以贊成土地改革。梁士詒對此表示：「因為北方土地生產力量差，而大多數農民都有他們自己的土地，所以人們認為耕者有其田是當然的。」實際上，我國南北方情形本就不同，蔣夢麟到陝西甘肅等北方省份去做工作的時候，知道這兩省本來就是耕者有其田，只有在南方地區土壤肥沃的地方，土地成了買賣的商品和財富的資本。這樣一來問題的本質

---

64 毅民：〈內戰中所見國共土地政策及其實施〉，《經濟週刊》第4卷第17期（1947年）。

就業已發生了變化，實際上已經不只是吃飯問題，而且變為資本問題了。所以，就連作為國民政府高層的蔣夢麟都認為：「南北不同，就在這個地方，所以我們推行耕者有其田，首先著重南方」。[65]而國共內戰時期的各個綏靖區恰恰基本位於我國廣大的北方省份，甚至國民黨自己都在調查後也承認很多綏靖區的土地多以自耕農為主。因此，國民黨方面扛著「耕者有其田」的招牌，大張旗鼓的推行所謂綏靖區土地改革，其實頗有南轅北轍之感。

第二節　國民黨嘗試重建綏靖區金融體系

一　國民黨方面對綏靖區內「抗幣」處理的兩難困境

在國共內戰全面爆發之初，蔣介石就曾規劃設計了綏靖區在經過國民黨軍隊「軍事收復」之後的主要「政治與經濟政策」，其實也就是其處理綏靖區政治善後的總體思路。這些政策分為四項：「一、土地問題之解決；二、土地債券之發行，三、集體農場之設立；四、農村合作社與農民銀行之設立。」[66]在這其中，土地問題無疑是重中之重，其他政策措施無不是服從和服務於這一中心問題之解決。具體來看，其餘三項措施其實主要涉及到兩個方面，一是合作經濟之建立，二是農村金融之推行。而推行上述政策之前，首先要處理的則是綏靖區內金融的現狀問題，其實也就是「抗幣」之處理。

在當時來看，國共鬥爭局勢的演變，尤其是「抗幣」問題的處理已刻不容緩，迫使國民黨方面必須在綏靖區有所動作，才能穩定住綏靖區當地的金融局勢。更何況，即便是按照國民黨的規劃，在理論上

65　蔣夢麟：《西潮與新潮》，頁303-304。
66　《蔣介石日記（未刊稿）》，1946年7月23日。

日後條件具備的情況下舉辦集體合作農場，發放農業貸款，也離不開一個穩定的農村金融環境，迫切須要充分發揮中國農民銀行以及合作金庫等有關金融部門的作用。

「抗幣」其實就是抗日貨幣之意，主要由中共抗日民主政權主要發行於華中抗日根據地一帶。全面抗日戰爭爆發後，中共在敵後各地建立了抗日游擊政權，敵後抗日政權最初亦使用法幣。一九四二年夏天，南京汪偽政府在江蘇、安徽、浙江、南京、上海宣布偽中儲券為「新法幣」，禁止使用法幣，並以一比二的比價兌換法幣。汪偽政權「排斥法幣，使用偽幣，再使淪陷區的法幣沖回根據地，貨幣鬥爭，到了短兵相接的肉搏階段。敵偽使用的武器是偽幣，重慶使用的武器是關券，把法幣當作子彈打來打去，根據地在夾縫中受到了嚴重影響。」[67]當時，華中各解放區為了抵制敵偽套取法幣，吸收解放區內物資，支持侵略戰爭，並抵制偽幣侵入解放區，變相的掠奪物資，所以發行獨立自主的抗幣。[68]

「抗幣」實際上是戰時特殊貨幣的統稱，即是中共抗日政權的貨幣之意。實則隨地區不同，有好幾種貨幣，每一個地區都有銀行，發行名義不同的貨幣。「我們的抗幣有淮南銀行、江淮銀行、鹽阜銀行、淮北地方銀號、蘇浙銀行、大江銀行等六種抗幣，以前分別在淮南軍區、蘇中軍區、蘇北軍區、淮北軍區、蘇浙軍區、皖江軍區之內流通使用。日本投降以後，這六種抗幣已經華中財委會宣布在華中解

---

67 范醒之：〈為什麼發行抗幣〉（1942年10月），江蘇省財政廳、江蘇省檔案館財政經濟史編寫組合編：《華中抗日根據地財政經濟史料選編（江蘇部分）》（北京市：檔案出版社，1984年），卷1，頁520。
68 陳穆：〈華中的貨幣——抗幣和華中幣〉（1945年10月25日），江蘇省財政廳、江蘇省檔案館財政經濟史編寫組合編：《華中抗日根據地財政經濟史料選編（江蘇部分）》卷4（北京市：檔案出版社，1986年），頁44。劉道元：《近代名家散佚學術著作叢刊中國通貨膨脹論》（太原市：山西人民出版社，2015年），頁40。

放區不分地域等價流通使用,各軍區行政公署,也已經頒布了不分地域等價流通的告示。同時華中銀行也發行了華中統一的華中幣。」[69]與此同時,還存在著由陝甘寧邊區政府所屬的陝甘寧邊區銀行所發行的「邊幣」,同樣流通於敵後抗日根據地。上述這些地區在國共內戰之初國民黨軍事進展尚且順利之時,部分曾被攻占。國民黨於軍事占領之後,在討論綏靖區如何處理「抗幣」與「邊幣」問題時,是將二者一併看待的,故本文在討論時亦主要以「抗幣」來代指這一類問題。

抗日戰爭結束後不久,彼時國共兩黨尚處於戰後政治協商談判階段。國民黨方面就已獲取情報得知,中共此時在各根據地所發行的抗幣,正在以一元折合偽中儲券五千元套換法幣,「以收買土產品,企圖掌握充分之糧油鹽布作準備,並圖控制適當之黃金與外匯,以供調劑之需。」國民政府財政部為此曾向蔣介石侍從室呈報此重要情況。國民黨中樞為此擬定的對策是「嚴禁將糧鹽油布金銀等物資向邊區輸送,並與宣傳查禁各節相輔而行,以期促其空頭紙票,早日崩潰。」[70]

從上述國民黨內部的研究判斷可見,國民黨方面最初處理「抗幣」的思路是加強對中共解放區展開封鎖,控制關鍵貨物的流通,使中共根據地發行的「抗幣」逐漸成為「空頭支票,早日崩潰」。然而,這種想法實際上過於簡單化了,在當時的條件下根本無法實現。時至一九四六年一月初,「至今抗幣並未崩潰,可見一切計劃徒托空言,毫無實效。」[71]

---

69 陳穆:〈華中的貨幣——抗幣和華中幣〉(1945年10月25日),江蘇省財政廳、江蘇省檔案館財政經濟史編寫組合編:《華中抗日根據地財政經濟史料選編(江蘇部分)》卷4,頁44。

70 公安部檔案館編注:《在蔣介石身邊八年:侍從室高級幕僚唐縱日記》,1946年1月3日,頁576。

71 公安部檔案館編注:《在蔣介石身邊八年:侍從室高級幕僚唐縱日記》,1946年1月3日,頁577。

隨著國民黨軍事「收復」的地區日漸增多，新情況亦逐步顯現，「由於軍事的進展，國軍收復了許多地方。共軍在這許多地方，所施行的政治經濟措施當然與中央不同。於是遂發生了這樣的問題：就是政府對於中共這許多措施，究竟採取什麼樣的態度呢？」[72]「抗幣」問題之處理對於此時的國民黨政權而言，顯得愈發棘手。國民政府作為當時中國合法的中央政府，其無論是從自身地位計，還是與中共展開政治鬥爭計，均是絕難承認「抗幣」之合法地位的。但又限於當時國共兩黨還處於從協商談判到全面軍事對抗的過渡階段，其在操作過程中受到國共兩黨政治局勢的影響，無法做到一刀切解決，同時自身金融體系亦不穩定，貿然操切舉動又會造成綏靖區金融秩序紊亂，最終傷及綏靖區民眾。整個處理過程充分展現了國民黨政府的兩難處境。

最初，還處於戰後協商階段的國共兩黨尚未在關內地區爆發大規模軍事衝突。國民黨方面最初希望利用封鎖中共根據地，執行貨物禁運等非軍事手段，使「抗幣」逐漸成為「空頭支票」，但顯然執行效果不彰。而後，隨著國共雙方進入打打談談之階段，國民黨在最初軍事進展還算順利之時，「收復」之地漸多，可是南京中央一時間又沒有及時討論出臺總體意見。國防部參謀次長郭懺在一九四六年八月的國防部參謀會報中曾對此表示疑惑：「『匪區』抗幣處理問題，承認抑不承認？由新聞、民事兩局會同研究，擬具意見呈核。」[73]而國民政府收復初期又沒有充足的法幣供應[74]，因而陷入到「抗幣」名義上不許流通，實際上又無法禁絕的尷尬狀態。因此，各綏靖機構及綏靖部隊政工部門只能採取一種擱置與凍結的臨時性措施，「協助縣政府停

---

72 〈論政府對於綏靖區貨幣的措施〉，《經世日報》，第2版，1946年10月24日。
73 〈國防部第十一次參謀會報紀錄〉（臺北市：「國家發展委員會檔案管理局」藏，1946年8月13日，檔號：B5018230601/0035/003.9/6015.4。）
74 〈論綏靖區財政經濟設施〉，上海《民國日報》，第2版，1946年12月6日。

止使用在收復區流通之抗幣,並布告通知,以抗幣所生之債權債務關係,暫維現狀,不得另生糾紛。」[75]

然而,上述做法終究並非長久之計,國民政府為此陷入困境,「在處理上,承認不合適,否定則又將害民,此固須視將來大局是否分裂,目前難作具體規定,然大局在尚未明朗以前,已收復的地區雖然暫時停止流通,但豈能長此不予處理?」[76]

這一時期,褚輔成、章士釗作為社會賢達,曾就「抗幣」處理問題發表了自己的看法,引起社會輿論和國民黨高層之關注。褚輔成表示:「處理抗幣問題,根本要視大局是否分裂而定,倘大局能實現和平統一,應由政府定價收回,且國家幣制不能紊亂,一旦統一後,當然不應再有『抗幣』存在。」褚輔成主要是就當時國內政治大局而闡發,彼時國共之間雖已爆發軍事衝突,但至少談判還未曾破裂,其內心仍寄希望於「和平統一」,以協商談判的方式處理包括「抗幣」在內的一系列問題。章士釗則認為,「土地收復後,抗幣應用法幣照各地原來比價收回,至於技術問題,應由負責人臨時斟酌當地情形決定,萬不可以照過去處理上海偽幣以二百兌一之辦法為例,使人民蒙受意外損失。」[77]章士釗以抗戰勝利之初國民政府接收汪偽政權統治地區,處理偽中儲券時混亂不堪,致使淪陷區民眾蒙受重大損失一事,諄諄告誡國民黨當局殷鑒不遠,不可不預為之防。褚輔成、章士釗兩人所發表的意見,在當時其實引起了國民黨高層的注意,剪報甚

---

75 〈蔣中正電白崇禧建設地方自治等希以此意編輯具體條文從速頒行為要〉(臺北市:「國史館」藏,「蔣中正總統」文物檔案,1946年8月30日,典藏號:002-020400-00008-145。)

76 〈綏靖區的問題〉,天津《益世報》,第1版,1946年10月23日。

77 〈蘇北解放區收復後如何處理地籍抗幣〉(1946年10月),季嘯風、沈友益主編:《中華民國史史料外編——前日本末次研究所情報資料(中文部分)》(桂林市:廣西師範大學出版社,1997年),第98冊,頁202。王天松編著:《褚輔成年譜》(北京市:學苑出版社,2015年),下冊,頁829。

至被直接送至國防部參謀總長辦公室,陳誠就此曾做出親筆批示:「欲使『剿匪』政略與戰略配合,此文似不可不讀。」[78]

陳誠的看法實際上代表了部分國民黨高層的意見,他們在決策過程中並未聽進章士釗、褚輔成二人的正面忠告。相反,卻將二人所提及的綏靖區貨幣與土地問題,作為相關「剿匪政略」的一部分加以看待,使其與「戰略」配合,服從並服務於與中共的軍事對決。而且,在國民黨官方看來,「共黨以前所發『抗幣』,與敵偽期間之偽幣及軍用票無殊」。正是在這個判斷之下,處理兩者之方法也就沒有本質差別。「當局於收復初期,缺乏法幣流通,雖不妨暫准使用,然為保持法幣統一,便利物資流通起見,『抗幣』自應廢止,惟一經廢止,已不值一文,人民遭受損失不貲……似不妨援用勝利初期法幣兌換中儲券及聯銀券辦法,由當地政府比較最近物價變動趨勢,在政府能力範圍內,酌定收換比率,陸續收回銷毀,由國庫負擔損失;並由財政部通令全國不許印製法幣以外之另一種非法通貨,如敢故違,一經查獲,應按偽造貨幣罪,從重處辦。」[79]而隨著國民黨和共產黨因為召開「國民大會」問題,矛盾逐漸激化而最終不可協調。國民政府在此前後公布了《綏靖區施政綱領》及相關配套辦法,不再顧忌所謂政治環境,而是強硬處理綏靖區之抗幣問題,更是幾乎重演了當初接收淪陷區,處理偽中儲券的一幕。

《綏靖區施政綱領》作為國民政府頒布的,負責指導整個綏靖區工作的綱領性文件,其中對於綏靖區金融貨幣工作自然有所指示與布置,其第十一條規定:「綏靖區內非法發行之幣券,一律作廢,禁止使用。由中央銀行充分供應法幣,中國農民銀行舉辦小本無息貸款,

---

[78] 季嘯風、沈友益主編:《中華民國史史料外編——前日本末次研究所情報資料(中文部分)》,第98冊,頁202。

[79] 〈論綏靖區財政經濟設施〉,上海《民國日報》1946年12月6日,第1張第2版。

並由救濟機關舉辦急賑,以法幣或實物發給赤貧人民,以維持其生活」。在此之後頒布的《財政金融緊急措施》中關於貨幣方面的規定,便是根據上條綱領的原則釐定出來的,是其細化的實施辦法。

根據《綏靖區施政綱領》與配套措施上面的規定,中共在解放區所發行的「邊幣」與「抗幣」等一律作廢,每一地區收復,立即布告通知。但仔細考察各個綏靖區的實際情況就會發現,「這種硬性的處理辦法,略有斟酌的餘地。中共政權所發行的幣券,的確是不合法的,但不合法的是否就應作廢呢?這是一個現實的經濟問題,不能以法律觀點來解決,中共所發行的幣券,既然已在市面流通,保留在老百姓手中,便是表示百姓已提供過物資或勞力。老百姓是無辜的,他們以血汗換來的幣券,一夜之間,便成為廢紙,這是一種無枉的損失。政府對於這種淺而又顯的道理,當然非常明白。過去收兌偽中儲券,偽聯銀券不就是出於上面那種考慮嗎?何以偽組織非法發行的幣券可以規定兌換比率照樣通用,逐漸收回,而現在對於中共非法發行的幣券便宣布一律作廢呢?偽組織統治下的是中國老百姓,中共控制下的也是中國老百姓,同是中國老百姓,政府便沒有厚此薄彼的理由,何況中共控制區域多是過去淪陷區,其所遭災難更大。」[80]

國民政府實際上也注意到了一律禁止使用「抗幣」之舉勢必會導致廣大綏靖區市面上發生貨幣缺乏的後果,所以一併規定由中央銀行大量供應法幣。然而,實際上這種法幣供應能否保證本身就成問題,且抗日戰爭勝利之際各種接收亂象殷鑒不遠,「過去平津一帶飛來的人員千元大鈔無法找零到處狂買的情形,大家應該記憶猶新。可是這樣一來,不會刺激物價嗎?老百姓房子被燒了,財產蕩然無存,還能受得住高物價的壓迫?」也許農民銀行的無息貸款和救濟機關的急賑

---

80 〈論政府對於綏靖區貨幣的措施〉,《經世日報》,第2版,1946年10月24日。

可以滿足老百姓的貨幣需要,可是從過去辦理小本貸款與急賑的成效來看,似乎希望並不大,並且即使這樣,保有那許多「非法幣券」的老百姓,總是要蒙受損失的。[81]

國民黨方面在處理綏靖區「抗幣」問題實際上處於兩難困境。作為以合法中央政府自居的國民政府,其自然無法容忍包括綏靖區在內的自身統治區內有另一套貨幣流通,影響其自身金融體系運行。但又限於當時國共兩黨還處於從協商談判到全面軍事對抗的過渡階段,其在操作過程又要受到國共兩黨政治局勢的影響,而其自身金融體系又極不穩定,最終國民政府的決策相當於重演了抗戰勝利之初收兌淪陷區偽中儲券的一幕,對其重建綏靖區統治秩序的目標是弊大於利的。

二 中國農民銀行、中央合作金庫觸角向綏靖區鄉村的滲透

國民黨政權意欲重建綏靖區的金融體系,藉以穩固其在綏靖區的統治秩序。在這其中,中國農民銀行、中央合作金庫在此期間被國民政府賦予了重要使命和任務。而實際上,農村金融機構及合作金融機構所處的地位在國民黨內也自有其歷史淵源,而在這其中,陳果夫及其所屬派系人馬在蔣介石的大力支持下發揮了重要的作用。

早在二十世紀三〇年代,國民黨還在大力「圍剿」南方蘇區,為處理軍事占領之後的農村善後問題,蔣介石就曾致電其智囊楊永泰,明確指出應該謀劃成立農民銀行這類農村金融機構:「農村經濟之發展,非趕設農民銀行不可,中擬由總部發起呈請政府設立豫鄂皖贛四省之農民銀行,發行有獎債券貳仟萬元為資本,請兄查仿法意等國農

---

81 〈論政府對於綏靖區貨幣的措施〉,《經世日報》,第2版,1946年10月24日。

民銀行之制,派員切實研究進行組織。又屬豫鄂各省地方長官多發賑濟匪區之電,使社會注意於此。」[82]這也是四省農民銀行創立的緣起,最初由湖北省領銜創辦,彼時尚屬地方銀行性質。而在謀劃創立農民銀行之初,蔣介石就已下定決心「思以全力促成其事也」[83],並親自擔任四省農民銀行之董事長,同時對於農民銀行組成人員之選拔有所布置。鑒於陳果夫在國民黨內熟悉農村金融人才,蔣介石密切囑咐其推薦相關人才,以備採用,「鄂省擬創辦農民銀行,並指定數處倡辦合作事業。兄於此類人才物色有素,希精選保薦候用。」[84]這其實也為蔣介石日後請陳果夫於戰後出山執掌中國農民銀行制定綏靖區農地改革政策埋下伏筆。

而對於所謂合作經濟,蔣介石曾明確表示:「合作訓練班設在都市,不如在鄉間。一則可使受訓者習慣鄉間生活與情形,二亦可使地方發展。以後凡新設訓練之事,決定避開都市,設有鄉間為宜。」[85]而在「豫鄂皖贛四省農村合作指導員訓練所」開辦之後,蔣介石親臨其開學典禮,並闡述所謂「合作訓練之意義與目標」。在蔣介石看來,「合作」是在農村肅清中共勢力的利器,而「合作社」這一組織形式是「國民革命的經濟基礎」。[86]

隨著國民黨第五次「圍剿」中央蘇區得手,中央紅軍被迫實施戰略轉移,因而最初原本專為鄂豫皖贛四省「剿匪」事宜而設的四省農民銀行勢必需要更換名義。國民政府為此將其擴充改組為中國農民銀

---

82 呂芳上主編:《蔣中正先生年譜長編》,第3冊,頁746頁。
83 呂芳上主編:《蔣中正先生年譜長編》,第3冊,頁753-754。
84 〈蔣中正電陳果夫鄂省擬辦農民銀行兼合作社請保薦人才候用〉(臺北市:「國史館」藏,「蔣中正總統」文物檔案,1932年10月8日,典藏號:002-010200-00072-074。)
85 呂芳上主編:《蔣中正先生年譜長編》,第3冊,頁782。
86 〈合作訓練之意義與目標〉(1932年12月1日),秦孝儀主編:《總統蔣公思想言論總集》,卷10,頁671-676。

行，最初由蔣介石親自兼任董事長，全面抗日戰爭爆發前後轉為孔祥熙負責，直至孔祥熙因抗日戰爭末期政潮下臺。抗戰勝利後不久，蔣介石即派其子蔣經國親往徵詢陳果夫意見，是否願意擔任中國農民銀行董事長一職，陳果夫遂「允之」。約在同時，國民黨中央財務委員會完成改組，亦由陳果夫兼任主任委員。陳果夫於是借此機會走馬上任，掌舵中國農民銀行，並參與整個國民黨中樞的財經決策。[87]

陳果夫的老部下，同時也是國民黨綏靖區土地政策的主要起草人蕭錚，在晚年曾回憶道：「陳果夫一生的經歷中，擔任過的職務非常多，除了參加革命和從政外，他曾在錢莊工作，又創辦了合作事業，對土地政策、農田水利、廣播、電影等文化事業都有貢獻。」從中可以看出，掌控國民黨農村合作事業和農村金融機構是陳果夫從政的重要經歷。蕭錚尤其注意到陳果夫在國民黨高層中對於土地問題稱得上「十分關心」，「民國二十三年，他曾與四位委員聯署，向中國國民黨第四屆中執會提出：『推行本黨土地政策綱領』，隨即獲得通過。次年，果夫先生任中央土地專門委員會主任委員，即著手積極從事土地調查工作。」在晚年蕭錚的印象中，「果夫先生對土地問題，最難得的是，果夫先生是位深切瞭解『有土斯有財』道理的人，這也是他積極主張土地改革，健全土地政策的原因。」[88]事實上，陳果夫早在主政江蘇時期，就已經十分注意「通過江蘇省農民銀行這一金融機構，向江蘇農村伸出一條條觸角，又通過農行在江蘇農村廣設的農業倉庫

---

87 溫樂群整理：《陳果夫日記摘錄（下）》，1945年9月11日、1945年9月22日，《近代史資料》（總132號）（北京市：中國社會科學出版社，2015年），頁188。
88 〈陳果夫先生百年誕辰口述歷史座談會紀實〉（1991年9月19日），陳鵬仁主編：《百年憶述：先進先賢百年誕辰口述歷史合輯》（臺北市：近代中國出版社，1999年），第4冊，頁295-296。

和扶植的各類合作社,建立起了控制江蘇農村經濟的金融網絡。」[89]戰後,陳果夫出山所提之方案,基本上是將之前自己的江蘇經驗力圖規劃擴展至整個綏靖區範圍,並借助中央政府的力量對其加以強化。

在戰後的農地改革過程中,時人其實業已注意到,「在農業生產的改良中,中樞和地方必須加強農業金融機構與合作金融機構的地位與實力,使他們能配合政府的政策,絲絲入扣的一致推行,然後可望收到事半功倍之效。」[90]而陳果夫在國民黨內高層中對於土地問題固然十分關心,但在戰後其之所以可以將自己對於農村問題的「關心」轉化為影響國民黨的土地政策的程度,原因在於其成功控制了中國農民銀行及合作金融機構,借助相關機構的力量,能將自身意見主張盡可能轉化為國民黨中央所發布的政策措施,並得以擴張其派系自身勢力,將其觸角盡可能地向綏靖區延伸下探。

早在一九四六年六月,蔣介石在面對即將赴任的綏靖系統政工幹部訓話時就曾表示,要將「處理土地問題,可由農民銀行發行土地證券或糧食證券」作為國民黨政工人員在綏靖區所要堅持的「實行主義之中心工作」,而「合作社為實行主義最有效的工具,大家要協助其業務的發展。」[91]按照國民黨方面的思路,綏靖區最主要的經濟政策,「一是土地政策,即關於土地的處理,二是糧食政策,即如何保管糧食,因為糧食比土地更重要。主席說,解決糧食最重要的辦法,就是運用合作社。」[92]一九四六年九月,蔣介石為確保政策迅速落實見效,就已經急切地督促中國農民銀行董事長陳果夫、總經理李叔

---

[89] 吳曉晴:《陳果夫主政江蘇和他的CC班底》,江蘇省政協文史資料委員會編:《江蘇文史資料集萃》(1995年),政治卷,頁70。
[90] 〈農地改革的先決條件〉,《申報》,第2版,1946年8月30日。
[91] 呂芳上主編:《蔣中正先生年譜長編》,第8冊,頁399-400。
[92] 鄧文儀:〈綏靖區之改造與建設〉,《國防月刊》第6卷第4期(1948年),頁7。

明，要求凡是經過國民黨軍隊收復的縣份，「應迅速開辦農民銀行支行或辦事處，協助收復區經濟建設事宜，對於農村土地證券一項，前經面囑，希早作準備為要。」[93]

而在此之前，蔣介石在廬山曾就土地問題專門召集「中國農民銀行董事長陳果夫和總經理李叔明二氏，商討如何進行改革」。[94]中國農民銀行的負責人更是直接參與了一九四六年夏天的廬山高級政工會議上關於綏靖區政策綱領的討論，以及隨後由行政院院長宋子文主持的關於綏靖區土地改革綱領草案的起草工作。陳果夫在此期間發揮了重要作用，其在上廬山途中得知自己之所以蒙蔣介石召見，乃是因「其（蔣介石——引者注）擬定『剿匪』區域內措施辦法中有數事，與我平時之主張同，如發行土地債券收購土地，發行糧券收購糧食及合作社之分配等，故命余來，參與計議也。」而陳果夫所提有關土地改革之建議各點「均蒙採取」。[95]

最終討論成型，並由國民政府頒布的《綏靖區施政綱領》對於綏靖區金融問題做出了如下規定：「綏靖區內非法發行之幣券，一律作廢，禁止使用。由中央銀行充分供應法幣，中國農民銀行舉辦小本無息貸款，並由救濟機關舉辦急賑，以法幣或實物發給赤貧人民，以維持其生活」。而對於綏靖區內的農村經濟事業之發展，《綏靖區施政綱領》則明確要求：「綏靖區應普遍推行合作事業，及發展農村之經濟，由合作金庫與中國農民銀行供應資金，舉辦農貸。國家與地方金融機構並應普設分行，以協助工商業之復興。」[96]從中可見，因陳果

---

93 任育德主編：《遙制坤輿：蔣介石手令與批示》（香港：開源書局出版公司，2020年），頁138。

94 〈農地改革的先決條件〉，《申報》，第2版，1946年8月30日。

95 溫樂群整理：《陳果夫日記摘錄（下）》，1945年8月12日、1945年8月13日，《近代史資料》總132號（北京市：中國社會科學出版社，2015年），頁194。

96 〈國防最高委會通過綏靖區施政綱領〉，《申報》，第3版，1946年10月23日。

夫之主張與意見多數為蔣介石最終決策所採納，中國農民銀行、中央合作金庫在戰後的綏靖區金融體系中的角色與作用可謂分外吃重。

中國農民銀行在其總部機關，「為配合政府促進綏靖區農村經濟建設，實施土地政策起見，特設綏靖區業務推進委員會以專其責，該會主要任務為綏靖區分支機構之設置變更，工作人員之調派考核，業務資金之籌措運用，以及其他經建暨土地處理等事項之籌劃督導，並視事實需要，分設小組，深入各區辦理該會決議交辦事項，與有關綏靖區業務之建議專項等。」[97]具體到綏靖區前沿，則要「隨軍事進展設立金融機構，辦理小本借貸或救濟赤貧。」[98]這還只是當時緊急狀態下的應急之需。當時的綏靖區大部分在華北地區，而「當地人民真是所謂『無民不難，有人皆窮』，這些地方應當是救濟第一。」而救濟款項則耗費數額極其巨大，「最近留平冀籍參政員耿毅等致行政院代電呼籲救災，其實豈僅冀省，察熱魯豫何莫不然。這個代電所請求的各項救濟費用，總額達四百八十四億七千四百肆拾萬元，一省如此，若合全國各綏靖區總計起來，將是一個天文數字，這不僅不是國庫所能擔負。」[99]除此之外，中國農民銀行還要與中央合作金庫一同舉辦農貸共同負責輔助農業合作社之推行。按照蔣介石之要求，「關於增進人民生活與處理土地問題最應注重者：一、農民銀行各城鎮之設立及其重要市鎮之農行辦事處之成立。」而農村合作社之設立，「應由農行與社會部之總合作社協力進行。」[100]這其實相當於為農民銀行在

97　〈綏靖區免征田賦後地方經費中央補助〉，天津《益世報》，第2版，1947年2月5日。
98　〈國防部第十一次部務會報紀錄〉（臺北市：「國家發展委員會檔案管理局」藏，1946年10月26日，檔號：B5018230601/0035/003.9/6015.2。）
99　〈擁護綏靖區施政綱領〉，《華北日報》，第2版，1946年10月23日。
100　〈蔣中正電陳誠鄧文儀政工人員進入共區後增進農民生活等應注意事項〉（臺北市：「國史館」藏，「蔣中正總統」文物檔案，1946年8月7日，典藏號：002-020400-00036-037。）

綏靖區廣設網點，向綏靖區鄉村社會滲透，明確提出了硬性要求。中國農民銀行為了推進綏靖區農貸業務，「特於行內設立綏靖區業務推進委員會，以專責成」。在《綏靖區施政綱要》頒布一個多月後，中國農民銀行實際上也主要是在國民黨統治較為穩固的蘇北綏靖區有所發展，「已於南通、銅山、連雲、江都設立農民銀行辦事處，碭山、宿遷、淮陰、寶應、高郵、泰縣、如皋、靖江等八縣已派員籌設機構。」而冀東綏靖區則仍舊處於「飭主管行處從速設立機構」階段。[101]

然而，中國農民銀行的這種擴張速度，實際上仍然根本做不到適應國民黨的軍事局勢變化，距離當初蔣介石所提之要求相去甚遠。國民黨當局對此內部也是很不滿意。以華北重鎮張家口為例，作為華北地區的較大城市和察哈爾省的省會，張家口及其周邊地區在被國民黨軍隊「收復」一個多月後，其綏靖區的金融統治秩序恢復進度仍然十分有限。中央銀行張家口分行還仍在組建過程中，而「其他有關建設地方扶助農村的金融機構亦在籌劃分別展開工作」。連國民黨軍方的輿論喉舌《和平日報》都看不下去，不得不承認張家口收復已久，而中央銀行及其他有關建設地方扶助農村的金融機構，仍未成立，是「值得批評的」。[102]而即便是行政院綏靖區政務委員會工作報告中所提到的在蘇北地區搭建了農民銀行的辦事處機構，但距離其實際發揮效能顯然仍有很大差距，因為國民政府這一時期的財政撥款實際上已經捉襟見肘，以致於「農民銀行也在蘇北廣設辦事處，辦理緊急農貸，但也正待政府核撥鉅款，方能發揮力量。」[103]

---

101 〈行政院綏靖區政務委員會暨各部署綏靖工作報告〉（臺北市：「國史館」藏，國民政府文物檔案，1946年11月23日，典藏號：001-075700-00001-005。）
102 〈綏靖區政務會議閉幕標題——勗勉綏靖區各級工作人員〉，《和平日報》，第1版，1946年11月22日。
103 〈快辦蘇北善後〉，天津《大公報》，第2版，1946年11月20日。

在中國農民銀行機構設置拓展網絡不甚順暢的前提下，綏靖區內的中國農民銀行所主辦的業務也勢必存在相當問題。按照蕭錚之設想，「至各區域地主，因本辦法之實行，使其已被非法分配實際上已經喪失之地權重行獲得補償，由中國農民銀行給予信用極為穩固之土地債券，可分年向銀行收回地價，而無須再行負擔田賦，因為依照該辦法，此次被徵收土地稅轉移於領地之農民負擔，使地主嗣後可藉收回地價，轉投資於實業，成為現代經濟制度下之企業，而於地主實亦有利。」[104] 蕭錚在理論上似乎設法找到了一個與國民黨政權而言的「兩全」方案，而其中土地債券無疑是關鍵一環，推行政策的重中之重。

中國農民銀行於各個綏靖區所設立的各類辦事機構，需要做到「扶助農村經濟建設，與發行土地債券，徵購土地，辦理小本貸款，第一期共一百廿億元，分配各區縣。」[105] 而發行工作則「將在綏靖區各模範縣首先推行，計蘇北四縣，山東兩縣，河北兩縣。一俟推行具有成效，再作全面推廣。土地債券系由中農發行，票面依實物計算，共為稻穀一千萬石，小麥一千萬石，年息四厘，分十年還清。是項債券，中農正在上海印刷。」[106]

因為彼時國民政府統治區域通貨膨脹趨勢日益明顯，法幣大幅貶值，因而在發行綏靖區土地債券之時乃採用實物本位制度。然而這種執行方法在落實過程中則很成問題，「如分期償付辦法，在幣值未穩定前，即難以當地農產物為計算標準，恐亦難取得地主滿意。倘分期拉長於十五年至二十年，（地政學會有此建議）則更將大失地主之

---

104 〈耕者有其田綏靖區域首先實行農民地主均有利蕭錚暢談土地改革前途〉，《申報》，第3版，1946年10月19日。

105 〈綏靖區政務委會各機關工作綜合報告〉，上海《民國日報》，第1版，1947年1月26日。

106 〈綏靖區新土地政策即將開始實行〉，《和平日報》1947年1月30日，第1版。〈中國農行將發行綏靖區土地債券〉，《申報》，第2版，1947年1月30日。

望。」^107 顯然，此項計劃執行起來並不具備操作性，且觸動地主利益對於國民黨方面來說顯得十分困難而缺乏主動意願。相比上述這些操作層面的困難，對於國民黨當權者而言，頗為頭疼的乃是土地債券之流通性問題。土地債券如果流通性不佳，則地主顯然更不願意配合國民黨的政策舉動，勢必造成更多的連鎖反應，於國民黨方面極為不利。

白崇禧在視察位於蘇北的綏靖區之後，曾將相關問題，尤其是土地債券問題向蔣介石詳細呈報，其中表示：

> 土地處理問題：關於土地之徵收，一般心理最感疑懼者，即土地被徵收所得之土地債券，如非有價證券，不能流通市面及銀行許可抵押，必使中小地主賴以維持生計之產業，變成廢紙。故希望政府於徵收土地時，應按當時市價發給土地債券，並通飭各有關機關遵照中國農民銀行土地債券法第十三條「土地債券得自由買賣抵押，並充公務上一切保證金之用」之規定辦理，責令國家銀行，優予貼現之便利。又綏靖區內之農地，經非法分配者，如一律由縣政府徵收，範圍廣泛，辦理殊多困難。擬分就各地情形，規定徵用土地最低限額，對於中小地主有少量田畝者，不予徵用，以資兼顧。[108]

按照國民黨所制定綏靖區土地債券發行辦法運轉起來，其實距離「耕者有其田」實際上南轅北轍，真正得到實際利益的，「只有中國農民銀行。有些地主看到大局未定，不一定回家，賣給『中農』，只能拿

---

107 〈綏靖區的問題〉，天津《益世報》，第1版，1946年10月23日。
108 〈白崇禧呈蔣中正綜合視察蘇北各方意見及綏靖區政務目前亟待解決事項等文電日報表等二則〉（臺北市：「國史館」藏，國民政府文物檔案，1947年3月2日，典藏號：002-080200-00535-179。）

到無法解決當前問題的土地債券,土地購買者,除了負擔賦稅外,還要按期償還農貸本息,也決不會比種地主田時好一些。」[109]最終,隨著國民黨統治區經濟形勢日趨惡化,通貨膨脹大為加劇,土地債券價值亦大幅縮水,綏靖區土地債券並沒有真正發揮多大實際作用,後期為所謂地價券所實質取代,幾近於草草收場。[110]

在國民黨方面看來,合作運動「是一個溫和的節制資本的合作經濟制度」,被列為國民黨中央七項運動之一的運動。[111]至於綏靖區的合作事業,《綏靖區施政綱領》明確規定了合作金庫的職責與權力,「綏靖區應普遍推行合作事業,及發展農村之經濟,由合作金庫與中國農民銀行供應資金,舉辦農貸。國家與地方金融機構並應普設分行,以協助工商業之復興。」[112]廣設合作金庫舉辦農貸,發展所謂農村合作事業,其實也是陳果夫向蔣介石及國民黨中央力薦的結果。

事實上,陳果夫堪稱國民黨黨內最熱衷於所謂「合作運動」的高層人物之一,其「對國民黨的合作運動是有野心的,所以他(陳果夫——引者注)很早就注重組織」。[113]而且,早在陳果夫主政江蘇省時期,就已對此有過初步實踐,其亦是通過省農民銀行這一金融機構,向全省的農村伸出一條條觸角,又通過農行在廣大農村地區扶植的各

---

109 毅民:〈內戰中所見國共土地政策及其實施〉,《經濟週刊》第4卷第17期(1947年)。
110 蕭錚日後在立法院接受質詢時就曾表示:「債券如不能抵押,便失去價值。如可轉抵押,便要增加國幣的發行,所以我們討論的結果,採用這種不能流通的地價券,土地債券制度較為健全,我們提倡多年,這裡所以不用,正因為全國性的大舉,不敢叫國家發行這種太大額的債券,地價券是小地區範圍內的不流通證券,較易處理也。」參見蕭錚:《中華地政史》(臺北市:臺灣商務印書館,1984年),頁324。
111 芮競:〈論蘇北綏靖工作〉,《中央日報》,第5版,1947年4月10日。
112 〈國防最高委員會通過綏靖區施政綱領〉,《申報》,第3版,1946年10月23日。
113 壽勉成:〈陳果夫與國民黨的合作運動〉,全國政協文史資料研究委員會編:《文史資料選輯》,第80輯(北京市:文史資料出版社,1982年),頁174。

類合作社，建立起控制全省農村經濟的金融網絡。[114]而合作金庫最初的目標也極其明確，就是為了服務國民黨政權綏靖區經濟政策而設立，「合作金庫，撥了一百億元的專款。該金庫的工作對象，就是綏靖區。」[115]中央合作金庫總經理壽勉成亦曾表示：綏靖區為中央合作金庫工作的起點。[116]由陳果夫擔當首任理事長的中央合作金庫則於一九四六年十一月一日舉行了開幕儀式，陳本人親自到場出席並致詞。[117]

中央合作金庫則是按照國民政府之要求，最初在各個綏靖區「設置分支機構，及專款配合卅二億二千一百萬元，其次輔導合作事業，並辦理信託業務，使各綏靖區成立合作社，該庫辦理綏靖區業務，分期分區之概算，共四百五十億元。」[118]事實上，綏靖區機構為了推行蔣介石所一再提及的合作社組織，曾專門設立了綏靖區合作事業管理處，甚至擬定了一套綏靖區合作法規強制推行。但這一套辦法實際上仍以早年「圍剿」蘇區時期的經驗為依規，即以四省總部的反共經驗為依據，所以該合作處的人事，也完全物色以前在四省總部辦過合作工作的舊幹部。這一時期，綏靖區推行合作社的計劃事先其實並沒有同國民黨政權體制下主管合作事業的社會部合作局協商，其所頒布的有關合作法規也從未經過行政院和立法院的核議頒行，完全作為軍事的緊急措施處理。合作局乃於以前在重慶所組織的合作工作輔導團總

---

114 吳曉晴：《陳果夫主政江蘇和他的CC班底》，江蘇省政協文史資料委員會編：《江蘇文史資料集萃》（1995年），政治卷，頁67-70。

115 〈由目前經濟危機談到綏靖區經濟〉，《和平日報》，第2版，1946年12月21日。

116 〈中央合作金庫總經理壽勉成的講話〉（1947年1月22日），北京市檔案館編：《民國時期北京（平）金融檔案史料選編》（北京市：新華出版社，2020年），卷4，頁266。

117 溫樂群整理：《陳果夫日記摘錄（下）》（1946年11月1日），《近代史資料》總132號，頁195。

118 〈綏靖區政務委會各機關工作綜合報告〉，上海《民國日報》，第1版，1947年1月26日。

團之下成立了三個專門到綏靖區推行合作的分團，分赴蘇北一帶的綏靖區巡迴輔導。[119]

國民黨政權此時在各大綏靖區所開展的農村合作事業，更多是有其名而無其實，多數都攤派給綏靖機構及部隊政工等非專業人員辦理。[120]而國民政府內部真正從事合作事業的機構和幹部對於綏靖區的所開展的「合作工作」也「不感興趣」。但陳果夫派系人馬卻因「這種合作工作卻促成我們在原有合作計劃中企圖實現的一個合作金融系統」，即對組建中央合作金庫，操盤合作金融系統抱有相當濃厚之興趣。

中央合作金庫在制度設計上是專門辦理綏靖區業務的合作金融機構，並根據其性質得以獲得國民黨中央專門撥款賴以開辦，故而「不得不準備到綏靖區做一些工作」。但出於實際利益的算計，在中央合作金庫內部工作人員內心中，「很知道這種任務是不容易完成的，因為區區專款，專作開辦之用尚嫌不敷，自不能再作綏靖區之用。金融機關的貸款原來要靠吸收存款，但綏靖區的合作社有名無實，風險很大，還款毫無保障，又怎能以各方面的存款用到綏靖區的合作社去呢？所以我們決定先按原定計劃，從正常的地區和業務做起。」[121]

事實上，無論是在一九三七年七月全面抗日戰爭爆發之前，還是

---

119 壽勉成：〈陳果夫與國民黨的合作運動〉，中國人民政治協商會議全國委員會文史資料研究委員會編：《文史資料選輯》，第80輯，頁180。

120 國共戰局焦灼之際，以第一綏靖區（主要位於陳果夫長期主政的江蘇省）為例，其在應對軍事戰鬥及編組地方武力問題時，尚且左支右絀，對於「扶植生產發展農村經濟」一項，其實並沒有多少具體可行辦法，只是籠統地表示要「獎助合作事業」。參見第一綏靖區司令部編印：《第一綏靖區工作綱要》（泰州市：泰州市檔案館藏，1947年4月，檔號：0121-1947-001-0005-0001。）

121 壽勉成：〈陳果夫與國民黨的合作運動〉，中國人民政治協商會議全國委員會文史資料研究委員會編：《文史資料選輯》，第80輯，頁181-182。

抗日戰爭結束之後，國民黨方面對於農村合作經濟之推行所做出的成效其實都是難盡人意的，根本達不到其設定的預期效果。在這一問題上，連國民黨官方媒體自己都不得不承認：「健全農村合作事業，使每個農民都能得到生產和消費的便利，尤其需要辦理農貸與合作事業的機關，特別注意過去在各市縣所辦農貸等業務，真正惠及農民的，十不一二，大多數為地方土劣以及家產豐裕的『紳董』或富農所竊占，亦有地方保甲串通官紳假名享受者。」[122]以致當時的國民黨《中央日報》都不得不感慨：「時至今日，這個溫和的節制資本的合作經濟制度，還未能切實而普遍的展開。」國民黨所控制的合作系統，「現有的各種合作社的組織，依舊在都市與城鎮間活躍」，未能廣大農村深入紮根，農村合作運動，並未能「伸展到真正的農民中去，幫助他們脫離了窮苦，而減少他們因窮困所激起的盲動觀念。」[123]

國民黨方面清楚地知道：「金融和經濟事業的關係，正如同血液對我們身體的關係一樣，是非常密切的，合作事業的經營是有賴於健全的金融的輔助。合作事業資金的來源，不外三種途徑，第一是合作社自集資金……第二是合作社向銀行或農業機關承受貸款以供周轉。第三是合作社自建合作金融體制，來謀求合作金融完善和合理。」[124]然而，就算是本來專為戰後綏靖區農村善後問題而設的中央合作金庫及其所屬下級機構，在其運轉期間真正為綏靖區廣大農民所辦理的農業貸款佔其業務總額的比重實際上也極其有限，等於偏離了其設立之初衷。CC系這一時期控制的中央合作金庫，「它實際上也像其他所有商業或政府銀行一樣從事同樣的金融活動」，而不是作為「一個合作

---

122 〈綏靖區的善後問題〉，《和平日報》，第2版，1946年9月27日。
123 芮競：〈論蘇北綏靖工作〉，《中央日報》，第5版，1947年4月10日。
124 國防部政工局編：《綏靖區合作事業之推行》（北京市：國防部政工局，1948年），頁8。

機構得從底層做起——先是合作社,然後是合作銀行,再省合作銀行,最後當這些網店建好後,才是組織中央合作金庫」。[125]

中國農民銀行及合作金庫本是國民黨為解決綏靖區土地問題而設立的金融機構。在這其中,二者分別以發行土地債券及辦理合作貸款作為主要的金融政策工具。國民黨中央在決策部署之時,希望其能夠向綏靖區鄉村滲透。然而二者在實際操作中,其發揮的作用十分有限,土地債券難以流通,加之法幣貶值,地主自然更不願意買帳。而合作金庫真正為綏靖區農民所辦理的農業貸款也極其有限。中央合作金庫總經理壽勉成事後曾總結道:國民黨各級合作金庫「事實上業務部門兩年間所辦的貸款裡面,合作貸款只占很小一個比例,可以說完全是空談」[126],並未發揮真正的作用。兩大金融機構實質上淪為了陳果夫派系集團牟利斂財的工具。

小結

綏靖區政務本身千頭萬緒,十分複雜,其建立在國民黨對於收復區脆弱的統治根基之上。然而,國民黨對於綏靖區政務的推進確有很強的工具性,其只是配合軍事進展所要進行的一種權宜之計,而非要從根本上解決問題。

綏靖區土地問題與農村金融問題是整個綏靖區政務的重中之重,亦是國統區民眾重點呼籲解決的難題。二者相互關聯,同時又能牽扯眾多當時國民黨統治區的社會問題。綏靖區為從中共手中攻占搶奪而

---

125 何廉著,朱佑慈等譯:《何廉回憶錄》(北京市:中國文史出版社,2012年),頁247。

126 壽勉成:〈陳果夫與國民黨的合作運動〉,全國政協文史資料研究委員會編:《文史資料選輯》,第80輯,頁181-183。

來，對國民黨本身而言沒有政策包袱，方便推行新的方針政策，所以社會輿論有「借水行舟」之呼籲，敦勸國民政府在綏靖區試點土地改革，嘗試解決土地問題。國民黨內部亦有相當部分人士積極推動此事，起草不同版本的改革方案呈交中樞，最終方有《綏靖區土地處理辦法》及相關配套法令的出臺。法令條文雖然規定豁免田賦、重新分配土地等具體細節，但在政策推行中，蔣介石又對真正實施相關土地改革法案缺乏信心與誠意，不斷搪塞推脫。[127]最終促使相關土地改革法案變質走樣或形同具文。

與此同時，農村金融政策作為農村經濟發展的潤滑劑，也是國民黨施行綏靖區政務，穩定社會局勢不可或缺的政策工具。在此期間，國民黨一方面要打碎解放區原有的金融體系，收繳根據地原先發行的「抗幣」，對解放區進行金融封鎖；同時又要重建國民黨政權自身的貨幣體系，其間陳果夫一脈人馬借機掌控中國農民銀行及中央合作金庫，得以向國民黨中央爭取資金和政策的支持，但在辦理過程中，農民銀行及合作金庫向綏靖區鄉村滲透的過程並不順利，其業務進展亦屬有限，反倒最終淪為其派系斂財的工具。

最終綏靖區政務推行雖然表面轟轟烈烈，官民輿論一時亦好不熱鬧，但政策落地仍然可謂雷聲大雨點小。行政院綏靖區政務委員會雖然為此曾牽頭負責起草多種法案，卻並不具備將相關方案落地的條件與能力，也沒有起到推動改革，以為國民黨爭取人心，更談不上如何支撐一線戰局的作用。

---

127 〈國防部陸軍總司令部總司令顧祝同呈總統蔣中正為呈有關土地改革四大文獻並請飭行政院速完成修正綏靖區土地理辦法草案等立法程序頒布施行〉（臺北市：「國史館」藏，國民政府文物檔案，1948年8月14日，典藏號：001-056230-00001-008。）

第五章
綏靖體系走向極端化：以綏靖區總體戰為中心

戰後初期，國民黨政權的綏靖體系經歷了從戰時體制逐步轉型，到綏靖機構依次組建，以及力圖向綏靖區基層滲透辦理綏靖政務等階段，以期達到「政治配合軍事」之目的。上述階段大致維持了一年多時間。這一時期，國民黨方面的總體戰局經歷了從全面進攻到重點進攻的轉換，表面上還處於較為穩定的狀態。國民黨方面積極標榜所謂「政治重於軍事」之理念，密集制定出臺各種綏靖法案法規。在國民黨中央之政策指導下，綏靖機構此時在處理綏靖區域善後問題上，尚且能夠大體按照南京方面的意旨和法律法規處理推進。然而，這種狀態在國共戰局這一整體框架下其實又是十分脆弱而又難以持續維繫的，其並不以國民黨政權之意志為轉移。

隨著國共戰事的天平逐漸向中共一方傾斜，國民黨高層內部指責「政治無法配合軍事」之聲不絕於耳，迫使原先規劃的綏靖政務工作無法順利進行，行政院綏靖區政務委員會機構撤銷，個別綏靖公署亦遭編並，並由此帶來高層人事及政策的連串異動。國民黨高層內部此時依舊從組織嚴密與否的角度對自身加以檢討，認為原有的國民黨綏靖組織體系已然無法適應戰局的不斷演變，因而對綏靖體系必須開啟新的調整與應對。

國民政府經過反覆討論後，將「綏靖區」這一最初只是臨時性的軍政合一機構，正式確立為綏靖區制，綏靖區司令官兼任轄區行政

長，將其大量增設於華中地區。綏靖區的各項政策在日後也逐漸走向極端化，乃至最終發展到綏靖區總體戰之地步。

綏靖區總體戰並非憑空產生，其是國民黨方面內部總結前期綏靖作戰經驗教訓，各派系之間反復博弈的結果。圍繞綏靖區總體戰方案的制訂出臺，白崇禧及其所屬桂系集團趁此時機逐漸走上前臺，陳誠勢力則於此時被迫出局，其最初主導之綏靖方案亦被擱置懸空，綏靖機構與人事多有撤廢與調整。白崇禧所代表的桂系集團一定程度上主導了此間綏靖區總體戰方案的制訂過程，並在華中地區親力親為開展殘酷的綏靖區總體戰，力圖對綏靖區之人力、物力資源進行極致動員，並由此對之後的國共戰局產生深遠影響。

第一節　綏靖體系組織形態的劇烈變化

一　陳誠派系失勢與撤銷徐州、鄭州綏署

正常來講，國民黨方面自身設定的綏靖工作其實只是過渡，綏靖時期過後則需要邁向建設階段。[1]在中央層面，行政院綏靖區政務委員會據此制定相關政策，指導地方開展工作。綏靖公署、綏靖區等綏靖機關以及被劃入綏靖區域的縣份也是本此原則開展工作，尤其是「綏靖主任要負責任，聯合黨政軍集中起來，發揮力量。」[2]然而，這一切均是在國民政府依照其之前的所謂「江西經驗」，而設定的理想狀態下的發展進程。在江西時期，國共之間實力對比尚且相差懸殊，而國民黨政權當時整體還呈現上升態勢。因此，國民黨在攻占中央蘇區之後，自然可以較為從容地開展所謂綏靖工作。綏靖區之善後

1　〈谷正綱由唐抵津據談冀東綏靖工作即可告段落〉，《申報》，第1版，1947年2月15日。
2　蔡盛琦、陳世局編輯：《胡宗南先生日記》，上冊，1946年4月1日，頁546。

工作對於重建國民黨政權在當地的統治秩序無疑發揮了重要作用。而在戰後的現實環境中，中共的實力消長則是其間國共關係大局中的最大變量。中共的靈活機動處置實質上打亂了國民黨方面的既定部署，在最初「攻城略地」之後，國民黨一方的整體軍事態勢漸趨惡化，被迫展開調整與應對。無論是人事、機構的局部調整與編並，還是綏靖政策與制度的全盤刷新，皆屬此類。

一九四七年三月，國民黨方面已經由從國共內戰初期之全面進攻階段轉為重點進攻。國民黨對外宣稱攻占中共中央所在地延安之舉，「予共黨以嚴重打擊」，一時間似乎仍然占據上風。然而，國民黨傾力最重的山東戰場，此時卻是迭遭敗績，損兵折將。參謀總長陳誠在國民黨內部場合曾對此有所檢討，將綏靖作戰不利之原因歸納為三點：一、國民黨軍隊「遵守和談發布之停戰命令，處處陷於被動」；二、國民黨軍隊在戰略上不能靈活運用；三、國民黨軍隊極少數之幹部，自恃輕敵，且因時和時談，士氣頗受影響。此時的陳誠雖然仍在向國民黨將領及基層幹部不斷打氣。[3]但在此時陳誠的內心深處，則是另一番圖景。

陳誠先是直接上書蔣介石，言辭頗為「懇切」地主動表示：「至於魯南之役，未能殲匪之主力，魯中反而蒙喪師之辱，職以地位言，實百喙不能辭其咎。辱在二十年追隨，親於家人父子之切，敬乞從重處分，以明賞罰。庶幾稍作士氣，以利戎機。」[4]而在私下與其他國民黨高官的交流中，陳誠則「頗露消極之意」，暗指自己並非最終拍板之人，而不願為此一時期政策推行不力背鍋，「彼覺自己不能負

---

3 〈綏靖區縣政的實施與後期革命的任務：對綏靖區縣各級行政幹部訓練班講〉（臺北市：「國史館」藏，「陳誠副總統」文物檔案，1947年3月21日，典藏號：008-010102-00020-007。）

4 〈函呈魯中喪師請明處分〉（1947年2月26日），何智霖編：《陳誠先生書信集——與蔣中正先生往來函電》（下），頁667。

責，因為命令多不由彼決定或發出」。[5]

此時陳誠夾在中間，進退失據，其曾與徐永昌私下談及蔣介石「幾次之不當詈彼經過，直使其不能做下去而一度示辭云云。」[6]從中可見，陳誠此時對蔣亦有負氣成分，內心頗為沮喪，全不似戰後初期權柄在握時意氣風發之狀態。蔣介石曾於一九四七年六月十日與陳誠深談，「懇切指示，其精神近日似失常態為慮，諸事皆存悲觀，信心全失之象」。[7]總之，山東戰場失利前後，陳誠的處境頗為不順，其地位亦處於風雨飄搖之中。陳誠派系人馬於戰後所主導之機構人事與政策措施亦陷入不得不調整之境地。而陳誠此時亦在謀求出路，不斷飛赴外地，尤其是趕往東北一線「指導」戰事。直至一九四七年夏，取代熊式輝出任國民政府主席東北行轅主任，等同於從參謀總長一線崗位上脫身。[8]

如前所述，綏靖公署主任是蔣介石所設計的綏靖體系中的「棋眼」，其中徐州、鄭州兩大綏靖公署最為關鍵。陳誠就曾在這兩大機構中竭力布置自身派系人手。然而隨著形勢急轉直下，綏靖機構之命運及其主官人事問題亦因之發生重大變動。在此之前，鄭州綏靖公署主任劉峙因定陶戰役失敗，而被免職，由顧祝同接任。[9]此外，兩大

---

5 《王世傑日記》，第1冊，1947年5月31日，頁79。
6 《徐永昌日記》，第8冊，1947年6月8日，頁428。
7 耐人尋味的是，蔣介石於同一天內分別召見了白崇禧與陳誠，事後對兩人的評價則存在明顯差別。蔣介石認為陳誠此時精神近乎失常，諸事皆存悲觀，信心全無。而與白崇禧則一同深入討論了軍事、政治、經濟、外交等諸多重要問題。此後不久，蔣介石即決定陳誠外放東北，擔任東北行轅主任一職。參見《蔣介石日記（未刊稿）》，1947年6月10日、1947年7月5日。
8 直至一九四八年五月，陳誠才在任職程序上正式卸去參謀總長之職務，由顧祝同接替。而在此之前，陳誠於一九四七年夏赴任東北行轅主任。及至後來兵敗關外，行轅主任一職由衛立煌接掌。陳誠遂返回上海養病，其間陳本人的參謀總長職責皆由參謀次長林蔚代理，但陳誠並未真正在國防部理事。
9 顧祝同：《墨三九十自述》，頁240。

綏靖公署之間在執行綏靖政策與軍事作戰層面配合存在相當問題。一九四七年二月底，蔣介石約陳誠、顧祝同「來商撤銷徐、鄭二綏署與前方高級將領之調換方針」。[10]當年三月初，陳誠即率領陸軍總司令顧祝同、徐州綏靖公署主任薛岳等人飛抵徐州，對外宣稱「對裁撤鄭徐綏署及今後綏靖工作之配合，將有所調整」。[11]

最終，蔣介石決定將徐州與鄭州兩大綏靖公署一併撤銷，同時命令顧祝同以陸軍總司令之身份坐鎮徐州，設立陸軍總司令部徐州司令部，並在河南鄭州設立指揮所，以孫震為主任，由顧祝同統一指揮原徐州、鄭州兩大綏靖公署之事宜。[12]顧祝同雖然此時所任職務沒有「綏靖公署」之名，但卻有綏靖公署主任職權之實。然而，出鎮徐州的顧祝同此時看似執掌原來兩大綏靖公署之力量，但實則其本人遠非如陳誠一般有其固定的派系人選與團隊班底[13]，且性格並非強勢，資質能力平庸[14]，因而其對於下屬綏靖區的掌控力量較之於陳誠系統明顯有限。[15]

蔣介石撤銷徐州、鄭州兩大綏靖公署，並將薛岳與劉峙進行免職處理，其直接原因乃是前方一線戰事不利，但究其深層次原因實際上是對陳誠及其主導的綏靖體系前期部署失當表示不滿。兩大綏靖公署

---

10 《蔣介石日記（未刊稿）》，1947年2月28日。
11 〈陳總長抵徐州將調整鄭徐地區綏靖工作〉，《和平日報》，第1版，1947年3月4日。
12 顧祝同：《墨三九十自述》，頁242。
13 方曉：《我所知道的顧祝同》，全國政協文史資料研究委員會編：《文史資料選輯》，（北京市：中國文史出版社，1986年），合訂本，第17冊，頁264。
14 粟裕曾對陳誠系統的薛岳及顧祝同進行過經典評價，認為薛岳「尚稱機敏果斷」，「而顧祝同則歷來是我軍手下敗將，這無異於以庸才代替幹才」，此番更迭實際上「正象徵著國民黨的日暮途窮，最後必然會走向崩潰。」參見《粟裕軍事文集》（北京市：解放軍出版社，1989年），頁304。
15 陳誠曾私下向郭汝瑰（即將赴任陸總徐州司令部參謀長）透露：「他們（顧祝同等人——引者注）的作風與我們不同」，「他們把軍費拿來修房子修路，搞享受」。參見郭汝瑰：《郭汝瑰回憶錄》，頁250。

之間在執行綏靖政策與軍事作戰層面配合存在相當問題，陳誠與白崇禧兩派人馬相互攻訐之聲不斷。蔣介石對此採取表面平衡的策略，各打五十大板，既撤銷了白崇禧所主持的行政院綏靖區政務委員會，也逼迫陳誠交出一線負責之權。而顧祝同取代薛岳重新出鎮徐州，相當於抽離了陳誠戰後初期布局綏靖體系的重要支柱。陳誠之失勢與徐州、鄭州兩大綏靖公署之撤銷，標誌著戰後初期由陳誠派系所主導的綏靖體系出現重要鬆動，與之相伴隨的是關鍵人事崗位（如徐州綏靖公署主任薛岳）與主要政策取向亦將隨之進入調整之軌道。

二 「向總體戰過渡」：增設綏靖區與確立綏靖區制

　　國民黨前方不利的戰況自然會傳導到南京，從而在中央層面引發更大範圍的人事動盪與政策討論。這一時期，南京方面「政治」與「軍事」兩方面負責人交相攻訐，推諉卸責。行政院綏靖區政務委員會秘書長何浩若曾稱「這是和陳辭修、白健生兩人的利害衝突有關的事。」[16]確實如此，參謀總長陳誠此時曾在蔣介石面前直接告狀，稱白崇禧所主持的行政院綏靖區政務委員會沒有做事。夾在其中的何浩若當時就已預感到：「徐州『剿匪』軍事失利，軍方不免更要說政治配不上軍事，把責任推到政務委員會身上來。」[17]而白崇禧此時亦不甘示弱，認為造成如今不利之局面，「不是黨政工作人員不努力之過，實在是黨的權威不足之過。他又認為我們對共產黨的軍略政略都有錯誤。」[18]

---

16 陳方正編輯校訂：《陳克文日記（1937-1952）》，下冊，1947年4月9日，頁1050。
17 陳方正編輯校訂：《陳克文日記（1937-1952）》，下冊，1947年1月17日，頁1027。
18 陳方正編輯校訂：《陳克文日記（1937-1952）》，下冊，1947年1月24日，頁1029-1030。

白崇禧此時將矛頭直指沖在一線主持日常工作的參謀總長陳誠，甚至包括在陳誠身後予以支持的蔣介石。就連一向以「謹樸渾厚」形象示人的桂系首領李宗仁，此時也在桂系內部場合「談話中彼對於蔣主席之批評極不客氣」。這讓與桂系走近的行政院參事陳克文都感到「頗出余意外。蓋以往彼從未嘗對余發此種憤懣痛切之言論，彼向以謹樸渾厚稱，亦不似發此種言論之人也。」[19]聯繫到此前不久，李宗仁曾公開表示「華北綏靖工作最大困難為缺乏健全幹部，致各地多有各機關意見不洽」。[20]顯然，桂系此時對於綏靖體系內的選人用人以及權力分配問題十分不滿。桂系要人在白崇禧府邸私下聚會時，言談話語間「恐怕都是批評現在的參謀總長陳辭修的。有人說出將來恐怕有兵諫出現，意思是說怕有人要用武力迫陳下臺。」[21]從中可見，白崇禧與陳誠兩派人手鬥法此時已經逼近白熱化階段。

　　國民黨軍事中樞如此爭執，幾乎陷入不可調和之地步。蔣介石遂決定將白崇禧主持的行政院綏靖區政務委員會加以裁撤，並於一九四七年夏天將參謀總長陳誠外放東北，擔任東北行轅主任。蔣介石這一看似各打五十大板的舉動，其實相當於做出了略微偏向於桂系的決策。因為蔣介石亦曾醞釀考慮將白崇禧外放西北，但經過桂系方面轉圜而未能成行。[22]而且，即便行政院綏靖區政務委員會裁撤，綏靖區的政務仍需要由國防部下轄政工系統牽頭負責。事關軍政事宜，作為國防部長的白崇禧自然仍可插手，而陳誠則從此直至國民黨敗退臺灣期間，均遠離了國民黨決策中樞。更不必說當年內閣改組之時，蔣介

---

19 陳方正編輯校訂：《陳克文日記（1937-1952）》，下冊，1947年3月18日，頁1045。
20 〈白部長專機飛抵平〉，《申報》，第2版，1947年2月27日。
21 陳方正編輯校訂：《陳克文日記（1937-1952）》，下冊，1947年6月27日，頁1066。
22 戈鳴：〈白崇禧圍攻大別山戰役概述〉，中國人民政治協商會議湖北省委員會文史資料研究委員會編：《湖北文史資料：新桂系在湖北》，總第18輯，頁181。

石甚至有意拔擢白崇禧為行政院副院長，只不過白崇禧本人此時「知不可為而辭謝」。[23]

蔣介石此時做出如此人事安排，勢必會影響到日後綏靖體系內的政策變動，白崇禧方面對於國民黨中樞決策的影響權重亦會逐漸增大。白崇禧、陳誠二人之間除了派系利益與個人意氣之爭以外，更主要的是政策意見之巨大分歧。據美國駐華大使司徒雷登觀察，參謀總長陳誠鼓吹大範圍「圍剿」，迫使共產黨人退到山區，一旦他們突圍到平原地帶尋找糧食和供應，那時就可以摧毀或擊潰他們。而國防部長白崇禧則堅持另一種戰略，「即把中共軍隊分割成小部隊，限制在不同的地區，並一塊一塊吃掉他們。」[24]白崇禧所表述的力圖將中共之部隊分割為小部隊限制在若干地區，分區「吃掉」，其實就是構想中的「綏靖區制」的雛形。

事實上，早在抗日戰爭結束伊始，國民黨方面就已經著手設置若干綏靖區機構建制，配屬鄭州、徐州綏靖公署之下。但按照國民黨人一直奉為圭臬的「江西經驗」，此類建制一般為臨時性布置，並不屬國民黨政權黨政系統的正式序列。江西時期所設立的綏靖區存續一般為時數月，多至一年左右即可完成任務裁撤。然而，時至戰後，實際情況則明顯不同，對中共之戰事遠未達到「速戰速決」的預期設定，且局勢日益不利於國民黨一方。同時，最初設立的綏靖區機構只是著眼於戰後初期最為突出的若干戰略要點，為數較少，所轄範圍又過大，一年多戰事消耗之後顯得備多力分。更為關鍵的是，綏靖區這種臨時性建制與地方黨政系統之關係始終混沌模糊，權責界定不明，彼

---

23 黃旭初：《黃旭初回憶錄：李宗仁、白崇禧與蔣介石的離合》，頁347。
24 （美）雷（Rea, K.W.）、（美）布魯爾（Brewer, J.C.）編，尤存、牛軍譯：《被遺忘的大使：司徒雷登駐華報告（1946-1949）》，〈司徒致國務卿〉（1947年5月8日），頁91。

此互相摩擦掣肘，實際上加劇了國民黨政權各系統之間的內耗。尤其是國民黨戰況日趨不利的背景下，對其加以調整就顯得尤為必要。

白崇禧此時也在上書蔣介石，簽呈自己對於：「（一）華中戰場重新劃建綏靖區綱要。（二）華中戰場重新劃定綏靖區計劃要圖。（三）綏區番號司令部位置、司令官人選及配屬部隊建議表」之建議。[25]這些內容某種程度上與蔣之盤算不謀而合，獲其認可。蔣介石在此前後也一直在思考此類問題，寄希望於建立「綏靖區制度」以實現「軍政黨一元化」、「壯丁征訓」、「糧秣囤積」等目標。[26]蔣介石與白崇禧在調整國民黨綏靖體系這一問題上存在共識，此後由蔣介石授權背書，白崇禧提出一系列改組方案，並率先施行於華中地區。

一九四七年十二月，國民黨政權以國民政府行政院的名義制訂並頒布《綏靖區司令部組織規程》，對綏靖區的相關體制機制加以明確規範，所謂「綏靖區制度」得以在法理上確立起來。《綏靖區司令部組織規程》規定：「綏靖區司令官受轄境省政府主席兼全省保安司令之指揮監督，綜理轄區內各縣軍事及有關綏靖事宜之民政事宜，但在作戰用兵上，應仍照戰鬥序列之規定，受其上級指揮官之指揮。」如此規定則相當於綏靖區受上級軍事指揮機構及省政府雙重領導，也反映了此時綏靖區在國共雙方激戰正酣之際，實質上具備了「綏靖」與「作戰」的雙重責任。綏靖區司令部之下又設置若干處，其中第一、第二、第三、第四處，如同之前國民黨的軍事機構乃至戰後各個綏靖區最初設立時一樣，分別掌理「人事行政及人馬補充兵役督導等事務」、「情報防諜兵要地志及諜員管理等事務」、「作戰動員計劃命令編訓校閱等事務」、「聯合勤務事務」。除此之外，由於綏靖區兼具處理

---

25 〈蔣中正電劉斐請於五日內呈報新設綏靖區之具體計劃〉（臺北市：「國史館」藏，「蔣中正總統」文物檔案，1947年11月26日，典藏號：002-080200-00322-082。）
26 《蔣介石日記（未刊稿）》，1948年1月10日，「民國三十七年大事表」。

「有關綏靖事宜之民政事宜」之職能,因而其下設機構也增設新聞處、民事處、軍法處、總務處等四處,分別掌理「新聞工作之指導聯絡考核提高士氣研究輿論俘匪感訓及軍中文化教育等事務」,「民事行政民眾組訓及動員之指導聯絡考核等事務」,「軍法審判檢察等事務」、「文書交際庶務譯電收發出納治療及不屬其他各處之事務」。[27]

表十　綏靖區司令部組織系統表

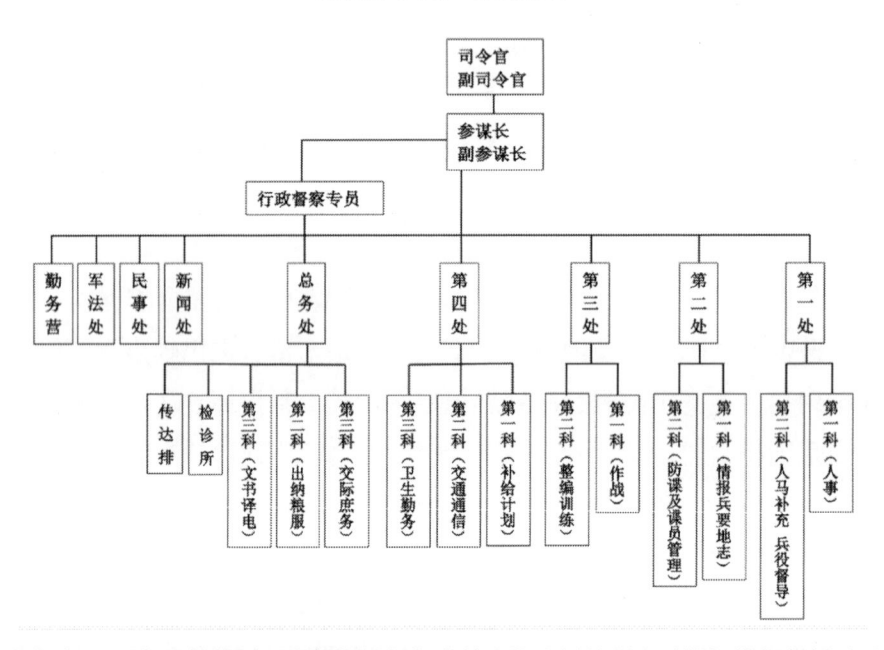

綏靖區司令部組織系統表

```
                        司令官
                        副司令官
                           │
                         參謀長
                         副參謀長
                           │
        ┌──────────────────┤
    行政督察專員            │
                           │
┌───┬───┬───┬───┬────┬────┬────┬────┬────┐
勤   軍   民   新   總    第    第    第    第    第
務   法   事   聞   務    四    三    二    一
營   處   處   處   處    處    處    處    處
            │   │   │     │     │    │    │    │
         (各科細分如下)
```

資料來源:《為發綏靖區司令部組織規程事給市衛生局的訓令(附組織規程)》(天津市:天津市檔案館藏,一九四七年十二月二十三日,檔號:401206800-J0116-1-000428-026。)

---

[27] 〈參謀會報組織規程〉(1947年12月11日),國民政府文官處印鑄局編輯:《國民政府公報》第3004號,第7版,1947年12月13日。〈綏靖區司令部組織規程制定司令官受省府主席指揮〉,《中央日報》,第4版,1947年12月15日。

坐鎮徐州的顧祝同其實在國民黨內算得上執行此項綏靖區制度的適當人選，其日後回憶甚至覺得早在戰後初任徐州綏靖公署主任之時，「即已決定採行綏靖區制度的基本觀念」[28]，只不過在當時尚不具備執行的條件，而後又因國民黨軍方高層人事發生連串變動，被迫離開崗位。此番，顧祝同遵照南京方面的旨意，「為了集思廣益，共同研究綏區一切實施辦法」，乃召集轄區內蘇、魯、豫、皖四省綏靖會議。此次會議明確指出：「我們原有各綏區大半位於津浦路以東，及隴海路以北，不能適應當前情況，必須重新調整，特制頒華中戰場重新劃建綏靖區綱要，其主旨在：（一）共軍流竄，避實擊虛，聚散無常，飄忽無定，必須追堵兼施，方能徹底予以消滅，故劃建綏區的目的，即在以靜制動，以逸待勞。（二）過去地方黨政工作，與軍事配合，未能達到預期目的，為謀實現七分政治、三分軍事的要求，必須參考原有政治區域的劃分，重新劃建綏區，俾統一綏區軍政指揮，實施軍政黨一元化。（三）綏區幅員大小，視交通狀況而定，以便控制戰略上重要點線，實施堵截清剿，並掌握綏區一切人力物力，以期集中力量。」[29]

與此同時，陸總徐州司令部所轄綏靖區機構建制亦隨之調整增設。在顧祝同的謀劃下，陸總徐州司令部計轄：「第一綏靖區司令官李默庵駐南通，第二綏靖區司令官駐濟南，第三綏靖區司令官馮治安駐賈汪，第四綏靖區司令官劉汝明駐開封，第六綏靖區司令官周碞駐商丘，第七綏靖區司令官張雪中駐淮陰，第九綏靖區司令官李良榮駐臨沂，第十綏靖區司令官李玉堂駐兗州，第十一綏靖區司令官丁治磐駐青島，第十四綏靖區司令官李覺駐阜陽。陸總鄭州指揮部轄第十二綏

---

28 顧祝同：《墨三九十自述》，頁248。
29 顧祝同：《墨三九十自述》，頁245-246。

靖區司令官陳鼎勳駐新鄭，第十三綏靖區司令官王淩雲駐南陽。」[30]比起戰後初期的綏靖體系序列，此時的第六、第七、第九、第十、第十一、第十二、第十三、第十四綏靖區皆為新設，陸總徐州司令部所轄綏靖區的數量遠超原來徐州綏靖公署與鄭州綏靖公署之和。按照顧祝同之要求，依照交通線來劃分綏靖區域，分區負責把守。

國民黨方面如此調整布置綏靖體系，至少在理論上增強綏靖區的實力，寄希望於以新陣容應對新局面。然而，這套所謂新陣容其實組建顯得較為倉促，個別綏靖區對鄰近縣份劃分歸屬問題，甚至直至一九四八年二月還需要蔣介石親自過問。[31]相關新近設立的綏靖區亦存在組建進度遲緩等問題，時至一九四八年一月中旬，國防部還在催促擬任第九綏靖區司令官的李良榮「速赴臨沂主持魯南綏靖事宜」。[32]

在當事人看來，「綏靖區制」的建立意味著綏靖機構的權限大為擴充。如第三綏靖區副司令官張克俠就綏靖區權限問題曾表示：「綏靖區制成立，本區又直接陸總部，地位較屬省主席者較為崇高，同時權限較大，均為本部兩年來開始好轉之象。」[33]綏靖機構此時直接「綜理轄區內各縣軍事及有關綏靖事宜之民政事宜」[34]，個別較為重要之綏靖區因其直隸陸軍總部徐州司令部，在實際運作中甚至覺得自身權力地位能夠凌駕於省政府之上。此番確立綏靖區制，增設綏靖區，意味著國民黨中央大幅放權，同時還有豁免轄區內田賦等優惠政策，從

---

30 顧祝同：《墨三九十自述》，頁245。
31 〈蔣中正電顧祝同指示第十與第四綏靖區轄區劃分範圍〉（臺北市：「國史館」藏，「蔣中正總統」文物檔案，1948年2月20日，典藏號：002-080200-00325-048。）
32 〈國防部第八十三次作戰會報紀錄〉（臺北市：「國家發展委員會檔案管理局」藏，1948年1月14日，檔號：B5018230601/0035/003.9/6015.3。）
33 張克俠：《佩劍將軍張克俠軍中日記》，1947年12月21日，頁335。
34 〈綏靖區司令部組織規程制定司令官受省府主席指揮〉，《中央日報》，第4版，1947年12月15日。

而調動起地方綏靖機構的積極性。[35]「擴大綏靖區制度不僅限於黃河以南長江以北之中原地帶，凡視當地軍情需要，均將設置。」[36]

　　坐鎮西北的西安綏靖公署主任胡宗南曾為此請示國民政府：「本署為加強軍政配合力量，便利清剿工作起見，擬請就轄境劃分為四個綏靖區」。國民政府參軍處在核議胡宗南請示時認為「陝西軍事刻在進剿階段，尚未達綏靖時期，西安綏署部隊甚少，如劃為綏靖區，則兵力頗形固滯，轉用失靈，尤難應付。目前陝北之緊張局勢。胡主任所請俟陝北戰事告一段落後再議。」此時陝北方向中共已轉入反攻階段，「宜川失敗以後，西北又處劣勢地位，如欲維持現狀，必須增加兵力。」[37]胡宗南所屬各部兵力此時實際上已經捉襟見肘。國民政府參軍處人員顯然對其增設綏靖區一事有所顧慮，認為其所轄地境根本「未達綏靖時期」，如欲增設四個綏靖區，勢必要增加力量投送，此時實際上礙難做到。最終在蔣介石裁奪下，「第十三綏區仍維原地境不變，陝北暫不必劃建綏靖區外」，擬准予關中隴東方面劃為第十八綏靖區，以董釗為司令官。陝南方面劃為第十九綏靖區，以西安綏靖公署副主任高桂滋兼司令。[38]

---

35 此時甚至身處國民黨統治區大後方的廣東，也在積極謀劃申請設立綏靖區建制，國民黨中央在審核時認為：「查該省各行政專員，所能使用之兵力，均系地方團隊，並無『進剿』兵團或縱隊之編組，如以行政專員區劃作綏靖區，轄區未免過小，而編制經費均將擴大，與長江以北已成立之綏靖區名義，複多含混，且勢必豁免糧賦，影響稅收」。同時，「長江以北設置十六個綏靖區，其司令部設有第一二處及新聞處，編制甚大，國庫增加負擔，設其他各省如援引粵省成例請求，亦難應付」，沒有批准廣東方面的申請。參見〈陳誠電蔣中正粵省就原有行政專員區劃為九個綏靖區擬具兩案〉（臺北市：「國史館」藏，「蔣中正總統」文物檔案，1947年12月19日，典藏號：002-020400-00025-039。）

36 〈加強戡亂剿匪工作綏靖區制將擴大〉，《和平日報》，第1版，1948年4月15日。

37 《蔣介石日記（未刊稿）》，1948年3月4日。

38 〈陳誠呈蔣中正核示胡宗南所請劃西安綏靖公署為四個綏靖區甲乙兩案〉（臺北市：「國史館」藏，「蔣中正總統」文物檔案，1948年3月14日，典藏號：002-020400-00020-023。）

至於國民黨方面此時確立綏靖區制的意義，胡宗南在出席第十八綏靖區第一次綏靖會議時，曾對此番國民黨大動干戈實行改革的目的予以充分闡釋：國民黨政權增設綏靖區與確立綏靖區制度的意義「只有一個就是實行總體戰」。而在綏靖區總體戰的框架下，國民黨方面力圖做到「一是統一事權，二是革新陣容」。[39]國民黨此舉無疑是為了改變其在戰略上的被動地位。一九四八年初，國民黨方面採取了盡可能堅守東北，力爭華北，集中力量加強中原防禦的戰略部署。在中共方面看來，具體到中原戰場，此時國民黨仍占有一定的優勢，其在中原地帶劃分了八個綏靖區，擔任重要點線的防守，「還能集中較大的機動兵力，在各要點之間往返馳援，並對我進行戰役性進攻。其戰略部署的重點仍放在大別山區，企圖不讓我軍在此建立根據地；同時，加強其長江防線，防止我軍南渡長江或西進，以確保南京和武漢的安全。」[40]國民黨方面，「妄圖以實行所謂總體戰的『綏靖制』抵抗解放軍的進攻。」[41]

　　此時國民黨方面的政策路徑已經較為清晰，綏靖體系因此被要求不斷強化升級，其目的就是為了實施所謂綏靖區總體戰。而國民黨方面對「綏靖區總體戰」之定義十分明確，就是「提高綏靖區司令官的職權，集中軍事政治經濟及思想的力量，采一致的行動，作總體的戰鬥，實施一元化的作戰新制度」。[42]在此目標指引下，綏靖區內黨政軍一元化的整合力度再次加碼，此舉意在力圖榨取國民黨綏靖區內的一切人力物力。[43]而此後在綏靖體系框架下，國民黨內各方博弈的焦點

---

39 〈西安綏靖公署主任胡宗南於第十八綏靖區會議訓詞〉（臺北市：「國史館」藏，胡宗南史料檔案，1947年底，典藏號：149-010200-0002-025。）
40 粟裕：《粟裕回憶錄》（北京市：人民出版社，2022年），頁417。
41 〈反共特務頭子康澤〉，《人民日報》，第1版，1948年7月22日。
42 行政院新聞局編：《總體戰》（行政院新聞局，1948年），頁1。
43 李烈主編：《賀龍年譜》（北京市：人民出版社，1996年），頁448。

無非是如何實施、怎樣實施綏靖區總體戰的問題。

第二節　綏靖區總體戰戰略的確立

一　圍繞綏靖區總體戰方案制訂的蔣、桂博弈與妥協

綏靖區要執行「總體戰」的大體原則在國民黨高層中業已敲定，形成一定的共識。而圍繞如何實施綏靖區總體戰之具體方案，則是國民黨內此間各方反復討論之焦點。前已述及，一九四七年夏，國民黨軍事中樞發生重大人事變動，前期主持一線日常工作的參謀總長陳誠被迫負責，外放東北行轅，形同出局。而國防部長白崇禧則在內閣改組、人事動盪之際仍獲國民黨最高領導人蔣介石之信任。張群內閣改組成立後，白崇禧依舊留任國防部長，並兼任行政院政務委員，對於軍政事務均有發言權。

時任白崇禧秘書的何作柏曾表示，白崇禧本人即便在擔任國防部長這樣看似「閑差」的崗位上，也是「很想在戰場上去顯示一下自己的本領，建立一些功績，並趁此機會逐步發展壯大新桂系的軍力，以作政治資本」。[44]就新桂系集團的派系利益而言，只要白崇禧把持國防部長之權柄，在國民黨軍事中樞坐鎮一天，就可以上則影響國民黨中央最終決策，下則能夠「照顧」新桂系在地方之勢力。此時新桂系在廣西、安徽兩省以及北平行轅範圍內皆有相當軍政勢力與地盤人馬，既是白崇禧在國民黨中央參與政治博弈的重要資本，也是需要其重點照顧的對象，以避免新桂系在地方之勢力成為「無母的孤兒」。[45]

44　何作柏：〈「小諸葛」白崇禧〉，《新桂系紀實續編》，第2冊，頁249。
45　戈鳴：〈白崇禧圍攻大別山戰役概述〉，湖北省政協文史資料研究委員會編：《湖北文史資料：新桂系在湖北》，總第18輯，頁181。

同樣是一九四七年夏，由劉伯承、鄧小平率領的中原野戰軍挺進大別山區，插入國民黨統治的核心地區，「以威脅我（國民黨方面——引者注）長江航行，牽制我兵力，擾亂我後方政治與經濟」[46]，使得蔣介石和桂系集團均感到如坐針氈。國防部參謀次長劉斐在國防部作戰會報上為此曾作「切實檢討」，認為國民黨方面「不可再諱疾忌醫」。劉斐認為中共在戰術上，「頗能發揮游擊戰之妙用，同時政工配合適切，到處破壞我地方行政組織，而建立起赤化組織」。反觀國民黨一方，此時仍舊是「軍政分離，行動遲緩，情報不靈，追既不及，守亦不固，協同不周……復因政治工作配合不上，無知民眾不獨不為我用，反資『匪』之發展。」[47]與此同時，大別山一帶又恰恰是桂系長期盤踞的勢力範圍，劉、鄧此舉不僅威脅了南京、武漢等國統區中心大城市，更是直接影響了桂系地盤的穩固與否。[48]

白崇禧此時無論是從鞏固個人地位出發，還是維護桂系派系利益起見，都不能不有所動作。而蔣介石在此種情形下也對其有所借重，一改此前不許國防部長白崇禧參加官邸作戰會報亦不予其統兵權之態度，而是命令白崇禧以國防部長的名義領兵獨當一面。蔣介石決定在一九四七年十一月初主持召開大別山「剿匪」軍事會議，統籌部署相關事宜。隨後，蔣介石又親自召見白崇禧，「令其在九江組織指揮

---

46 《蔣介石日記（未刊稿）》，1947年11月，「本月大事預定表」。
47 〈國防部第六十七次作戰會報紀錄〉（臺北市：「國家發展委員會檔案管理局」藏，1947年10月27日，檔號：B5018230601/0035/003.9/6015.3。）
48 國防部長辦公室少將副主任趙援就曾表示：「部長不出去指揮大別山的作戰不行啦！我們的部隊（指整七師、整四十八師、整四十六師）全部都在大別山區……我們的整七師和整四十八師被他們分割使用，有被各個擊破的危險，如果部長出去指揮，既可以照顧自己的部隊，又可以尋找機會擴充部隊和抓別的部隊。」參見戈鳴：〈白崇禧圍攻大別山戰役概述〉，湖北省政協文史資料研究委員會編：《湖北文史資料：新桂系在湖北》，總第18輯，頁182。

部，進剿大別山區，總其成也。」[49]此項決定對於白崇禧而言，正是其求之不得的大力施展拳腳的機會。

與陳誠的外放東北行轅有所不同的是，白崇禧此時在江西九江所設立的國防部長指揮所只是一個臨時措置，其與南京中央之間聯繫仍舊非常緊密。蔣介石在白崇禧事後單獨談話時，就曾注意到此間白崇禧「對中央軍事機構之健全甚能注意也」[50]，可見白氏本人此時仍舊十分注意南京中央的政治走向，對自己在「中央軍事機構」的地位也十分關心。白崇禧為此經常性地往返於兩地之間溝通決策。與此同時，白崇禧內心中綏靖區總體戰的思想雛形，也是在其結合前方實際情況，與南京方面大員之間往返溝通之後所做出的計劃草案。

「總體戰」概念首先由德國軍事家、前德軍總參謀長魯登道夫提出。魯登道夫在其一九三五年所出版的《總體戰》一書中，系統闡述了其總體戰理論。魯登道夫主張國家在和平時期就要整個經濟、整個國家都轉入戰爭軌道，鼓吹以突然襲擊、閃電戰、總體戰來進行侵略戰爭。希特勒全面接受了魯登道夫的總體戰觀念，竭力發展以「總體戰經濟」為口號的國家壟斷資本主義。這一理論成為德國法西斯軍事學說的重要基礎之一。[51]白崇禧早年就對德國魯登道夫提出的「總體戰」思想格外推崇，在國民黨高層內曾極力推介，並曾寫就《全面戰爭與全面戰術》一書。此番白崇禧坐鎮九江在大別山區與劉伯承所部鏖戰數月，更是對此多了一番格外深刻的切身體認。[52]

---

49 《蔣介石日記（未刊稿）》，1947年11月3日。
50 《蔣介石日記（未刊稿）》，1947年11月18日。
51 朱貴生、王振德、張椿年等著：《第二次世界大戰史》（北京市：人民出版社，2005年，三版），頁37。張學繼、徐凱峰：《白崇禧大傳》，上冊，頁476。
52 白崇禧認為，其在九江設立國防部長指揮所指揮大別山區作戰期間，所採取之方略已具備「總體戰」之實，只是綏靖區「總體戰」之概念乃是在戰事之後，回到南京期間總結提出。參見白崇禧：〈白部長訓詞〉，國防部政工局編：《綏靖區總體戰之研究》，頁7-8。

在此期間,白崇禧從江西九江前線回到南京。在國防部的作戰會議上,白崇禧對主管作戰業務的第三廳提出要求,針對「共軍流竄」的特點,研究出一套新的作戰方案,由是乃有綏靖區總體戰方案的產生。國防部第三廳於是根據白崇禧的指示要求,在廳內會議上進行了多次討論,認為:中共軍隊以強大部隊,渡河「南犯」,深入國民黨軍隊的防線內,不能攜帶行軍作戰全期所需糧食,只能在所到之處,臨時徵集;且深入以後,對國民黨方面情況的發展、變化等情報,也只能從當地群眾中搜集。據此得出結論是:中共軍隊是運用社會全部人力物力,支持作戰行動。國民黨方面如果僅憑自身軍隊與之對抗,是不能及的。所以國民黨方面「必須控制社會的全部人力物力,來保證守勢作戰的順利進行。」上述原則雖然已經敲定,但在研究具體作戰方案中,卻意見紛紜,莫衷一是。

負責起草總體戰方案的國防部第三廳戰法科科長黃健主張:「將全國劃分成三個地帶:長江以南為生產地帶,支持戰爭;長江以北,隴海線以南,為綏靖地帶,採取戰略防禦,作江南的屏障,隴海線以北為掃蕩地帶,作為敵我角逐場所,而以綏靖地帶支撐之。」

在上述區域劃分基礎上,關於人力、物力的控制問題,擬對綏靖地帶內及其鄰近之掃蕩地帶的一定地域,應極力予以控制。人力方面,所有青壯中年除編入軍隊,南移生產地帶,充分利用外,當地只留置老弱,盡可能從事耕種,對荒置的土地,加以利用。物力方面,糧食除留一個月用量作為口糧外,悉數運存固守之要點內,由守軍控制之。這一提案,經過研究,對作戰規劃,多數人贊同。但對人力物力的控制,多數人認為移民囤糧,牽涉太廣,實行困難。在此期間,白崇禧催促擬呈新的作戰方案。於是年秋間,乃就作戰規劃部分,參照幾何學原理,制訂「點、線、面」戰法,提出改進途徑,頒發各部隊作為改進的參考資料。

上述草案要點問題亦曾送交國民黨實際的最高決策部門官邸會報進行審議。據參加官邸會報的國防部第三廳第二處處長李樹正對方案起草者黃健稱：「經部長指示，要加上黨、政、軍一元化，你再全盤考慮一下，寫成綏靖作戰方案，儘快送來。」然而，事實上綏靖區黨政軍一元化之提法在國民黨內也算不上新鮮事物，而具體落實過程中卻是「黨政方面過去與軍隊常多矛盾摩擦，鬧成很多問題。」因而，在國防部中下層官員看來，「現在提出黨、政、軍一元化，當然好些。但由國防部提出，黨政方面很難照辦。」一時拿不定主意，因而此事仍須提請國民黨高層方面酌情定奪。

就綏靖區總體戰草案中應當如何處理「人力控制」與「黨政軍一元化」等難點問題，白崇禧曾經做出裁斷：一方面仍是推銷自己的廣西經驗，即「三自三寓」政策，「人力的控制，用移民辦法，太困難，可就我們『三自三寓』政策精神和保甲制度一起參酌研究，擬出就地控制的辦法。還是用國防部的名義發布。」同時，對於國民黨政權的黨政軍各系統的配合問題，白崇禧樂觀地表示「主席閱稿時，自然會解決的。」[53]

白崇禧如此樂觀的態度是有其依據的，在日趨不利的總體戰況下，國民黨方面在戰略上的可供選擇著實不多。蔣介石、白崇禧對此問題存在相當的共識與默契，事先亦曾往返磋商溝通。蔣介石此時對白崇禧之信任日益增進[54]，對白崇禧及其整個國防部幕僚班子所起草

---

[53] 黃健：〈白崇禧發布「總體戰」方案的始末〉，湖北省政協文史資料委員會編：《湖北文史集粹》（武漢市：湖北人民出版社，1999年），政治軍事卷下，頁594-603。

[54] 在陳誠於南京中央任職國防部參謀總長期間，國防部最為核心的作戰會報始終將作為國防部長的白崇禧排除在外，甚至連歷次的作戰會報紀錄都不分送國防部長白崇禧。陳誠外放東北之後，國防部作戰會報與蔣介石的官邸會報合併舉行。據白崇禧之政治秘書程思遠回憶，白崇禧亦曾批評此種官邸會報的指揮方式。但隨著白崇禧被賦予趕赴九江指揮「圍剿」大別山之權，並醞釀提出綏靖區「總體戰」方案獲蔣

的綏靖區總體戰方案草案,也是「十分讚賞」[55],並決定將其送交國民政府相關部門審議,儘快走完立法程序,準備在華中地區付諸實施。至此,綏靖體系從戰後初期轉設,到「綏靖區制」確立,擴充綏靖區機構之權力,直至即將走入「綏靖區總體戰」這一終極階段。

二 綏靖區「三位一體」總體戰方略的確立

綏靖區總體戰之方案為國防部長白崇禧醞釀提議,其幕僚班子隨即起草方案,並得到國民黨政權最高領導人蔣介石之首肯。整套流程至此充其量相當於完成了一半,距離成為國民黨綏靖體系的正式方略其實尚有半程。國民黨政權存在複雜的官僚體制,因為總體戰勢必涉及到眾多部門條條塊塊的利益糾葛,因而也需要為數眾多的相關黨政軍各系統部門參與審議,達成一定程度的共識,方能有貫徹落實的希望。國民黨政權黨政軍各機關之工作效率著實不高,「問題的癥結,在於衙門太雜,層級太多,法令太繁,中央閉戶造車,地方削足適履,結果變成了人人牽制,事事掣肘。」[56]但在此番確立綏靖區總體戰方略過程中,其表現還算差強人意。這其中必然離不開蔣介石、白崇禧等國民黨高層領導人的反覆督導與極力推薦,更是因為此時國民黨的總體局勢日益趨緊,不得不有所動作,以圖挽回。

白崇禧的幕僚團隊擬就並打算提交審議的「綏靖作戰方案」初稿之主要內容如下:

介石之認可,其在蔣介石心中的地位日趨上升。因而,白崇禧從一九四八年二月起,至於當年五月卸任部長為止,不僅經常性出席作戰會報,並且在蔣介石不出席期間,授權主持作戰會報,裁決國民黨軍隊系統的重大事項。

55 桂林市政協文史資料委員會編:《桂林文史資料》,第21輯(桂林市:灕江出版社,1992年),頁181。

56 〈華中綏靖會議揭幕〉,《東南日報》,第3版,1948年3月17日。

第一，執行黨、政、軍一元化：首先，強調國民黨中央對號召動員群眾「戡亂建國」的領導作用和軍政合作對爭取勝利的重要意義；其次，強調軍事第一、勝利第一。規定綏靖司令官在綏靖區範圍內，有適應作戰需要，綜合處理當地黨、政、軍有關軍事的一切相互關聯問題的全責。[57]

第二，規定作戰規劃由國防部預為劃分固守和機動部隊，其目的及要求是：確定固守之要點，把防守任務所需的部隊固定下來，該部隊應預為從事長時間獨力進行防禦戰鬥的各方面設施，並屯足糧食和彈藥；不得在戰鬥發生後的短期內，要求空投糧彈。該防守部隊經國防部核定後，其他方面不得擅自調換、抽調，或撤離固守之要點。在交通要地配置的機動部隊，不擔任該地的防守任務；經常保持攜帶定量足夠的糧、彈、器材和所需要的全部運輸工具，有隨時應命開始機動作戰的全盤準備，期能迅祕行動，捕捉戰機，投入戰鬥。

第三，堅壁清野和人力物力的控制、運用。規定綏靖區司令官應在轄區內，除劃定特需固守的要地外，均實行堅壁清野。清野的要求是：人要走光，物要搬光，房屋毀光。

人力的控制，規定凡留置固守之要點內，及遷入指定之集中地區的民眾，均應嚴密保甲組織，聯保同坐。並按「四自」政策，組訓民

---

[57] 白崇禧的幕僚黃健事後聲稱：總體戰草案中原本沒有規定綏靖區司令官與縣級黨政機關主官誰從屬誰。「以後在行政院討論會上，才曉得白崇禧在核稿時加上了『綏靖區司令官有撤換縣長之權』這一條。」作為親歷者，黃健在回憶中突出了白崇禧的裁斷。事實上，這一重要事項也並非白崇禧之首先提出。蔣介石早在一九四八年一月的國防部作戰會報上就已經明確做出訓示：「綏靖區司令官對轄區之縣長有監督、指揮、賞罰、黜陟之權。」此點應為蔣介石之授意，或蔣介石與白崇禧就此問題所達成之默契。參見黃健：〈白崇禧發布「總體戰」方案的始末〉，湖北省政協文史資料委員會編：《湖北文史集粹》政治軍事卷下，頁594-603；〈國防部第八十五次作戰會報紀錄〉（臺北市：「國家發展委員會檔案管理局」藏，1948年1月21日，檔號：B5018230601/0035/003.9/6015.3。）

眾，建立地方武力，協助「清剿」。所謂「四自」政策：自清——組織發動自衛隊，在駐軍協助下，嚴密保甲組織，實行鄉鎮戶口總檢查，並隨時突擊檢查，切實杜防「奸佞」，廓清閭裡；自剿——做到有民皆兵，人不離槍，槍不離手，發現情況，隨時痛剿；自衛——當地民眾，不論男女，無分老幼，全體動員起來，自行衛身、衛家、衛鄉，防止散匪流竄，不容入境活動潛藏；自富——寓兵於農，寓農於兵，農閒訓練，不違農時，竭力耕耘，以裕民生。開闢合理外源，減少中央負擔。

物力的控制，草案規定清野地區能搬運的東西，都要轉移入防守要地內。特別是糧食一項，凡存有糧食者，除自留一個月以內的食用量外，其餘應悉數運屯指定地點。其運輸和保管，守軍應予協助。交囤的糧食，由糧食主管部門發給「存糧券」，但「存糧券」不得在市面流通。持券本人在徵得守軍部隊長的同意下，可向糧食主管部門提取適當的數量，自用或出售。剩餘的「存糧券」可抵作田賦之用。[58]

白崇禧幕僚班子所擬的「綏靖作戰方案」後來被送交到國民政府行政院進行審議。一九四八年二月二十一日，行政院為「方案」舉行討論會，名稱是行政院總體戰研究會議。[59]白崇禧與國防部第三廳副廳長許朗軒，新聞局局長鄧文儀出席。白崇禧就戰況發展的要求和「總體戰」立案精神發言之後，由第三廳副廳長許朗軒就方案的主要內容，作了扼要說明。會上決定第二天進行逐條討論。最後由白崇禧作了總結性發言，大意是：從抗戰八年的經驗證明，由於實行焦土抗戰，加深了日本侵略軍進攻活動的困難，我們得到了最後的勝利。現在「戡亂」戰爭，由於未實現堅壁清野，未能把戰地的人力、物資確

---

58 桂林市政協文史資料委員會編：《桂林文史資料》，第21輯，頁180-181。
59 〈國防部第八十九次作戰會報紀錄〉（臺北市：「國家發展委員會檔案管理局」藏，1948年2月18，檔號： B5018230601/0035/003.9/6015.3。）

實控制起來，散在各處的群眾和物資，為敵軍所利用，所以劉伯承所部能率大軍闖過黃河，陳毅膽敢予孤軍深入蘇北，襲擊國民黨方面的後方。綏靖區總體戰方案，在軍事方面，是要以國民黨軍隊主力進行機動作戰，以一部分兵力扼要固守，來對付共軍的「竄擾」。這就要求政治方面，加強基層組織，能對付敵軍的裏脅。在經濟方面，實行堅壁清野，使敵無從掠奪。這樣密切配合起來，就可以打擊共軍的求兵、求食、求戰的「三求政策」了。同時他還說明：綏靖區總體戰方案的實行，是先在華中各綏靖區分別緩急先後，逐步開始。[60]

　　國民黨方面雖然決定先在華中地區之各綏靖區「分別緩急先後，逐步開始」實施總體戰，表面上看有局部試點之意味。但因為華中地區此時戰略地位之於國民黨政權而言特別重要，「華中為我國心臟，華中綏靖行政工作，如能有效，必能安華中以安全國。」[61]因而，總體來看，「目前戰局重心，表面上還在東北，遠眺白山黑水之間，固令人膽戰肉跳，但華中心腹之患……無疑的也更使人焦慮。」在國民黨人看來，「華中本來是我們的大後方，自更非早日肅清不可」。因此，國民黨方面在制定綏靖區的戰略方針時，也沒有將其視為局部地區問題加以對待，而是看作全域性問題展開充分研討。在行政院審議之後，國民黨中央又緊接著部署召開華中區綏靖區會議，這次綏靖會議的主要課題，「我們以為就上次聯剿會以後軍事形勢的發展，特別是幾個月來六省聯防工作的得失與經驗，做一全盤檢討，以訂出一個限期肅清華中匪禍的總決策來，切實執行，才能扭轉今日整個戰局的可憂形勢。」[62]

---

60 黃健：〈白崇禧發布「總體戰」方案的始末〉，湖北省政協文史資料委員會編：《湖北文史集粹》（政治軍事卷下），頁594-603。
61 〈為綏靖會議進一言〉，《和平日報》，第2版，1947年6月6日。
62 〈華中綏靖會議揭幕〉，《東南日報》，第3版，1948年3月17日。

蔣介石對本次華中綏靖會議非常重視，早早就將「綏靖會議之各項議案之準備」納入到自己的議事日程當中。[63]在會議召開之前，蔣介石就已經為其定下基調，一併向時任行政院院長張群、國防部長白崇禧、國民黨中央黨部秘書長吳鐵城等黨政軍日常工作負責人下達手諭，明確要求：「各綏靖區內黨政工作應絕對受綏區司令官之監督指導，並統一指揮，期能集中事權，加強『剿匪』工作。各綏靖區司令官對於區內黨務及行政人員應有考核獎懲撤換之權，並准先行權宜處理，再報備案。惟各個司令官對上述各種權力之行使，事後應負完全責任。」[64]

　　華中綏靖會議召開期間，蔣介石本人親自出席，會議間歇亦「批閱綏靖會議提案甚詳」。[65]白崇禧及相關省份（蘇浙魯豫皖贛鄂湘）省政府主席、各個綏靖區司令官等眾多國民黨高級將領出席該會議。蔣介石在出席會議開幕式時，說明此次會議之重要性及綏靖區軍事、政治、經濟配合之必要，「並未諱言目前時局多艱，但相信發揮革命精神，定能予以克服」，同時指出「為達成綏靖任務，關於綏區司令官之職權，亟應予以明確規定，中央各機關在綏區之附屬單位，為配合戡亂需要，應受該區司令官之指揮與監督，以達成總體戰及黨政軍一元化，收統一指揮之效。」蔣介石致辭後，「續出白崇禧主持，至十二時散會，下午三時繼續舉行會議，仍由白崇禧主持，討論華中綏靖區黨政軍一元化之實施綱要，先作原則性之商討，綜合發言者意見，咸主在戡亂時期為加強軍事、政治、經濟之配合，對過去若干法令之

---

63 《蔣介石日記（未刊稿）》，1948年3月，「本月大事預定表」；1948年3月6日，「本星期工作預定表」。

64 〈蔣中正條諭張群等各綏靖區內黨政工作考核獎懲應擬訂具體辦法〉（臺北市：「國史館」藏，「蔣中正總統」文物檔案，1948年3月6日，典藏號：002-020400-00013-028。）

65 《蔣介石日記（未刊稿）》，1948年3月17日。

規定，應予改訂，綏區司令官在政治上應受省主席之節制，綏區政治、經濟應受綏區司令官之指揮監督，以收統一指揮之效。」[66]

白崇禧此番相當於主導了本次華中綏靖會議的議程，「今日之綏靖會議，上午為綜合審查會，下午為全體會議，均由白崇禧主持，連日討論之華中總體戰方案。」[67]會議經過多天討論，在白崇禧原有提案基礎上，通過多份重要決議。其中最為重要的是旨在落實所謂政治、經濟、軍事三位一體總體戰方略的《綏靖區總體戰實施綱要》。

《綏靖區總體戰實施綱要》經過與會者「逐條討論」而通過，一共分為「軍事方面」、「政治方面」、「經濟方面」三大部分，共計三十三條內容。整份綱要全文對於執行綏靖區「黨政軍一元化」以及綏靖區「人力與物力的控制」國民黨高層的兩大核心關切都有明確的舉措。對於所謂綏靖區黨政軍一元化問題，蔣介石對此念茲在茲，會前就已經定下基調，此番《綏靖區總體戰實施綱要》在「軍事方面」一節對此做出政策安排，這也是整個《綏靖區總體戰實施綱要》中最為實際，而且具備可操作性的舉措，也就是在機構調整及權限擴充上，國民黨此番做足了功夫。《綏靖區總體戰實施綱要》明確規定：「為加強總體戰效能，應建立綏靖區黨政軍一元化制度，綏靖區司令官，有統一指揮監督轄區內軍事政治經濟黨務及人民團體之權。發揮總體戰戰力，綏靖地方，舉辦清鄉，並協同進剿部隊之作戰」；「各綏靖區司令官兼任綏靖區行政長，受省政府主席兼保安司令之指揮監督。但關於作戰指揮，仍遵戰鬥序列之規定，受其上級之指揮」；「綏靖區司令官兼行政長對於轄區專員縣（市）長及省保安團隊長，有指揮監督考

---

66 〈華中綏靖會議開幕主席訓示提高警覺分組討論加強軍政經配合〉，《申報》，第1版，1948年3月18日。

67 〈華中綏靖會議揭幕〉，《東南日報》，第3版，1948年3月17日。

核懲獎之權,並得於必要時先行撤免,補報省政府核備」。[68]如此一來,綏靖區司令官兼轄區的行政長官,綏靖區是「司令官的司令部,也是行政長官公署。」[69]國民黨將所謂「黨政軍一元化」,其實最後落實到「把黨政軍的職責集中於一個人或一個機關,那是獨裁」,相當於晚唐時期的節度使,而不是「完全是著眼於黨政軍工作的聯繫,精神的一貫,使一切形成有機的配合」。[70]

除此之外,華中綏靖會議還決定「各省自衛武力經費,由中央籌措,縣亦將成立保安隊或保安團,其經費則由地方自籌。為避免綏靖區物資資敵,授權綏靖區司令官,負責統制綏靖區物資,封鎖匪區,對綏靖區物資,可由政府收購。調查綏靖區人民存糧,將規定人民可保存三月或六個月之糧,餘數將由政府收購。實行戰士授田辦法,原則上規定每一戰士授田三畝至五畝,其詳細實施辦法,由國防部與地政部再行會商決定。關於修改綏靖區土地處理辦法,審查會中曾決定:綏靖區土地非自耕農者,無論經共匪非法分配與否,均按其家屬每人以五畝為限,准許保留,超過此數,則由政府徵收發給土地實物債券,於十五年內償還,土地即為自耕農所有。」但同時也應看到,在這一系列政策方案中,尤其是「經濟方面」中的很多政策,當時也不具備兌現的條件,而且還須要走完國民黨政權系統冗長的立法程序。其中關於土地政策部分,只得「惟廿日大會時僅作原則上通過,實施辦法均留交國防部與地政部重行詳加研討,呈政院決定,並須完成立法程序。」[71]

---

68 《綏靖區總體戰實施綱要》,國防部政工局編:《綏靖區總體戰之實施》,頁11-12。
69 劉汝明:《劉汝明回憶錄》,頁145。
70 〈華中綏靖會議揭幕〉,《東南日報》,第3版,1948年3月17日。
71 〈華中綏會圓滿開幕總體戰方案經大會通過蔣主席致訓勉切實執行〉,《申報》,第1版,1948年3月21日。

第五章　綏靖體系走向極端化：以綏靖區總體戰為中心 ❖ 265

　　《綏靖區總體戰實施綱要》作為執行綏靖區總體戰的綱領性文件，將指導國民黨此後在華中地區的重大軍政舉措。隨著時局的演變，國民黨從戰後初期重新大面積布置綏靖體系，因襲江西時期之歷史經驗，以綏靖公署、綏靖區作為臨時性建制，與地方黨政機構平行存在。在南京中央，則通過設立行政院綏靖區政務委員會，指導各綏靖機構及綏靖區域內的黨政機關統籌推進綏靖政務工作。從一九四七年底開始，伴隨著陳誠派系的失勢，原有的綏靖體系面臨調整，國民政府正在醞釀確立綏靖區制，一時間各方改革意見紛至遝來。[72]國民政府此番旨在進一步加強綏靖區機構的權力。[73]直至此番由桂系集團在南京中央之代表白崇禧所倡導，並受蔣介石的認可的綏靖區總體戰方略正式確立。

　　此番動作可以看作國民黨方面將綏靖體系發展到了極端化的地步。綏靖區直接設立行政公署，以實現國民黨自己認為的「徹底的黨政軍一元化」[74]，同時對於綏靖區內的人力物力資源在法律上也要展

---

72 〈山東省主席王耀武報告關於綏靖區省縣行政改進意見〉（臺北市：「國史館」藏，行政院文物檔案，1947年11月24日，典藏號：014-010200-0008。）〈蔣中正電劉斐請於五日內呈報新設綏靖區之具體計劃〉（臺北市：「國史館」藏，「蔣中正總統」文物檔案，1947年11月26日，典藏號：002-080200-00322-082。）〈蔣經國呈蔣中正擬訂青年軍使用於綏靖區計劃方案〉（臺北市：「國史館」藏，「蔣中正總統」文物檔案，1947年10月27日，典藏號：002-020400-00012-072。）〈朱紹良電蔣中正鄂川陝邊區兵力缺乏且為武漢鄭州重慶西安四個指揮機關之分界指揮協同均感困難建議將豫鄂川陝邊區劃為一綏靖區統一指揮歸中央直轄等〉（臺北市：「國史館」藏，「蔣中正總統」文物檔案，1947年11月22日，典藏號：002-090300-00171-314。）
73 《蔣介石日記（未刊稿）》，「民國三十七年大事表」。
74 自打戰後國共兩黨交手以來，國民黨方面就一直在極力鼓吹所謂「黨政軍一元化」，將其視為與中共鬥爭的不二法門。然而時至一九四八年初，連國民黨官方輿論自己都不得不承認：「我們更主張黨政軍徹底一元化。『黨政軍一元化』的口號，也不知喚了若干年，直到今天，還是各自為政，意志不能統一，力量無法集中，工作互相抵消。因為骨子裡不能一元化，於是表面上不彼此摩擦，就儘量敷衍，人事

開竭澤而漁式地動員。[75]國民黨方面此時認為上述舉措是其扭轉當前國共鬥爭不利局面的關鍵一招。國防部政工局局長鄧文儀在會後舉行的記者招待會上介紹會議所取得的成果時，公開對外界表示：「上周之華中綏靖會議中，已決定實施總體戰，總體戰主旨在使綏靖區軍事政治經濟打成一片，提高綏靖司令官權責，擴充地方武力，使匪無從求兵求食。國軍『進剿追剿』，配以地方堵截『清剿』，『匪』在華中生存發展，已成問題，想流竄過長江，更將無望。總體戰如能早日實施，華中戰場局勢必然迅速改變。」[76]

會後，國民黨政權黨政軍各系統抓緊落實華中區綏靖會議之精神，完成各項辦法的立法程序。至一九四八年七月末，國防部政工局局長鄧文儀曾就此問題上書蔣介石，彙報相關進展：「查華中綏靖會議各項決議，均經分別送請各有關單位辦理在案，除經濟部、全國經濟委員會、及聯勤總部數單位尚未將辦理情形送達」。

的應付，往往占據了負責者的大部分時間精力，這也是各地方上的普遍現象（當然各級皆然），弄得內部裡還應接不暇，怎能應付如此空前的變局？」參見〈華中綏靖會議揭幕〉，《東南日報》，第3版，1948年3月17日。

75 時任國防部第三廳廳長羅澤闓在其所擬條陳方略中，明確表示要「採竭澤而漁之戰略，斬斷『匪軍』生存滋長之來源，將戰場內一切人力物資、儘量徵購遷移，集中控制，使匪所到之處，野無所掠，行無所倚，不能於戰場中求得生存，再以軍事上網罟鉤釣之戰法，以綏區部隊，及地方團隊，民眾武力，扼要堵劫，分區『清剿』，將國軍編成若干機動兵團，分進『圍剿』，輕裝追擊，捕捉『匪』主力而殲滅之。」參見〈羅澤闓呈軍務局華中戰場戡亂剿匪軍事政治經濟三位一體之總體戰方略〉（臺北市：「國史館」藏，「蔣中正總統」文物檔案，1948年1月20日，典藏號：002-080200-00385-005。）

76 〈實施總體戰與新土地法將為澄清華中之原動力鄧文儀剖析華中綏靖會議兩大成果〉，《前線日報》，第1版，1948年3月25日。

表十一　華中區綏靖會議重要決議案辦理情形一覽表

案由	辦理情形
（一）綏靖區總體戰實施綱要案	經查呈行政院，尚未頒布施行。
（二）剿匪地區軍政機構配合方案	已由行政院修正公布施行。
（三）綏靖區司令部行政公署組織規程案	已由行政院修正公布施行。
（四）華中戰場綏靖區徵補兵員實施綱要案	奉行政院令，上項綱要，與三十七年度擴大兵源加強兵源補充實施大綱、三十七年度國軍收復地區兵源徵集辦法及授權行轅綏署綏區及當地兵團（不含）以上高級指揮部對轄區徵集兵員處理暫行辦法等，互有關聯，飭歸併專案呈核，正擬辦中。
（五）戰士授田條例案	戰士授田條例與復員官兵榮譽軍人暨陣亡將士遺族授田條例，經行政院召集有關各機關併案審查，決議兩案合併修正，經交國防、地政兩部會商決呈請行政院核示。
（六）修訂綏靖區土地處理辦法案	經行政院召集有關各單位舉行會議，就原辦法加以修正，正準備提出院會中。
（七）綏靖區保安砦設置辦法	已由行政院令頒實施。

資料來源：〈鄧文儀呈蔣中正報告華中區綏靖會議綏靖區總體戰實施綱要案等重要決議案辦理情形報告表〉（臺北市：「國史館」藏，「蔣中正總統」文物檔案，一九四八年七月二十三日，典藏號：002-080200-00544-142。）

值得一提的是，這一時期新近設立的綏靖區，已與戰後初期所設性質已有所不同。戰後初期的綏靖區主要設於國民黨新近收復之區

域，執行政策也確實有「休養生息」的一面，目的在於儘量通過政治、經濟舉措，儘快重建並穩固國民黨在當地的統治秩序，政策取向力圖求穩。而此番新設立的綏靖區則不止是新收復地區，相反，伴隨著中共方面戰略反攻的推進，許多新設立的綏靖區其實是國民黨一直以來實際控制的統治區，如今卻已接近成為國共交火的前線。

此時綏靖區總體戰的施政重心在於「集中統一」，其實施要點在於強力推行黨政軍的一元化，大幅度提升綏靖區司令官的權能；由國防部劃分固守和機動部隊，由綏靖區統轄部隊負責固守，並編組野戰兵團負責機動；同時追求對於人力與物力極致控制，力圖榨取國民黨統治區的戰爭潛力。而這些舉措事實上也脫離了當初「綏靖政策」的本身意涵，國共兩黨的鬥爭至此已經進入極端殘酷之階段，雙方即將走入戰略決戰。

第三節　綏靖區總體戰於戰場上的成與敗

一　白崇禧與華中地區的綏靖區總體戰

華中地區原為國民黨政權在國共內戰時期的後方。按照國民黨方面「『清剿』－綏靖－建設」這樣三步走戰略的設定，蔣介石在一九四七年三月還在規劃對華中地區要「分區開始局部建設（利用天然條件自籌增產）」。[77]也就是說，至遲到一九四七年春，蔣介石還較為樂觀地看待國民黨在華中地區的總體局勢，甚至覺得華中局部地區已經具備一定條件，可以越過「綏靖時期」，而開始「自籌增產」，從事地方建設。然而，時局的轉換大大超過了蔣介石的預料，以至於其不得

77　《蔣介石日記（未刊稿）》，1947年3月27日。

不於一九四七年下半年開始著手謀劃華中地區的綏靖事宜，並對白崇禧及其身後的桂系勢力有所借重。

華中地區一直是白崇禧致力於拓展自身派系利益的關鍵所在，如果桂系勢力能夠控制華中，則可以與廣西大本營及李宗仁所在的北平行營遙相呼應，同氣連枝。此時廣義上的華中地區既包括了中原、蘇北地區，也包括中東部的長江沿岸諸省份，概括而言涵蓋了蘇、浙、魯、豫、皖、贛、鄂、湘諸省，屬實是國民黨統治區的核心地帶。

學者在研究國共戰略決戰前夕的相關史實時，多數論著均曾論及白崇禧「守江必守淮」之論調，以及要求合併指揮華中、徐州兩大「剿總」，統一設立「剿總」於蚌埠之主張。[78]實際上，回到歷史現場可以發現，在國民黨高層中，率先提出對廣大華中地區有所區分的恰恰是白崇禧本人。白崇禧在獲准首次出席國防部作戰會報之際，就曾對此做出明確訓示：「目下華中戰場似應區分為華中、華東兩大部分。」[79]也就是說，白崇禧本人認為應該將廣義上的華中地區切分為華中與華東地區兩部分，從而將此區域的國民黨整體力量切分為兩大塊，這也就不難理解為何日後由白崇禧所主持的華中綏靖會議，在決議成立華中綏靖公署之同時，還要明確規定「駐節徐州之陸軍總部指揮蘇、魯、豫、皖四省軍事機構仍不變更」。[80]

白崇禧所格外在意的「華中」，其實是切分後的華中地區，而非廣

---

[78] 程思遠：《政壇回憶》，頁185；莫濟傑、（美）陳福霖主編：《新桂系史》，卷3，頁85；劉統：《中國的1948年：兩種命運的決戰》（北京市：生活・讀書・新知三聯書店，2006年），頁411-412。

[79] 〈國防部第八十八次作戰會報紀錄〉（臺北市：「國家發展委員會檔案管理局」藏，1948年2月11日，檔號：B5018230601/0035/003.9/6015.3。）

[80] 〈華中綏會圓滿開幕總體戰方案經大會通過蔣主席致訓勉切實執行〉，《申報》，第1版。1948年3月21日。會後並未成立華中綏靖公署，而是成立了華中「剿匪」總司令部，但實際上與過去的綏靖公署沒有本質區別，可以算作是後者的加強版。

義上的華中地區。白崇禧之所以如此算計，原因主要在於華東諸省，尤其是江蘇、浙江、上海等省市向為蔣介石嫡系勢力最為強大之地區，桂系勢力一時勢必無法與之爭鋒。如此則莫不如另闢蹊徑，減少彼此摩擦，更易獲取蔣之信任。而狹義的華中戰場，即原武漢綏靖公署轄區，此時尚處於權力過渡階段，正是白崇禧施展個人計劃之機。是時，桂系集團主力部隊一部分正駐紮於皖、贛、鄂長江中游南岸距徐州不遠的一帶地區，加之安徽省軍政權力仍屬桂系掌握，「舍白崇禧兼任指揮外，尚無他人適宜。白頻繁往來於寧、滬、皖、鄂間部署備戰，調兵遣將，擴大地盤，為爾後外調華中掌握軍政權作好布局。」[81]

然而，即便如此看重華中地區，白崇禧出於個人政治企圖與派系利益，「仍欲藉此為其號召張本」[82]，不願意輕易放棄國防部長這一身處軍事中樞要津的關鍵職位。這著實讓蔣介石頗傷腦筋，因其此時有意外放白崇禧以率先貫徹落實華中地區綏靖區總體戰。[83]直到經過多輪轉圜與幕後的政治交易與妥協，白崇禧方勉強應允卸任國防部長而赴任華中，蔣介石才多少放下心來，並許其有職有權，「約健生來談約一小時，其對辭去國防部長，僅指揮華中軍隊『剿匪』甚表不滿也。此當然之事，惟應勸勉之，並使之能有充分權力實行職務也。」[84]為此，蔣介石甚至允諾白崇禧赴任華中後，可以直接向蔣介石本人負責，而不受國防部長及參謀總長的節制。[85]幾番博弈之下，白崇禧才於一九四八年六月底赴任華中「剿總」。[86]

---

81 蕭建中：〈白崇禧軍政生涯追記〉，《檔案與史學》第6期（1997年），頁55。
82 《蔣介石日記（未刊稿）》，1948年5月30日。
83 《蔣介石日記（未刊稿）》，1948年5月13日。
84 《蔣介石日記（未刊稿）》，1948年5月14日。
85 黃紹竑：〈李宗仁代理總統的前前後後〉，全國政協文史資料研究委員會編：《文史資料選輯》（北京市：中華書局，1979年），第60輯，頁50。
86 〈「小諸葛」白崇禧在武漢〉，《武漢文史資料》編輯部編：《武漢大事選錄（1840-1949）》，1990年，頁371。

即便是蔣介石、白崇禧之間圍繞白本人以何種身份地位（蔣介石堅持白崇禧專任華中「剿總」，而白崇禧則更願意以國防部長身份兼任）出鎮華中，而一時僵持不下之時，白崇禧對於華中地區的綏靖工作也沒有絲毫放鬆。距離華中綏靖會議確立政治、軍事、經濟三位一體的綏靖區總體戰方略不到兩個月之後，白崇禧又以國防部長的名義召集「各綏靖區各主管人員來京，舉行綏靖區政務研究會議」。[87]前次華中區綏靖會議可以說確立了綏靖區總體戰的大體原則。而這其中，最重要的成果就是通過了《綏靖區總體戰實施綱要》，而本次召集的綏靖區政務檢討會議，共同研究的中心問題則是各個綏靖區「實施總體戰的具體辦法」。[88]此次綏靖區政務研究會議，從一九四八年五月八日開始，在為期十一天的議程中，國民黨方面對外宣稱：「對綏靖區司令部及行政長官公署之工作及軍事戰、政治戰、經濟戰等實施辦法，均有所決定……對於各綏靖區內所應設施改革的問題，都有很詳盡的檢討和解決辦法的研究與決定，尤其是關於地方基層行政的健全，民眾自衛武力的培養、土地處理、將士授田、管制糧食等問題的解決，以及收復地區的重新建設問題，都有比較詳盡的規劃。」[89]

白崇禧赴任武漢後，首先對華中地區綏靖機構加以充實調整。華中「剿總」之下，最初新設立第五綏靖區，由張軫任司令官兼行政長，駐信陽，王淩雲為第十三綏靖區司令官兼行政長，駐信陽。第十三綏靖區司令官王淩雲此時感覺「綏靖區工作比軍事工作更複雜更難辦」，白崇禧則為了自己的利益，一面鼓勵王淩雲「勇敢接受任務」，同時建議蔣介石將王之基幹部隊調往南陽，歸綏靖區指揮。[90]中共方

---

87 鄧文儀：〈前言〉，國防部政工局編：《綏靖區總體戰之研究》，頁1。
88 白崇禧：〈白部長訓詞〉，國防部政工局編：《綏靖區總體戰之研究》，頁5。
89 〈鄧文儀談綏靖政務會〉，《中央日報》，第4版，1948年5月20日。
90 王淩雲：〈蔣軍十三綏靖區在南陽反人民的罪惡紀實〉，河南省政協文史資料研究委員會編：《河南文史資料》（鄭州市：河南人民出版社，1980年），第4輯，頁112。

面亦注意到國民黨方面此時「極重視南陽，曾於此設立所謂『綏靖區』，以王凌雲為司令官，企圖阻遏人民解放軍向南發展的道路。」[91] 即將走馬上任的王凌雲之感慨確實有其道理，綏靖區雖然權限大為擴充，但管理事務也隨之趨於龐雜，機構也更為臃腫。

各綏靖區按照華中綏靖會議之要求組建相應的行政公署。這一時期，綏靖區司令部／行政公署內部組成如下：

> 第一處掌理情報、防諜、兵要地志及諜員管理等事宜。
> 第二處掌理動員、作戰、計劃、命令、編訓、校閱等事宜。
> 第三處掌理聯合勤務等事項。
> 第四處掌理交通管理及交通工具調度等事宜。
> 軍法處掌理軍法審判檢察等事宜。
> 政務處掌理民事行政、戶口保甲、兵役、民眾自衛組訓及救濟等事宜。
> 經濟處掌理財政、土地、建設及管制糧食物資等事宜。
> 政工處掌理思想戰，軍民合作，軍風紀糾察，新聞文化教育及民眾團體之指導、聯絡、考核等事宜。
> 總務處掌理文書、譯電、交際、庶務、出納、醫療、及不屬其他各處之事宜。
> 人事處掌理軍職及文職人事行政。

其中綏靖區司令部參謀長負責指導一、二、三、四、軍法處之工作，處理一切軍事事務；行政公署秘書長則負責指導政務、經濟、政工等

---

91 〈中原我軍占領南陽〉（1948年11月5日），《毛澤東文集》（北京市：人民出版社，1996年）第5卷，頁185。

處，處理一切政治事務。[92]「司令官兼行政長官，設有辦公廳，有事隨時可找參謀長、秘書長和各處長，一同來商量處置軍政事務，很是方便。這樣編制的目的，規定很明白，是要『實行總體戰』——集中統一轄區裡面黨、政、軍的力量……經由政務處可以指揮地方政務；經濟處可以統制地方的財經物資；新聞處可以聯繫地方黨務，發布消息；軍法處有檢察官、軍法官、書記官等，可以偵查、審判軍民犯罪。」[93]

在這樣的組織形式之下，綏靖區的行政長官公署「內部組織有各省政府的縮影，麻雀雖小，肝膽俱全。因為要確確實實的切合軍事需要，職權有過之無不及。省政府的力量所不及的，綏區行政公署可以加強，這自然是必要的。」[94]也無怪乎，早在一九四七年底綏靖區制度確立之時（此時還未正式確立綏靖區總體戰體制），第三綏靖區副司令官張克俠就曾感慨「綏靖區制成立，本區又直接陸總部，地位較屬省主席者較為崇高，同時權限較大，均為本部兩年來開始好轉之象。」[95]而對於綏靖區之下縣這一層級的控制，《綏靖區總體戰實施綱要》要求增設綏靖縣份的副縣長，這是被稱為實施總體戰中的新的行政體制。然而，在實施的過程中，「未來的縣長與副縣長，各有各的來頭，一個槽裡能否拴住兩條叫驢，也是大成問題的。」[96]

在綏靖區總體戰的大框架下，綏靖區作為一個層級建制此時業已

---

92 《綏靖區司令部行政公署組織規程》（1948年4月30日），國防部政工局編：《綏靖區總體戰之實施》，頁16-17頁。
93 劉汝明：《劉汝明回憶錄》，頁145。
94 杜漸：〈且從戰地看中原——展望通訊社戰地特輯之一〉，《展望》第2卷第10期（1948年）。
95 張克俠：《佩劍將軍張克俠軍中日記》，1947年12月21日，頁335。
96 杜漸：〈且從戰地看中原——展望通訊社戰地特輯之一〉，《展望》第2卷第10期（1948年）。

做到了名實相符的軍政合一,而非戰後初期只是實質地位在黨政機構之上,但法律地位仍屬模糊,權責不清,遇事仍以「協調」為主。此時的綏靖區司令官因而儼然割據一方。然而,綏靖區總體戰,顧名思義一切都應該是一個總體,可實際過程中,此時的各個綏靖區更近乎於割據一方,彼此不通聲氣。「譬如綏靖區與綏靖區之間的配合,各省省政府與各綏靖區行政公署之間的協調,是否有步調不一致或疊床架屋的情形發生?在在都成問題,最近就有一個綏靖區在沿河設立關卡,徵收過路費,民怨鼎沸,紛紛向其所屬的省政府控訴,省政府雖無力制止,然而也覺得是不應該的。這其間就難免有問題發生了。」[97]

除此之外,白崇禧還以極其強硬的手段宣傳貫徹落實自己綏靖區總體戰的意志主張。白崇禧在出席駐紮在安徽蚌埠的第八綏靖區綏靖會議時,曾集中闡述了總體戰方案的要旨及實施打算,從中也可以看出白本人施政有所側重。在三位一體的綏靖區總體戰方略中,「軍事戰」在於組織中共軍隊「流竄」,捕捉其軍隊主力「予以殲滅」,這其實更多仰賴於國民黨的主力野戰兵團。「總體戰」之要旨在於「以軍事力量掩護政治,用政治和經濟力量配合軍事」,因而綏靖區之關鍵在於對於轄區的控制以支撐國民黨一線戰事,而不是直接參與對於中共主力部隊的「圍殲」(事實上也做不到)。而「政治戰」則是方案中的重中之重,白崇禧希望其所轄之綏靖區的力量能夠粉碎「匪」之地方組織,枯竭「匪方」兵員,充裕我方兵員。為此須要做到:「(一)建立保安城寨,使地方民眾得以保衛家鄉,保護財產,保全生命,集中武力,集中物資,集中壯丁。(二)強化地方組織,選拔優秀之鄉村幹部,嚴密基層保甲組織,清鄉肅奸,確實掌握民眾。(三)擴充地方自衛武力:一、充實各省保安團隊,除各省現有保安團隊外,並

---

97 杜漸:〈且從戰地看中原——展望通訊社戰地特輯之一〉,《展望》第2卷第10期(1948年)。

按其需要分期擴充,其武器、彈藥、器材、經費均由中央撥補;二、建立民眾自衛隊,並加強各地常備自衛隊,中央已頒布各縣市民眾自衛隊,組訓規程,即應切實遵照實施。」[98]

值得注意的是,白崇禧認為在軍事戰中,「總體戰中關於保安城寨的決議,就是穩紮穩打,步步為營。」但同時,白崇禧亦講究靈活運用,而非株守待援,曾指示所屬桂系部下第十五綏靖區司令官張軫靈活處置。「有些地方應該機動一點的就可以,不必死守。比如這次豫西作戰,匪有八個縱隊來打,張司令官(軫)來請示,我指示:能守的就守,不能守的就應該機動,保全力量,以待機出擊,切忌明知不能守,而偏要去守。」[99]而對於所謂「經濟戰」的措施,白崇禧講話內容則明顯比較空洞與籠統,依舊套用國民黨長期標榜而又無法落實的政策理念。白崇禧內心中未見得沒有相關的規劃,但在實施過程中,其在總體戰的經濟部分與蔣介石還存在相當大的分歧。白崇禧也曾公開主張:「惟有實現三民主義之民生主義,徹底改革土地制度,使耕者有其田,土地有合理的分配,同時實施『將士授田』辦法,『剿匪』才有光明前途。」[100]明確提出「將士授田」作為實現「耕者有其田」理念的重要辦法。然而,蔣介石對此提議卻不以為然,認為:「此應先有切實準備與實施辦法把握後,方可發表,否則徒字糾紛而已」,據此認定「此案不可行」。[101]

---

98 〈加強總體戰——兼總司令白崇禧在蚌埠八綏區會議上訓詞〉,《安徽政治》第10卷第7期(1948年),頁4-5。

99 〈白部長訓詞〉,國防部政工局編:《綏靖區總體戰之研究》,頁8。

100 〈惟有改革土地制度剿匪才有光明前途白崇禧說明總體戰意義〉,《復興日報》,第1版,1948年7月6日。

101 〈國防部陸軍總司令部總司令顧祝同呈總統蔣中正為呈有關土地改革四大文獻並請飭行政院速完成修正綏靖區土地理辦法草案等立法程序頒布施行〉(臺北市:「國史館」藏,國民政府文物檔案,1948年8月14日,典藏號:001-056230-00001-008。)

事實上，自從白崇禧趕赴武漢就職以後，「官場中好像憑空添了一座發動機。白本人曾在武昌召集黨政軍機關首長和省參議員舉行座談會，對總體戰各項問題有所說明和商討。」[102]白崇禧在盡己所能地為華中地區國民黨黨政軍各系統上緊發條，驅使其致力於綏靖區總體戰。為此，白崇禧曾以沉痛的語調指責若干人等阻礙其實施總體戰，「實施總體戰，必須政治經濟均能配合軍事，目前若干不明大體之人，竟以減輕人民負擔為詞，一再要求減免徵糧徵兵，實屬阻礙國策，不能容許，尤其武漢兩市之城防工事，竟不能如期徵集民工加工建築，足見市政當局之敷衍粉飾，已至無可寬恕。」[103]為此，白崇禧甚至意圖殺雞儆猴，提請國民黨中央嚴厲懲辦安徽省民政廳廳長黃同仇。而之所以提請懲辦黃同仇，直接原因就是白崇禧在出席在蚌埠召開的第八綏靖區綏靖會議時，發現黃同仇在會上及之前對綏靖區總體戰方略多有質疑與譏諷。[104]白崇禧此舉意在通過嚴辦黃以立威，督率所屬屬行「總體戰」。

正是在白崇禧的嚴厲督導下，連「素來深居簡出的湖北省主席張篤倫最近要出巡鄂東鄂北，指示地方政府配合總體戰的執行了」。[105]整個國民黨政權在華中地區的綏靖體系也隨之加快運轉。白崇禧反復強調：「目前總體戰的具體方案，是已決定了，質言之，在軍事方

---

102 〈白崇禧與武漢這一總體戰實驗區〉，《時與文》第3卷第14期（1948年），頁14。
103 〈白崇禧詳論華中戰局中秋節後匪可能再向宛西鄂北竄擾實施總體戰必須政經均能配合軍事〉，《申報》，第1版，1948年9月18日。
104 〈白崇禧電蔣中正稱在蚌召開之綏靖會議黃同仇譏評總體戰方案為閉門造車等語為使皖省軍政密切配合擬請撤黃同仇皖省委員兼民政廳長職務以為違反中央國策者戒〉（臺北市：「國史館」藏，「蔣中正總統」文物檔案，1948年7月21日，典藏號：002-090300-00187-224。）與此同時，白崇禧與黃同仇雖然同屬桂系陣營，但因為個別理念不同，其實素有恩怨。參見華哥：〈白崇禧怒撤黃同仇〉，《中國內幕》第17期，1948年9月14日，頁9。
105 〈白崇禧與武漢這一總體戰實驗區〉，《時與文》第3卷第14期（1948年），頁14。

面，應求足食足兵，充實剿匪力量，加強省防保安團隊，及建立地方民眾自衛武力。在政治方面，則須組織民眾，使人必歸戶，戶必歸甲，甲必歸保，而不遺漏一人，不散失一分力量。能夠如此嚴密組織，然後才能實施總體戰。」[106]在白崇禧的督促與直接過問下，「因經費困難而擱淺的漢口市保安旅第一團將於本月中成立，第二團也從一日起開始訓練了；於是省保安旅鄧旅長被召見垂詢；於是武漢兩市的民眾自衛組織積極開展；於是，由內政部規定要包括民意機關、民眾團體和社會賢達的肅清運動委員會也限於本月成立，以期完成策動民眾肅清共黨的任務；於是，清查戶口、檢查國民身份證、連保切結、『警剿區』制等等都要嚴格執行。」[107]值得一提的是，組訓民眾自衛這一綏靖區總體戰的中心工作。有媒體記者曾經就此前往採訪在湖北各縣市所見公教人員及民眾受訓情形，「恍如置身於民國廿一年廣西組訓民團那種強烈的情況一樣。最近華中各地民眾自衛隊普訓第一期的工作，已勝利完成。白氏親往各地檢閱，懇切訓話。」[108]

白崇禧所親力親為督率執行的華中綏靖區總體戰，對於國民黨方面來說確實好似打了一針雞血，各方面運轉速度加快，對於戰爭資源的調動也顯現成效，在短期內對共產黨一方造成了一定程度的困擾，這些皆可以歸結於為綏靖區總體戰的短期成效。然而，白崇禧主導的所謂民眾組訓和加強地方團隊之工作，實質上仍是竭澤而漁的做法。一方面，綏靖體系上下對民眾極致動員，榨取民力，儼然發展到極端化之地步。另一方面，這種機械地執行一元化政策的做法，時常處於緊繃的戰時狀態，也為一些勒索敲詐打開了方便之門。擔任第三綏靖區副司令官的張克俠雖然未曾直接受到白崇禧本人指揮，但此時其在

---

106 〈白部長訓詞〉，國防部政工局編：《綏靖區總體戰之研究》，頁7。
107 〈白崇禧與武漢這一總體戰實驗區〉，《時與文》第3卷第14期（1948年），頁14。
108 陳東：〈總體戰在華中〉，《時事新聞》第8期（1948年），頁2。

徐州一帶所開展之綏靖區總體戰工作與白崇禧所倡導的，其實並無二致。張克俠即曾對所謂「組訓民眾」工作一針見血地總結道，「城防競談組織民眾，實際卻是看管民眾，驅使民眾，形式而已，好聽而已。真正組織須是精神上團結，利害上一致，今日，只意味驅市民而戰，為勒索敲詐開方便之門，如是而已。」[109]這種表面形式上搭建了所謂「黨政軍一元化」的框架去執行綏靖區三位一體的總體戰方略，實質上脫離群眾基本利益的舉動，其實際效果如何應可想而知。

二　戰略決戰：綏靖體系走向崩潰

　　白崇禧在華中地區所開展的綏靖區總體戰，在實行早期確實給中原野戰軍施加了不小的壓力。劉伯承、鄧小平在一九四八年三月即曾致電中共中央表示：白崇禧說不怕中共流竄，只怕中共立腳。「故我集敵亦集，我散敵亦散。當我分散時，敵則分散或集優於我之兵力尋我分遣部隊，或對我腹心地區控制要點，實行清剿，摧毀我之後方及地方工作，採用總體戰，破壞土改，枯竭我之兵源財源。此種政策已普遍實行，首先對我較弱地區，這一時期最為殘酷。」[110]時至一九四八年七月，中原野戰軍政委鄧小平甚至感慨：「我們已經麻木了半年，希望在三個月中改變形勢，我們現在被打醒了」。[111]

　　這種竭澤而漁似的作法最初對於國民黨方面來說確實好似打了一針雞血，在短期內對共產黨一方造成了一定程度的困擾。鄧小平曾指

---

109 張克俠：《佩劍將軍張克俠軍中日記》，1948年6月25日，頁357。
110 楊勝群、閻建琪主編：《鄧小平年譜（1904-1974）（中）》（北京市：中央文獻出版社，2009年），頁723-724。
111 〈用黨政軍一體化的鬥爭反對敵人總體戰〉（1948年7月16日），《鄧小平軍事文集》（北京市：軍事科學出版社、中央文獻出版社，2004年），第2卷，頁113。

出「有的人對敵人的所謂總體戰和特務活動喪失警惕。」[112]陳毅在代表中原局致中共中央的報告中更是詳細地指出:「國民黨區域實施總體戰、圍寨網、聯防、連坐等辦法。反動派的政策是生了不少的成效的。此一時期,我中心區後方被襲擊各地均有,主要是地武不強,不能獨立擔負保衛地方的任務,村、區幹部被殺事件甚多。」[113]而中共在「被打醒了」之後,謀求積極應對,一方面調動自身早年應對日本軍隊華北治安戰之經驗(鄧小平稱侵華日軍之戰法為「總力戰」),「用黨政軍民一體化的全力鬥爭,反對敵總體戰,組織武工隊、兩面政權,運用抗日戰爭時期的經驗,即反治安強化的政治攻勢。」[114]同時,中共方面又根據敵我情況靈活機動處置,跳出國民黨強力封鎖,而中共自身力量又很薄弱之地區,開闢新戰線,從而重創國民黨軍事力量。

不管怎樣,赴華中任職之初的白崇禧顯然對自己醞釀提出的總體戰理論及其初期實踐充滿自信。因此在華中地區親力親為地督導開展總體戰的同時,白崇禧還在向南京國民黨中央建議「後方各省擬請一致實行總體戰方案以增強剿共力量」。此時的白崇禧著眼於控制國民黨後方統治區的糧食主產區,壓榨後方省份之人力物力以支撐前線戰事,將其綏靖區總體戰之理念進行了進一步闡發:

> 過去「剿匪」,僅以純軍事力量採正規戰術,而政治經濟未能與軍事整體配合,軍隊與民眾未能協同一致。「匪」黨政軍三

---

112 〈貫徹執行中共中央關於土改與整黨工作的指示〉(1948年6月6日),《鄧小平文選》(一)(北京市:人民出版社,1994年),頁114。

113 〈中原局九月份綜合報告〉(1948年9月12日),《陳毅軍事文選》(北京市:解放軍出版社,1996年),頁479。

114 〈用黨政軍一體化的鬥爭反對敵人總體戰〉(1948年7月16日),《鄧小平軍事文集》,第2卷,頁113。

位一體,凡匪區民眾皆為戰鬥員、情報員,對糧食絕對控制。今春三月,華中綏靖會議曾決定總體戰方案,此乃針對「剿匪」之有效方略。惟其實施僅限於各綏靖區,其它後方各省並未規定一致施行。衡諸現況,以言人力動員,我政令所及區域內人口約為三萬萬,而後方各省徵兵每逾半年尚未能徵足。就糧食言,洞庭、鄱陽、太湖、巢湖諸產糧地帶,均為我掌握,乃軍需民食時感匱乏,此蓋人力物力動員並未達到要求,實不足與匪做長期全面之鬥爭。今為適應當前「剿匪」需要,所有後方各省,擬請一致普遍實行總體戰方案。[115]

然而,正當國民黨方面尤其是白崇禧督率所部在華中綏靖區熱火朝天地大力謀劃推進綏靖區總體戰之時,中共一方卻沒有給對手以從容布置的可乘之機。鄧小平曾表示:「今天我們要覺悟,用黨政軍民一體化的全力鬥爭,反對敵總體戰,組織武工隊、兩面政權,運用抗日戰爭時期的經驗,即反治安強化的政治攻勢。」[116]進入戰略反攻階段之後,中共軍隊在中原及華東戰場與國民黨華中「剿總」及徐州「剿總」所屬主力部隊多番會戰,予國民黨方面以重創,部分綏靖區在戰役中即已遭覆滅。國民黨統治區域局勢日趨不穩,國民黨軍事力量無論是「質」與「量」此時均不斷萎縮。

在此條件下,國民黨方面在華中戰場的工作重心只得:「首在建立封鎖,阻止共軍繼續擴大竄擾;次為劃建綏區,期能控制戰場,爭取人力物力,使共軍難於生存活動;三為編組有力而機動的兵團,遇

---

115 〈白崇禧呈蔣中正後方各省擬請一致實行總體戰方案以增強剿共力量〉(臺北市:「國史館」藏,「蔣中正總統」文物檔案,1948年8月1日,典藏號:002-020400-00013-050。)

116 《用黨政軍一體化的鬥爭反對敵人總體戰》(1948年7月16日),《鄧小平軍事文集》,第2卷,頁113。

機窮追猛打，以求殲滅共軍主力。」[117]事實上，早在一九四八年三月，也就是國民黨正式確立綏靖區總體戰方略前後，蔣介石在研究關內戰場總體局勢時就曾有如下考慮：「正規野戰軍不負防守點線任務；由各綏靖區組織各縣鄉自衛隊配屬省保安團為核心，負清鄉自衛之責。」[118]編組野戰兵團與建立綏靖區看上去是此時國民黨方面兩條並行的應對思路。然而，實際上兩者占用的卻同是國民黨此時日益減少的正規軍事力量，且在後期形成了相互擠壓的關係。

按照國民黨方面最初的設定，綏靖區應該依靠少量國民黨正規部隊，配屬地方自衛隊、保安團隊，將其組織起來，負責清鄉、重建基層政權，擴大地方武裝力量，嚴密保甲組織等任務。但實行過程中，綏靖區的支柱仍是國民黨的正規軍，地方武裝無法發揮其期待中的作用。如王淩雲在即將赴任一九四八年成立的第十三綏靖區時，就曾顧慮重重，因為「綏靖區工作比軍事工作更複雜更難辦」，而且「手裡無兵」。直到白崇禧從中疏通，將王淩雲之精銳老部隊整編第九師從青島調入南陽，劃歸綏靖區指揮，王淩雲方才答應赴任綏靖區司令官一職。[119]正因為有整編第九師作為支柱，第十三綏靖區相關之綏靖工作才能得以維持下去。如此一來，國民黨在山東戰場的主力部隊兵力則更顯得捉襟見肘。而康澤則因其係國民黨軍隊政工系統出身，並沒有自己的基幹部隊，因此其擔任司令官的第十五綏靖區更類似於一個草臺班子。蔣介石最初指示：「現在決定派你到襄樊這一個綏靖區去負責，我已經叫他們把這一個區劃大一點……那裡的部隊有川軍三個

---

117 顧祝同：《墨三九十自述》，頁252。
118 葉惠芬編：《蔣中正總統檔案：事略稿本》（臺北市：「國史館」，2016年），第73冊，頁299。
119 王淩雲：〈蔣軍十三綏靖區在南陽反人民的罪惡紀實〉，河南省政協文史資料研究委員會編：《河南文史資料》，第4輯，頁121。

旅,還可以把六十旅和二〇三師調到那裡歸你指揮。」但在實際過程中,川軍的三個旅兵力其實只有一個旅駐在襄樊,且裝備極劣,其餘兩個旅則均不能歸綏靖區調動,以至於困守襄樊的康澤無奈地感嘆:「所謂劃撥我節制指揮的川軍三個旅就是如此!」[120]最終,第十五綏靖區的力量實屬有限,向南京中央求援而又不得[121],訓練地方武裝的工作也乏善可陳,不久即為解放軍所殲滅。

在戰略決戰前夕,國民黨軍隊的總體數量雖然還略多於解放軍,南京政權依舊統治著全國四分之三左右的地區、三分之二的人口。但是「國民黨反動政權已經陷入搖搖欲墜的境地。這時候,敵人已經被迫放棄『全面防禦』的計劃,而進行所謂『重點防禦』……同時,裁併『綏靖』區,擴大兵團、吞併雜牌、裁減機關,以求增大機動兵力。」[122]國民黨方面此時只能「剜肉補瘡」,將一些綏靖區裁撤編並,也就是實質上放棄了在該區域開展綏靖區總體戰之規劃,令其所屬部隊填充至兵團建制當中,甚至直接由綏靖區轉設為兵團,趕鴨子上架,開赴國共決戰前線。

而此時組建的野戰兵團與綏靖區之間的關係其實也沒有真正理順。蔣介石曾簽發批示,徵詢國防部對此問題之意見:「兵團與綏署之指揮系統亦應明確規定,似應以兵團司令部在進剿入某綏區時,該綏區應聽兵團司令之指揮何如?」第三廳長郭汝瑰等人研究後,彙報稱:「綏區與兵團其司令官資歷互有深淺之處,若作硬性規定,綏區應受兵團司令官之指揮,必不易辦通。例如李彌資淺,周碞即不易受

---

120 康澤:《蔣介石的十三太保之一―國民黨黨衛軍魁首康澤自述》,頁154-155。
121 〈康澤電蔣中正十五綏靖區兵力單薄乃調整部署令一〇四旅即開襄接替二十三旅防務一六四旅大部開回樊城守備等部署〉(臺北市:「國史館」藏,「蔣中正總統」文物檔案,1948年5月15日,典藏號:002-090300-00183-181。)
122 〈偉大的戰略決戰〉(1961年1月16日),《葉劍英軍事文選》(北京市:解放軍出版社,1997年),頁457。

其指揮，黃維指揮張軫、霍揆章亦均有不便，故國防部意不作硬性規定」最後只能遷就人事與資歷而「不做硬性規定」，蔣介石同時要求「該綏區主任應負供給養與保衛聯絡線之責任。」[123]綏靖區要擔負保證給養及聯絡線之責，對於此時的綏靖區來說相當於對其利益大有觸動。因為確立綏靖區制以來，尤其是綏靖區司令官兼任行政長後，綏靖區已進一步地方化，負責徵糧徵實，個別司令官儼然視轄境為個人地盤。

以劉汝明擔任司令官的第四綏靖區為例，該綏靖區原為「確保山東菏澤及河南開封等二十八個縣的防務與掩護隴海路由開封至商丘段的交通安全。」但當淮海戰役臨近之際，徐州「剿總」劉峙集團以重兵蝟集於徐州附近及其以南地域，同時，裁併「綏靖區」組成強大兵團，寄希望於固守江淮。劉汝明的第四綏靖區自然也在被裁撤之列，奉命棄守大部分原有轄區，收縮防守徐州外圍。對此，劉汝明顯然是不願放棄其在河南的五十三個縣的地盤。因為自打確立綏靖區制度以來，綏靖區司令官就可以兼任轄區行政長官，並有權委派縣長、專員等，劉的綏靖區原轄河南的二十五個縣，另有周嵒（已調任江蘇省政府主席）第六綏靖區的二十八個縣也移交他管理。「這五十三個縣的地盤及即將形成的軍事勢力，恰似一塊剛剛到嘴的肥肉，他（劉汝明——引者注）當然是不願意輕易吐出來的。」[124]而劉汝明所部編組為兵團後，其實也無法充當主力兵團之作用，有其名無其實。與之相類似的是李延年的第九綏靖區，也是淮海戰役前匆匆被改編為兵團。

---

123 〈薛岳呈蔣中正兵團與綏靖公署之指揮系統案因內容與鈞座指示不同經與郭汝瑰聯絡據稱綏靖區與兵團司令官資歷互有深淺若規定綏區應受兵團司令官之指揮必不易辦通故國防部不作硬性規定〉（臺北市：「國史館」藏，國民政府文物檔案，1948年9月13日，典藏號：002-080200-00544-190。）

124 李誠一口述，李寧整理：〈淮海戰役中的劉汝明〉，全國政協文史資料研究委員會《文史資料選輯》編輯部編：《文史資料選輯》，第21輯，頁91-92頁。

但在戰役期間，李延年、劉汝明兵團基本逡巡於蚌埠一帶，基於對自身利益和實力的認知，遲遲不敢北上增援，而是一路潰散南逃。

除此之外，第二綏靖區此前於濟南戰役被殲滅，第六綏靖區之前即已併入第四綏靖區，第一綏靖區則先是因為轄區逐步被中共所奪回，國防部鑒於第一綏靖區在南通地區已無用武之地，要求李默庵率領第一綏靖區的原班人馬移駐湖南常德，成立第十七綏靖區，但也只是曇花一現，不到半年亦遭裁撤，在湖南的綏靖工作並沒有實質進展。[125]其餘的綏靖區也多半在國共戰略決戰前後被殲滅，抑或是在自身戰局無法支撐之際，國民黨方面被迫放棄，其綏靖區機構建制也自然遭到裁撤。[126]至此，國民黨政權苦心經營的綏靖體系在國共戰略決戰分曉之際，實質上已經土崩瓦解。

進入一九四九年之後，即便白崇禧本人仍舊不斷叫嚷要繼續開展「總體戰」，但此時國民黨方面兵敗如山倒，其所轄之綏靖區大都朝不保夕。就連白崇禧之總部亦從武漢不斷南撤，根本不具備開展所謂綏靖區總體戰之條件。而此後國民黨方面成立的打著「綏靖公署」旗號的機構，多數有其名而無其實，不具備穩定開展綏靖工作的區域，更談不上成體系地運作。直至一九四九年八月，南逃廣州的國民黨政權正式發文：「查目前局勢轉變，各綏靖區司令部、行政公署均應撤銷，所有綏靖區司令部、行政公署組織規程，應予廢止。」[127]此舉在法理上也為國民黨的綏靖體系畫上了句點。

---

125 毛斌：〈曇花一現的第十七綏靖區〉，沅江縣政協文史資料研究委員會編：《沅江文史資料》第2輯，1985年，頁205。

126 〈安徽省政府主席李品仙電呈中華民國總統蔣中正為淮北十四綏靖區奉命撤退公私物資損失殆盡及皖北受共匪糜爛情形〉（臺北市：「國史館」藏，國民政府文物檔案，1948年8月7日，典藏號：001-070004-00004-007。）

127 〈為廢止綏靖區司令部行政公署組織規程令仰知照〉（1949年8月9日），《廣東省政府公報》第98號（1949年），頁2。

小結

　　戰後初期的綏靖體系發展到一九四七年底時已出現運轉不靈之狀況。在此前後因戰局不利，國民黨內軍政雙方交相指責。一時間「政治無法配合軍事」之聲浪甚囂塵上。原先規劃的綏靖政務工作無法順利進行，行政院綏靖區政務委員會機構撤銷，個別綏靖公署亦遭編並，並由此帶來高層人事及綏靖政策的連串異動。

　　國民政府經過反覆討論後，將「綏靖區」這一最初只是臨時性的軍政合一機構，正式確立為綏靖區制，將其大量增設於華中地區。綏靖區的各項政策在日後也逐漸走向極端化，乃至最終發展到「綏靖區總體戰」之地步。這一期間伴隨著陳誠派系的失勢，以及白崇禧所代表的桂系從幕後走到前臺。白崇禧不斷為其所倡導的綏靖區總體戰方案搖脣鼓舌，不僅在中央層面牽頭起草制定各種相關方案及實施辦法，組織會議安排落實，並親力親為在華中地區大力推廣其總體戰之方略。

　　然而，對於整個綏靖區總體戰的成效，即便是國民黨的內部其實一直也存在質疑之聲。南京國民黨中央派往前方的視察組趕赴實地調查後，就曾對各綏靖區在此時所起到的真正作用表示高度懷疑，認為其對總體局勢而言「幫助甚微」，並進而建議「今後綏靖區人事似應調整健全，否則地方人力物力無法應用，總體戰亦無從順利實施，而接近『匪區』之役政及軍糧採購、地方輸力運用等，必當益陷困境，徒增國庫開支，毫無實效。」而對於編配主力野戰兵團，則應「注意部隊之歷史及各指揮官之特性，恰當配合，率之以幹員，方可貫徹命令，發揮實效。」[128]

128　〈羅奇電蔣中正編配進剿兵團注意事項及似應調整各綏靖區人事〉（臺北市：「國史館」藏，國民政府文物檔案，1948年8月17日，典藏號：002-080200-00332-052。）

最終，綏靖區的總體戰亦難挽國民黨之總體頹勢，並未能為國民黨政權有效地動員人力物力，從而支援其與中共的主力決戰。總體戰框架下的綏靖區反倒與國民黨主力野戰兵團形成爭奪資源，互相拮抗的局面。事實證明，國民黨在戰略決戰前夕這種強行將「黨政軍一元化」落實到「把黨政軍的職責集中於一個人或一個機關」的做法，並非「完全是著眼於黨政軍工作的聯繫，精神的一貫，使一切形成有機的配合」[129]，因而終究難逃失敗的命運，綏靖體系最後也因之走向覆滅。

---

129 〈華中綏靖會議揭幕〉，《東南日報》，第3版，1948年3月17日。

結語

　　國共內戰期間，綏靖體系曾被國民黨高層，尤其是蔣介石本人寄予厚望。蔣介石早在抗日戰爭結束伊始，就曾對重新激活綏靖體系進行多番規劃布置，並在綏靖機構組織形態構建、綏靖政策的制定、主官人選的考察乃至整個體系的演變調整等方面都頗費心思。通過對綏靖體系在國民黨統治架構中的源流演變、戰後初期綏靖體系的組織形態、綏靖體系與國民黨原有統治架構的關係、綏靖區政務的推行以及最終集綏靖體系之大成的總體戰之實施等方面進行剖析與探究，可以較為深入地評價綏靖體系之於國共戰局的成敗得失。

　　綏靖體系從根本上講是國民黨高層著眼於國共內戰形勢，為了盡可能地調集資源，支撐一線戰事而籌劃設立的。整個體系在作戰用兵乃至綏靖政策推行上均以綏靖區為樞紐，綏靖區的發展演化其實是觀察國民黨綏靖體系走向的重要窗口，與國民黨內戰期間的戰場表現密不可分。綏靖體系的總體發展趨向是邁入「軍政合一」，但這一趨勢並非一蹴而就，甚至也不是國民黨最初的設定，而是為應對局勢演變，被迫上緊發條，不斷做出的調整部署。

一　綏靖體系組織形態的發展演變

　　綏靖體系從戰後初期重建到國共戰略決戰後走向覆滅，其本身存在著一個複雜的發展脈絡，並以一九四七年底「綏靖區制」確立為標誌，截然分成兩個階段，前後組織形態特徵呈現明顯差別。

戰後初期，國民黨主要著力點在於復刻二十世紀三〇年代江西時期之經驗，將整軍復員與布置綏靖體系雙軌並進。按照蔣介石之規劃，沿著鐵道幹線，在黃河以南、長江以北之中原地帶劃分出六個綏靖區。而在綏靖區之上，又應「同時隸屬於一個最高的指揮官」，「才能收統一指揮的效果。」[1]照此思路，蔣介石所親自審定的綏靖機構序列，就是依託「綏靖公署（最高指揮官）──綏靖區（六個區域）──綏靖縣域」這一層次體系，在廣大綏靖區域，與中共爭奪資源，展開全方位較量。

　　國民黨的綏靖體系實質上是從戰時體制中轉設而來，其具體表現為從戰區到綏靖公署與從集團軍（方面軍）到綏靖區。這一轉化不只是機構名稱的變更，更是體制機制的轉軌。其中，綏靖公署此時被蔣介石賦予了「聯合黨政軍集中起來，發揮力量」的重要責任，期待其聯繫上下左右，以整合各方資源力量。而綏靖區則要具體落實，進而承擔「組訓民眾，使用民眾」之責。此時的綏靖區所轄區域尚且較大，而且仍然是臨時性設置，「所謂綏靖，為時至暫」。[2]綏靖機構最初希望像江西時期一樣旋設旋撤，完成綏靖區善後任務即告撤銷，對於地方黨政系統而言屬「扶上馬送一程」，其主要作用在於儘快重建國民黨在收復區的統治秩序。因而，對於地方黨政還只能「聯繫」與「協調」，國民黨中央也沒有綏靖體系下的機構做出嚴密的制度性規定。

　　然而，國民黨一線戰事在進入一九四七年以來日趨不利，前方軍事壓力不斷傳導到綏靖體系當中。國民政府被迫須要加以應對，不僅

---

[1] 〈蔣介石關於「剿匪戰術之研究與高級將領應有之認識」的講話（節錄）〉（1945年11月16日），中國人民解放軍歷史資料叢書編審委員會編：《解放戰爭時期過渡階段軍事鬥爭‧回憶史料表冊參考資料》，頁814-815。

[2] 李默庵：〈前言〉，第一綏靖區司令部編印：《第一綏靖區綏靖工作綱要》（泰州市：泰州市檔案館藏，1947年4月，檔號：0121-1947-001-0005-0001。）

將綏靖公署予以撤銷,主官人事亦發生連串更動。更重要的是,經過密集討論,決定正式確立為綏靖區制,並將其大量增設於華中地區,綏靖區司令官直接兼任轄區行政長官,可以直接對地方黨政機構發號施令,管控轄區內的人力物力財力資源。綏靖區之上則逐步置換為加強版的綏靖公署——「華中剿總」與「徐州剿總」。

以一九四七年底國民政府頒布《綏靖區司令部組織規程》為界,前期綏靖體系仍然突出臨時性,旨在協助地方黨政處理善後。而後期在確立綏靖區制度以後,綏靖區數量增多,權限大為擴充,形成綏靖區是「司令官的司令部,也是行政長官公署」的局面[3],逐漸從國民黨政權中樞的臨時性派出機構,轉變為介乎於省與縣之間的地方軍政機構。這是國民黨中央對地方的一次放權,旨在於不利的局面下,激活地方的潛力,甚至公開鼓勵綏靖區如晚清時期興辦團練。而國民黨方面如此大動干戈,對綏靖體系動大手術,其目的「只有一個就是實行總體戰」。而在「綏靖區總體戰」框架下,國民黨方面認為綏靖體系可以做到「一是統一事權,二是革新陣容」。[4]這種上緊發條的新陣容並未能承受住戰略決戰的重大考驗,總體戰框架下的綏靖區漸有割據自雄之勢,與後期組建的主力兵團事實上呈現了爭搶資源的局面,反倒加速了綏靖體系的崩潰與瓦解。

二 綏靖體系內「軍事力量」與「政治力量」的衝突與平衡

綏靖機構與國民黨政權原有黨政系統關係的主基調為摩擦與矛盾

---

3 劉汝明:《劉汝明回憶錄》,頁145。
4 〈西安綏靖公署主任胡宗南於第十八綏靖區會議訓詞〉(臺北市:「國史館」藏,胡宗南史料檔案,1947年底,典藏號:149-010200-0002-025。)

多於聯繫與配合。對此局面,國民黨方面始終力圖秉持「黨政軍一元化」方針來加以調和與解決,並在綏靖區善後處理中標榜「政治重於軍事」,「三分軍事,七分政治」等理念,但最終的結果卻是逐步發展到以集中權力於綏靖機構之方式來落實所謂「一元化」。而摩擦與矛盾頻出的局面從根本上講仍是綏靖體系中「軍事力量」與「政治力量」如何平衡,其實也就是誰配合誰的問題。

所謂「黨政軍一元化」是國民黨方面在綏靖體系中所堅持貫徹的基本方針,其提出旨在解決長期以來困擾國民黨方面各系統政出多門,九龍治水的問題。「政治重於軍事」、「三分軍事,七分政治」等理念更是國民黨高層總結出的二十世紀三〇年代「圍剿」中央蘇區時期辦理綏靖善後的重要經驗,甚至將其奉為與中共鬥爭的不二法門。然而,兩者在實際運行上卻頻生抵牾,乃至相互拆臺,存在深刻矛盾,並進而影響整個綏靖體系的走向。

「政治重於軍事」理念之提出,本質上仍是國民黨當局著眼於千瘡百孔的綏靖區善後問題現狀,而被迫採取的應對之舉。一九四六年夏的廬山高級政工會議,蔣介石曾召集國民黨眾多高層統一意識,明確指出「今後鬥爭的重心移於政治,大家要勉為政治鬥爭的幹部。」[5]並在隨後明確指示:在綏靖區善後問題中要「政治重於軍事」[6]這些調整一定程度上也是迎合了當時社會輿論的期待,「國內一切措施。無論何時,都應該政治重於軍事……對於所有綏靖區的善後問題,尤應如此。」[7]而在具體部署上,成立行政院綏靖區政務委員會以整合行政資源,制定相關綏靖政策法規,開展綏靖區政務督導。政治力量

---

5 呂芳上主編:《蔣中正先生年譜長編》,第8冊,頁434。
6 〈蔣中正電顧祝同魯西清鄉增防工作掃除平漢路威脅限期占領長治〉(臺北市:「國史館」藏,「蔣中正總統」文物檔案,1946年9月23日,典藏號:002-020400-00009-011。)
7 〈由綏靖區政委會說起〉,上海《大公報》,第1版,1946年10月3日。

看似被調動起來了，並且似乎與軍事力量達成了一定的平衡，甚至由於政治力量的主持者頻唱高調，更為引人矚目。

然而，這種所謂的平衡狀態實際上十分脆弱，當前方戰事出現重大轉折之時，巨大的壓力傳導到綏靖區政務委員會頭上，國民黨軍事力量「不免更要說政治配不上軍事，把責任推到政務委員會身上來。」[8]陳誠更是直指綏靖區政務委員會沒有做事，導致這一最初負責協調制定綏靖區政策的中央機構遭到裁撤，政治力量的整合遭遇重大頓挫。國民黨上下反覆強調「三分軍事、七分政治」的所謂江西經驗，將其教條化絕對化。實際上，江西經驗自然有其適用的前提條件，彼時國共力量對比懸殊，且國民黨政權尚處於上升期，在「軍事進剿」大體完成後，自可以較為從容地完成諸如「修路、築堡、教育、免稅、嚮導、偵探、交通、通信、運輸」，乃至組織自衛隊等協助國民黨軍隊進行的善後綏靖工作。[9]而戰後中共在戰略實力上已然更加成熟、強大，並且戰術上靈活多變，一味強調、並試圖復刻十餘年前的江西經驗，無異於刻舟求劍。

更何況，「政治重於軍事」在實際操作層面會遇到相當大的困難，「事實上不要說『重』，簡直連『輕』都談不到！」[10]何以至此？除卻國民黨對於相關綏靖政務問題無意願真正解決，所開展的工作形式多於實際等表面原因以外，更重要的仍是綏靖區內執行層面的力量對比。國民黨中央高層固然頻頻散布「政治重於軍事」之高調，一方面搪塞社會輿論，一方面希望調和黨內的純軍事觀點。但在執行層面上，仍然是希望綏靖體系可以做到「黨政軍一元化」，此舉更具實質

---

8 陳方正編輯校訂：《陳克文日記（1937-1952）》，下冊，1947年1月17日，頁1027。

9 〈國防部第六次作戰會報紀錄〉（臺北市：「國家發展委員會檔案管理局」藏，1946年8月2日，檔號：B5018230601/0035/003.9/6015.3。）

10 〈華中綏靖會議揭幕〉，《東南日報》，第3版，1948年3月17日。

意義。然而，在「軍事第一」的目標下，一元化必然是以軍事力量為核心的一元化，其他系統只能居於從屬配合地位。綏靖機構的主官出身軍旅行伍，其經歷與學識，乃至其班底人員的知識背景，都決定了其即便附和所謂「政治重於軍事」的理念，內心也未必有多大認同，更何況在當時的條件下，組織混亂的一些所謂綏靖區政務工作，能否儘快見效亦尚不可知，因而綏靖機構在辦理工作時又自然會導向「政治重於軍事」的反面。

而在此情況下，綏靖區黨政軍的一元化，也不是「完全是著眼於黨政軍工作的聯繫，精神的一貫，使一切形成有機的配合，以貫徹總體戰略的最高任務。」而是將權力集中於一個機構乃至一人，以綏靖機構來凌駕於黨政之上，而實現所謂形式上的一元化。在綏靖區總體戰框架下，如此這般的一元化實際上已與指導綏靖區善後問題的「政治重於軍事」理念南轅北轍，而只是著眼於加緊對綏靖區人力物力的搜羅與控制。

三 圍繞綏靖體系主導權的派系糾葛

綏靖體系仍舊脫離不了國民黨內派系傾軋的窠臼，且日後成為國民黨在中國大陸執政時期主要派系力量之間上演最終博弈的舞臺。事實上，「派系」成為民國政治中一個永遠抹不去的符號。在國民黨統治時期，政治的特點就是派系活動的普遍化，特別是國民黨的派系活動，影響著民國政治全域的發展。[11]在圍繞綏靖體系政策制定主導權及其執行層面的利益分臟的各方博弈與鬥法中，國民黨內的派系鬥爭

---

11 金以林：《國民黨高層的派系政治：蔣介石「最高領袖」地位的確立》（北京市：社會科學文獻出版社，2016年），頁5-6。

又有新的樣貌特徵予以呈現，並最終影響了綏靖體系本身乃至國共戰局的走向。

綏靖體系本為國民黨戰後與中共展開全方位競爭而重新設置，其相對於國民黨原有的疲軟的地方黨政系統而言，尚且屬新生血液。與此同時，國民黨方面也著力將更多青年軍復員軍官以及青年幹部加以培訓後投入到綏靖區基層一線，寄希望於以此刷新基層局面。

然而，就當時情況而言，「中國派系產生，源自中央，門戶之見甚深，猜忌之心深重」[12]，國民黨派系矛盾的根子在中央，進而傳導到綏靖區地方。實際上，在國民黨高層謀劃布置綏靖體系之際，各方就已經圍繞綏靖體系的主導權以及綏靖機構的關鍵主官人選而展開激烈爭奪。而這一爭奪實際上又與中央軍事機構改組的人事紛紜交織纏繞，因為誰能掌握中央軍事機構中的關鍵位置，誰就能在戰後的綏靖體系中更有發言權。因而國民黨派系傾軋在此期間突出表現為桂系與蔣介石（前期以陳誠在臺前作為蔣之代表）就綏靖體系主導權之間的分與合。

戰後初期，陳誠對於綏靖機構的主官人選和綏靖力量的調遣劃分話語權很重。陳誠善於營建小團體，對於下屬綏靖機構掌控更嚴，其就任之初就將礙手礙腳的湯恩伯等人移開，換作親信之人充任。而白崇禧則在確保穩固本派系利益的前提下，與蔣介石做出妥協交易，出任國防部長，進而受命主持綏靖區政委會工作，更使其得以利用職務之便，儘量在綏靖區範疇內關涉政務方面努力尋找空間，鞏固個人地位，拓展派系利益。由此形成了綏靖體系內，陳誠勢力主導地方綏靖機構，而白崇禧則在中央影響綏靖政務政策制定的局面。

在山東戰事出現重大失利的情況下，國民黨內軍、政兩條線交相

---

12 高應篤：〈怎樣改善綏靖政治〉，《縣政研究月刊》第1卷第3期（1947年）。

攻訐，派系矛盾表面化公開化。陳誠直接上書蔣介石，指責白崇禧領導的政委會沒有做事，進而上升到「政治沒有配合軍事」的高度，對其加以批判。而白崇禧則針鋒相對，認為國民黨整個「軍略政略」都有問題，而非黨務政務人員不努力之過。綏靖區政委會在遭到陳誠一脈人的猛烈抨擊後，其賴以存在的脆弱平衡亦遭到極大動搖，其存廢實際上取決於國民黨內高層的派系鬥爭結果，「和陳辭修、白健生兩人的利害衝突有關的事。」[13]

白崇禧、陳誠兩大派系勢力矛盾尖銳之際，蔣介石以仲裁者的身份出現，做出將行政院綏靖區政委會撤銷，同時又把陳誠外放出局，這樣看似平衡處理各打五十大板的舉動，實際上造成的後果卻是因派系之爭而改變了綏靖體系的總體走向。白崇禧所領導的機構雖然遭到撤銷，但其本人並未失去蔣介石之信任，反而極力兜售自己的綏靖區總體戰理論，力主擴大綏靖區權限，極力加強對於綏靖區人力物力的控制，而終於獲得蔣之認可。在綏靖區總體戰理論的指導下，分布於華中地區綏靖區的權力大為擴充，成為真正的軍政合一機構，極力加強對綏靖區內民眾的管控。此舉既可以照顧到桂系的派系利益，又讓白崇禧得以順利掌控華中地區，親力親為其大力倡導的綏靖區總體戰。而白崇禧也得以憑藉掌控華中，而敢於同蔣介石公開叫板，蔣、桂矛盾終至不可調和之勢。

在這一上層主線矛盾之外，還有綏靖政務及綏靖機構內部人選派系之爭。例如關於綏靖區政務，圍繞制定土地政策及農村金融政策存在派系門戶之見，[14]陳果夫一脈人明顯不贊同宋子文處置相關問題的思路，並對其予以排擠，借此執掌綏靖區農村合作金融機構，然而卻

---

13 陳方正編輯校訂：《陳克文日記（1937-1952）》，下冊，1947年4月9日，頁1050。
14 毅民：〈內戰中所見國共土地政策及其實施〉，《經濟週刊》第4卷第17期（1947年）。

置主營主業於不顧，最終使其淪為派系斂財之工具。而在綏靖區機構層面，隨著綏靖區機構的擴容，綏靖機構主官的派系背景更趨複雜，中央層面明顯無法充分駕馭。白崇禧雖然以綏靖區總體戰理論博得蔣介石之信任，但對於綏靖區機構人選掌握則明顯力量不足，甚至連桂系自身勢力範圍的安徽第八綏靖區都對其一套理論嘖有煩言。而國民黨內部其它派系勢力也對白氏主導的綏靖區總體戰頗有議論，認為其沒有成效，或者意欲取而代之，這些實際上都嚴重影響了綏靖體系運轉之成效，而整個體系亦逐漸顯露出分崩離析之相。

四 綏靖體系內部的自我審視及其與中共的對比

綏靖體系本為與中共對抗而設，勢必將其組織體系作為唯一參照。綏靖體系內部幾乎無時無刻不在審視自身的組織結構，並將其與中共之組織體系進行對比，其終極關懷就是要在與中共的全面對抗中，「以組織對組織，以宣傳對宣傳，以行動對行動」。[15]

一般而言，在既有的認知中，國民黨被認為基層組織鬆散，而中共則是組織嚴密的典範，這也成為最終造成國共勝負的主要原因之一。連國民黨官方自身事後檢討亦認為：國民黨在「政治作戰上的缺失」就是「我們以有限戰爭來對付中共的無限戰爭。」[16]其意在表明中共可以組織調動其轄區內的無限資源，而國民黨方面只是軍隊、政府系統參與較量。然而，這只是時過境遷之後的靜態回首，如果回到複雜多變的歷史現場則不盡然，起碼就綏靖區這一特定範圍而言，這種看法不一定成立，至少其中充滿變化與起伏。

---

15 〈綏靖區的區署〉，《江蘇省報》，第1版，1947年12月15日。
16 「國防部史政編譯局」編：《戡亂戰史》，第15冊，頁57。

事實上，國民黨內部對於綏靖體系的組織結構一直頗為看重。綏靖體系有別於其原有的黨政體系，綏靖區域相當於特區，國民黨對其傾注力量較多，可以執行特殊政策，力求特事特辦，其對於綏靖區域的掌控是明顯高於其他統治區的。在建立這一體系的過程中，國民黨方面力圖以中共為標尺來評判和審視自身位置和完善程度，但其對中共組織體系的認知並非一以貫之，而是隨著雙方態勢的消長而劇烈搖擺，從最初對其不以為意，甚至認為可以靠純軍事觀點解決中共問題，到最終進入盲目機械模仿的狀態。

在國共全面內戰爆發以前，國民黨內部甚至有聲音認為「共產黨之組織並不嚴密，共產黨之實力亦並不強大。」[17]蔣介石曾認為只要增進自身力量，打破中共組織則無問題，在南京軍事復員會議上向國民黨高級將領表示：「對共產黨要知其計劃及組織，如打破其組織，其他即無問題，如何加強自己組織，而打破其組織。組織者上下聯繫多，左右聯絡多，才有力量。」[18]一九四六年上半年，蔣介石曾與東北地區的國民黨眾多高級將領共同研究後認為，「共產黨的戰術和江西時代一樣，並無多大進步。……中共並沒有多大的實力。」[19]

而在真正與中共展開全方位鬥爭一年多以後，國民黨內部檢討時業已正視中共組織民眾的精神內核。國民黨軍官訓練團在內部研討如何組訓綏靖區民眾時，也無時無刻不注意與中共進行對比，將中共對於民眾組織的種類及其方法、民眾組訓與黨政軍配合情形、中共組訓民眾工作何以能徹底實施而有成效等問題分門別類、條分縷析，並逐

---

17 公安部檔案館編注：《在蔣介石身邊八年：侍從室高級幕僚唐縱日記》，1945年12月23日，頁566-567。
18 蔡盛琦、陳世局編輯：《胡宗南先生日記》，上冊，1946年4月1日，頁546。
19 《特種兵的任務和努力的方向（上）》1946年6月7日，秦孝儀主編：《總統蔣公思想言論總集》卷21，頁326。

項對照檢查自身綏靖區民眾組訓工作，深刻加以檢討，期能有所增進。[20]

在談及中共組織民眾工作何以能徹底實施而有成效時，國民黨方面內部討論時也承認：「第一，是統一與民主的。第二，是普遍與深入的。第三，民眾組訓配合民眾組織。第四，與生產配合，不脫離生產教育與訓練。第五，運用黨的力量推動。第六，配合軍事需要。第七，組織嚴密上級對下級的控制和監督的力量精強。第八，工作幹部由群眾中選拔，在組織中訓練，富有工作熱誠。第九，厲行自我批評，互相批評。第十，厲行獎懲，對違誤分子處以重刑。」[21]但在落實到綏靖體系的組織建設時，卻仍重形式輕實質，重物質輕精神，無力借鑑參考到中共組織之精髓，只能從「形式」著手。通過向國民黨中央要求增加機構編制、加派人手、多分攤經費等方式要職要人要權，而逃避無力做到真正領導人民群眾、無法代表人民群眾的根本利益的事實。

在逐漸領教過中共組織的有效性後，國民黨意圖通過模仿學習來複製中共模式，恐慌性地大力提升綏靖區內的組織嚴密程度。國民黨方面簡單化地認為只要做到組織嚴密，就可以在與中共的交手中不落下風，因而在綏靖體系中不斷地加碼，以致最後生成所謂綏靖區總體戰。在具體談及組織民眾之時，甚至提出：「我們要把綏靖區民眾，不論男女老幼，一律組織起來，作到綏靖區中，無一廢人，有訓練始有行動，我們於組織之後，同時施以嚴格的訓練，訓練的作用，即在訓其所長，練其所短，訓練到綏區民眾，人人成為堅強的戰鬥員，發

---

20 軍官訓練團幹部訓練班印：《如何組訓綏靖區民眾：軍官訓練團幹部訓練班第二期政治小組討論結論》，1947年，頁2-4。

21 軍官訓練團幹部訓練班印：《如何組訓綏靖區民眾：軍官訓練團幹部訓練班第二期政治小組討論結論》，頁4。

揮其潛能，表現其偉力。」[22]一味地在綏靖體系的組織結構中「做加法」，以第一綏靖區為例，其可以聯繫協調數個層級之機構，不僅涵蓋地方黨政，還包括保安團隊、人民服務隊，乃至編織了民眾情報網，並有國防部直接下沉的綏靖總隊，其組織結構其實也已經十分繁密。[23]時人亦已注意到這種各種機構蜂擁而下的局面，「無論軍政黨團，以及義勇隊等等，在理論上是前往『綏靖』，實際其中不少的份子，單純的變成綏靖區的『食客』，吃人民也吃政府，多去一個，多加重人民的負擔！」[24]

國民黨方面沒有真正意識到，正向意義上的規範嚴密和負面意義上的刻板控制僅僅一線之隔，綏靖體系無限度地追求的所謂「嚴密健全」的組織，到頭來陷入了「綏靖區的法令，過於繁多，缺乏彈性，遇事之來，輾轉請示」的局面[25]，嚴重擠壓了自身體系內部組織活動的能動性和靈活空間，最終導致綏靖體系的組織表面嚴密，而實際上有形無神，使體系日益僵化，喪失人心。在這種態勢的驅使下，國民黨方面甚至生發出「綏靖區總體戰」之戰法，各項政策走向極端化，一味追求對於綏靖區人力物力的極致控制，竭澤而漁，大規模地驅使民眾，最終在國共戰略決戰中走向崩潰。

---

22 軍官訓練團幹部訓練班印：《如何組訓綏靖區民眾：軍官訓練團幹部訓練班第二期政治小組討論結論》，頁1。
23 第一綏靖區司令部編印：《第一綏靖區工作綱要》（泰州市：泰州市檔案館藏，1947年4月，檔號：0121-1947-001-0005-0001。）
24 《綏靖區問題所在》，天津《益世報》，第1版，1947年2月27日。
25 高應篤：〈怎樣改善綏靖政治〉，《縣政研究月刊》第1卷第3期（1947年），頁1。

參考文獻

一　未刊檔案

「國史館」館藏檔案,臺北市。
「國家發展委員會檔案管理局」館藏檔案,臺北市。
中國國民黨黨史館館藏檔案,臺北市。
泰州市檔案館館藏檔案,泰州市。

二　檔案資料彙編

陳佑慎主編:《軍政部部務會報紀錄(1945-1946)》,香港:開源書局
　　出版公司,臺北市:民國歷史文化學社,2020年。
陳佑慎主編:《抗戰勝利後軍事委員會聯合業務會議會報紀錄(1945-
　　1946)》,香港:開源書局出版公司,臺北市:民國歷史文化
　　學社,2020年。
重慶市圖書館編:《重慶圖書館藏民國時期未刊書叢編》,北京市:中
　　華書局,2016年。
重慶市政協文史資料研究委員會、中共重慶市委黨校編:《國民參政
　　會紀實(1938-1948)》,重慶市:重慶出版集團,2016年。
高素蘭編輯:《蔣中正總統檔案:事略稿本》第11冊,臺北市:「國史
　　館」,2007年。
江蘇省財政志編輯辦公室編:《江蘇財政史料叢書》第2輯,第2分
　　冊,北京市:方志出版社,1999年。

秦孝儀主編：《中華民國重要史料初編：對日抗戰時期》第7編，臺北市：中國國民黨中央委員會黨史委員會，1981年。

彭　明主編：《中國現代史資料選輯》，北京市：中國人民大學出版社，1989年。

任育德主編：《遙制坤輿：蔣介石手令與批示》，香港：開源書局出版公司，2020年。

榮孟源主編：《中國國民黨歷次代表大會及中央全會資料》，北京市：光明日報出版社，1985年。

汕尾市人物研究史料編纂委員會編：《汕尾市人物研究史料》，第3輯，1993年。

沈志華主編：《俄羅斯解密檔案選編：中蘇關係》，卷1，上海市：東方出版中心，2015年。

世界知識出版社輯：《中美關係資料彙編》第1輯，北京市：世界知識出版社，1957年。

四川大學馬列主義教研室中共黨史科研組編：《政治協商會議資料選編》，1979年。

孫彩霞等編：《中國國民黨歷次代表大會及中央全會資料》，北京市：社會科學文獻出版社，2021年。

王正華編輯：《蔣中正總統檔案：事略稿本》第62冊，臺北市：「國史館」，2011年。

葉惠芬編輯：《蔣中正總統檔案：事略稿本》第67冊，臺北市：「國史館」，2012年。

葉惠芬編輯：《蔣中正總統檔案：事略稿本》第73冊，臺北市：「國史館」，2016年。

葉健青編輯：《蔣中正總統檔案：事略稿本》第64冊，臺北市：「國史館」，2012年。

浙江省中國國民黨歷史研究組（籌）編：《抗日戰爭時期國民黨戰場史料選編》，1985年。

中國第二歷史檔案館編：《國民黨政府政治制度檔案史料選編》，合肥市：安徽教育出版社，1994年。

中國第二歷史檔案館編：《抗日戰爭正面戰場》，南京市：鳳凰出版社，2005年。

中國第二歷史檔案館編：《中國國民黨中央執行委員會常務委員會會議錄》，桂林市：廣西師範大學出版社，2000年。

中國第二歷史檔案館編：《中華民國史檔案資料彙編》第4輯，第2冊，南京市：鳳凰出版傳媒集團，1991年。

中國第二歷史檔案館編：《中華民國史檔案資料彙編》第5輯，第1編，軍事（一），南京市：江蘇古籍出版社，1994年。

中國第二歷史檔案館編：《中華民國史檔案資料彙編》第5輯，第3編，軍事，南京市：江蘇古籍出版社，1999年版。

中國第二歷史檔案館編：《中華民國史檔案資料彙編》第5輯，第3編，政治（二），南京市：江蘇古籍出版社，1999年版。

中國國民黨中央委員會黨史委員會編：《國防最高委員會常務會議記錄》，臺北市：中國國民黨中央委員會黨史委員會，1995年。

中國人民解放軍歷史資料叢書編審委員會編：《解放戰爭時期過渡階段軍事鬥爭・回憶史料》（表冊參考資料），北京市：解放軍出版社，2000年。

中國人民銀行金融研究所編：《中國農民銀行》，北京市：中國財政經濟出版社，1980年。

中國社會科學院近代史研究所《近代史資料》編輯部編：《近代史資料》總132號，北京市：中國社會科學出版社，2015年。

周美華編：《國民政府軍政組織史料》第1冊軍事委員會，臺北市：「國史館」，1996年。

周美華編:《國民政府軍政組織史料》第2冊,軍事委員會,臺北市:「國史館」,1996年。
周美華編:《國民政府軍政組織史料》第3冊,軍政部,臺北市:「國史館」,1998年。
周美華編:《國民政府軍政組織史料》第4冊,軍政部,臺北市:「國史館」,1999年。
周繡環編輯:《蔣中正總統檔案:事略稿本》第7冊,臺北市:「國史館」,2006年。
朱匯森主編:《土地改革史料》,臺北市:「國史館」,1988年。
朱匯森主編:《中華民國史事紀要(初稿)》,臺北市:「國史館」,1988-1990年。
(美)雷(Rea, K.W.)、(美)布魯爾(Brewer, J.C.)編;尤存、牛軍譯:《被遺忘的大使:司徒雷登駐華報告(1946-1949)》,南京市:江蘇人民出版社,1990年。
Keith. E. Eiler (ed). *Wedemeyer on War and Peace*. Stanford, California: Hoover Institution Press, 1987.

三 文集、書信集

北京新四軍暨華中抗日根據地研究會淮北分會、江蘇省泗洪縣新四軍歷史研究會編:《鄧子恢淮北文稿》,北京市:人民出版社,2009年。
陳 毅:《陳毅軍事文選》,北京市:解放軍出版社,1996年。
鄧小平:《鄧小平文選》,北京市:人民出版社,1994年。
何應欽上將九五壽誕叢書編輯委員會編:《何應欽將軍講詞選輯》,臺北市:黎明文化事業公司,1984年。

何智霖編：《陳誠先生書信集——與蔣中正先生往來函電》，臺北市：「國史館」，2007年。

何智霖編：《陳誠先生書信集——與友人書》，臺北市：「國史館」，2009年。

何智霖、高明芳、周美華編：《陳誠先生書信集——家書》，臺北市：「國史館」，2006年。

康普華主編：《李漢魂將軍文集》，北京市：中國社會出版社，2014年。

李明輝、黎漢基編：《徐復觀雜文補編》第5冊兩岸三地卷，臺北市：「中央研究院」中國文哲研究所籌備處，2001年。

李學通編：《翁文灝往來函電集：1909-1949》，北京市：團結出版社，2020年。

李雲漢編：《陳果夫先生文集》，臺北市：中國國民黨中央委員會黨史委員會，1993年。

羅久芳、羅久蓉編輯校注：《羅家倫先生文存補遺》，臺北市：「中央研究院」近代史研究所，2009年。

齊世榮：《齊世榮文集》，北京市：首都師範大學出版社，2018年。

秦孝儀主編：《總統蔣公思想言論總集》，臺北市：中國國民黨中央委員會黨史委員會，1984年。

趙正楷、陳存恭編：《徐永昌先生函電言論集》，臺北市：「中央研究院」近代史研究所，1996年。

中共中央文獻研究室編：《毛澤東文集》，北京市：人民出版社，1996年。

中共中央文獻研究室、中國人民解放軍軍事科學院編：《鄧小平軍事文集》，北京市：軍事科學出版社、中央文獻出版社，2004年。

四　日記

蔡盛琦、陳世局編輯：《胡宗南先生日記》，臺北市：「國史館」，2015年。

陳方正編輯校訂：《陳克文日記（1937-1952）》，臺北市：「中央研究院」近代史研究所，2012年。

傅錡華、張力校注：《傅秉常日記：民國三十五年》，臺北市：「中央研究院」近代史研究所，2016年。

公安部檔案館編注：《在蔣介石身邊八年：侍從室高級幕僚唐縱日記》，北京市：群眾出版社，1991年。

李學通、劉萍、翁心鈞整理：《翁文灝日記》，北京市：中華書局，2010年。

林秋敏、葉惠芬、蘇聖雄編輯：《陳誠先生日記》，臺北市：「國史館」、「中央研究院」近代史研究所，2015年。

錢世澤編：《千鈞重負：錢大鈞將軍民國日記摘要》，美國蒙特瑞市：中華出版公司，2015年。

陶晉生編：《陶希聖日記》，臺北市：聯經出版事業公司，2014年。

《王世傑日記》，臺北市：「中央研究院」近代史研究所，1990年。

邢建榕、李培德編注：《陳光甫日記》，上海市：上海書店出版社，2002年。

張克俠：《佩劍將軍張克俠軍中日記》，北京市：解放軍出版社，2007年。

「中央研究院」近代史研究所編：《徐永昌日記》，臺北市：「中央研究院」近代史研究所，1991年。

周琇環、蔡盛琦、陳世局編注：《沈昌煥日記：戰後第一年1946》，臺北市：「國史館」，2013年。

《蔣介石日記（未刊稿）》，美國斯坦福大學胡佛研究院檔案館藏。

五　年譜、大事記

何應欽上將九五壽誕叢書編輯委員會編：《何應欽將軍九五紀事長編》，臺北市：黎明文化事業公司，1984年。
黃仲文編：《余漢謀先生年譜》，臺北市：臺灣商務印書館，1990年。
李學通編：《翁文灝年譜》，濟南市：山東教育出版社，2005年。
劉鳳翰編：《孫連仲先生年譜長編》，臺北市：「國史館」，1993年。
羅鏑樓編撰：《羅卓英先生年譜》，臺北市：編者自印，1995年。
呂芳上主編：《蔣中正先生年譜長編》第1-9冊，臺北市：「國史館」、「國立中正紀念堂管理處」、財團法人中正文教基金會，2014、2015年。
彭晉生、詹雅期編：《谷正綱先生年譜》，臺北市：谷正綱先生紀念會，2014年。
秦孝儀總纂修：《總統蔣公大事長編初稿》，臺北市：中國國民黨中央委員會黨史委員會，1978年。
陶泰來、陶晉生整理：《陶希聖年表》，臺北市：聯經出版事業公司，2017年。
王文政編：《湯恩伯年譜》，上海市：上海人民出版社，2009年。
吳景平：《宋子文政治生涯編年》，福州市：福建人民出版社，1998年。
閻伯川先生紀念會編：《民國閻伯川先生錫山年譜長編初稿》，臺北市：臺灣商務印書館，1988年。
楊勝群、閆建琪主編：《鄧小平年譜（1904-1974）》，北京市：中央文獻出版社，2009年。

六　回憶錄、自述、訪問紀錄

陳存恭訪問紀錄，郭廷以校閱：《徐啟明先生訪問紀錄》，臺北市：「中央研究院」近代史研究所，1983年。

陳存恭、張力訪問，張力紀錄：《石覺先生訪問紀錄》，臺北市：「中央研究院」近代史研究所，1986年。

陳恭澍：《軍統第一殺手回憶錄》，北京市：華文出版社，2012年。

陳立夫：《成敗之鑑：陳立夫回憶錄》，臺北市：正中書局，1994年。

陳三井訪問，李郁青紀錄：《熊丸先生訪問紀錄》，臺北市：「中央研究院」近代史研究所，1998年。

程思遠：《白崇禧傳》，北京市：華藝出版社，1995年。

程思遠：《李宗仁先生晚年》，北京市：華藝出版社，1996年。

程思遠：《政壇回憶》，桂林市：廣西人民出版社，1983年。

鄧文儀：《從軍報國記》，臺北市：正中書局，1979年。

鄧文儀：《冒險犯難記》，臺北市：學生書局，1973年。

鄧元玉：《在蔣介石身邊：我的父親鄧文儀》，南京市：江蘇文藝出版社，2015年。

董其武：《戎馬春秋：董其武回憶錄》，北京市：中國文史出版社，2013年。

顧祝同：《墨三九十自述》，臺北市：「國防部史政局」，1981年。

郭汝瑰：《郭汝瑰回憶錄》，成都市：四川人民出版社，1997年。

郭易堂、林泉訪問：《劉茂恩先生訪問紀錄》，臺北市：近代中國出版社，1992年。

何廉著，朱佑慈等譯：《何廉回憶錄》，北京市：中國文史出版社，2012年。

何應欽：《軍政十五年》，臺北市：何應欽上將九五壽誕叢書編輯委員會，1984年。

何智霖編輯：《陳誠先生回憶錄：六十自述》，臺北市：「國史館」，2012年。
黃旭初：《黃旭初回憶錄：廣西前三傑李宗仁、白崇禧、黃紹竑》，臺北市：獨立作家出版社，2015年。
黃旭初：《黃旭初回憶錄：抗戰前、中、後的廣西變革》，臺北市：獨立作家出版社，2016年。
黃旭初：《黃旭初回憶錄：李宗仁、白崇禧與蔣介石的離合》，臺北市：獨立作家出版社，2015年。
賈廷詩、馬天綱、陳三井、陳存恭等訪問兼紀錄：《白崇禧先生訪問紀錄》，臺北市：「中央研究院」近代史研究所，1984年。
賈　毅、賈維記錄整理：《半生風雨錄：賈亦斌回憶錄》北京市：中國文史出版社，1996年。
蔣夢麟：《西潮與新潮》，北京市：人民出版社，2012年。
居亦僑著，江元舟整理：《跟隨蔣介石十二年》，長沙市：湖南人民出版社，1988年。
康　澤：《蔣介石的十三太保之一國民黨黨衛軍魁首康澤自述》，北京市：團結出版社，2012年。
李默庵：《世紀之履：李默庵回憶錄》，北京市：中國文史出版社，1995年。
李品仙：《李品仙回憶錄》，臺北市：中外圖書出版社，1975年。
李雲漢校閱，林泉整編：《郭寄嶠先生訪問紀錄》，臺北市：近代中國出版社，1993年。
李宗仁口述，唐德剛撰寫：《李宗仁回憶錄》，桂林市：廣西師範大學出版社，2005年。
劉鳳翰訪問，李郁青紀錄：《溫哈熊先生訪問紀錄》，臺北市：「中央研究院」近代史研究所，1988年。

劉鳳翰、何智霖、陳亦榮訪問，何智霖、陳亦榮記錄整理：《汪敬煦先生訪談錄》，臺北市：「國史館」，1994年。
劉健群：《銀河憶往》，臺北市：傳記文學出版社，1978年。
劉茂恩口述，程玉鳳撰著：《劉茂恩回憶錄》，臺北市：學生書局，1996年。
劉汝明：《劉汝明回憶錄》，臺北市：傳記文學出版社，1979年。
劉　峙：《我的回憶》，臺北市：文海出版社，1982年。
裴　斐、韋慕庭訪問整理，吳修垣譯：《從上海市長到「臺灣省主席」：吳國楨口述回憶》，上海市：上海人民出版社，2015年。
錢昌照：《錢昌照回憶錄》，北京市：中國文史出版社，2014年。
錢大鈞：《錢大鈞上將八十自傳》，臺北市：「國防部史政編譯局」，1979年。
秦德純：《秦德純回憶錄》，臺北市：傳記文學出版社，1981年。
宋希濂：《鷹犬將軍：宋希濂自述》，北京市：中國文史出版社，1986年。
粟　裕：《粟裕回憶錄》，北京市：人民出版社，2022年。
陶希聖：《潮流與點滴》，臺北市：傳記文學出版社，1964年。
王仲廉：《征塵回憶》，出版地不詳，1978年。
文思主編：《我所知道的白崇禧》，北京市：中國文史出版社，2003年。
吳國楨著，吳修垣譯，馬軍校訂、注釋：《夜來臨：吳國楨見證的國共爭鬥》，香港：香港中文大學出版社，2009年。
吳淑鳳編輯：《陳誠先生回憶錄：國共戰爭》，臺北市：「國史館」，2005年。
蕭　錚：《土地改革五十年：蕭錚回憶錄》，臺北市：「中國地政研究所」，1980年。
薛月順編輯：《陳誠先生回憶錄：建設臺灣》，臺北市：「國史館」，2005年。

楊伯濤：《楊伯濤回憶錄》，北京市：中國文史出版社，2016年。
俞濟時：《八十虛度追憶》，臺北市：「國防部史政局」，1983年。
余湛邦：《張治中機要秘書的回憶》，長春市：吉林文史出版社，1992年。
張發奎口述，夏蓮瑛訪談及記錄，胡志偉翻譯及校注：《張發奎口述自傳：國民黨陸軍總司令回憶錄》，北京市：當代中國出版社，2012年。
張令澳：《侍從室回夢錄》，上海市：上海書店出版社，1998年。
張素我口述，周海濱執筆：《回憶父親張治中》，南京市：江蘇文藝出版社，2012年。
張治中：《張治中回憶錄》，北京市：華文出版社，2014年。
鄭洞國等：《杜聿明將軍》，北京市：中國文史出版社，1986年。
鄭建邦、胡耀平整理：《我的戎馬生涯：鄭洞國回憶錄》，北京市：團結出版社，2008年。
鄭彥芬：《往事憶述》，臺北市：傳記文學出版社，1985年。

七　文史資料

高郵市政協教衛文史委員會編印：《高郵文史資料》第18輯，2005年。
高郵縣政協文史資料研究委員會編：《高郵文史資料》第6輯，1987年。
廣西壯族自治區政協文史資料委員會編：《新桂系紀實》，南寧市：廣西壯族自治區政協文史辦，1990年。
廣西壯族自治區政協文史和學習委員會編：《新桂系紀實續編》（二），南寧市：廣西人民出版社，2005年。
廣西壯族自治區政協文史和學習委員會編：《新桂系紀實續編》（五），南寧市：廣西人民出版社，2007年。

桂林市政協文史資料委員會編:《桂林文史資料》第21輯,桂林市:灘江出版社,1992年。

江蘇省政協文史資料委員會編:《江蘇文史資料集萃》(政治卷),江蘇省政協文史資料委員會,1995年。

全國政協文史資料委員會編:《國民黨政權的崩潰》,合肥市:安徽人民出版社,2000年。

全國政協文史資料委員會編:《文史資料存稿選編精選》,北京市:中國文史出版社,2006年。

全國政協文史資料委員會編:《文史資料存稿選編》,北京市:中國文史出版社,2002年。

韋燕徽主編:《吳川文史專輯》第6輯,1988年。

《文史資料選輯》編輯部編:《文史資料精選》第11冊,北京市:中國文史出版社,1990年。

浙江省政協文史資料委員會編:《浙江文史集粹》(文化藝術卷),杭州市:浙江人民出版社,1996年。

建陽縣政協文史資料研究會編:《建陽文史資料》第10輯,1989年。

南陽市政協文史資料研究委員會:《南陽文史資料》第1輯,1985年。

寧津縣政協文史資料組編:《寧津文史資料》第4輯,1984年。

中共南陽市委黨史工作委員會編:《光輝歷程:紀念南陽解放四十周年》,內部發行,1988年。

安徽省政協文史資料研究委員會編:《文史資料選輯》第1輯,合肥市:安徽人民出版社,1979年。

安徽省政協文史資料研究委員會編:《安徽文史資料》第21輯,合肥市:安徽人民出版社,1984年。

河南省政協文史資料研究委員會編:《河南文史資料》第4輯,鄭州市:河南人民出版社,1980年。

湖北省政協文史資料委員會編：《湖北文史集粹》，武漢市：湖北人民出版社，1999年。

湖北省政協文史資料委員會編：《湖北文史資料：陳誠史料專輯》，1990年。

湖北省政協文史資料研究委員會編：《湖北文史資料：新桂系在湖北》總第18輯，1987年。

襄樊市政協文史工作組編：《襄樊文史資料》第8輯，1989年。

江蘇省政協文史資料委員會編：《為蔣介石接電話12年見聞》（《江蘇文史資料》第36輯），1990年。

江蘇省政協文史資料委員會編：《江蘇文史資料》第49輯，1993年。

鎮江市政協文史資料研究委員會編：《鎮江文史資料》第14輯，1988年。

上饒市政協文史資料研究委員會編：《上饒市文史資料》第2輯，1983年。

龍山縣政協文史資料研究委員會編：《龍山文史資料》第4輯，1988年。

全國政協文史資料研究委員會編：《淮海戰役親歷記（原國民黨將領的回憶）》，北京市：文史資料出版社，1983年。

全國政協文史資料研究委員會編：《文史資料選輯》第28輯，北京市：文史資料出版社，1981年。

全國政協文史資料研究委員會編：《文史資料選輯》第60輯，北京市：中華書局，1979年。

全國政協文史資料研究委員會編：《文史資料選輯》第80輯，北京市：文史資料出版社，1982年。

八　報紙雜誌

《大公報》
《福建省政府公報》
《廣東省政府公報》
《廣西文獻》
《國民政府公報》
《和平日報》
《華北日報》
《江西省政府公報》
《經濟週報》
《經世日報》
《口述歷史》
《前線日報》
《群眾》
《人民日報》
《申報》
《綏靖季刊》
《新華日報（華中版）》
《新聞報》
《新聞導報》
《訓練導報》
《益世報》
《政工報導》
《中農月刊》
《中央黨務公報》

《中央日報》
《中央週刊》
《駐贛第四綏靖區綏靖季刊》
《傳記文學》
《總統府公報》

九　學術著作

白先勇、廖彥博：《悲歡離合四十年：白崇禧與蔣介石》，臺北市：時報文化出版企業公司，2020年。
蔡銘澤：《中國國民黨黨報歷史研究》，北京市：團結出版社，1998年。
曹劍浪：《中國國民黨軍簡史》，北京市：解放軍出版社，2010年。
陳紅民等著：《細品蔣介石──蔣介石日記閱讀劄記》，北京市：人民出版社，2017年。
陳佑慎：《國防部：籌建與早期運作（1946-1950）》，香港：開源書局出版公司，臺北市：民國歷史文化學社，2019年。
鄧　野：《聯合政府與一黨訓政：1944-1946年間的國共政爭》，北京市：社會科學文獻出版社，2011年。
鄧　野：《民國的政治邏輯》，北京市：社會科學文獻出版社，2010年。
（荷）方德萬（Hans J.van de Ven）著，胡允恒譯：《中國的民族主義和戰爭（1925-1945）》，北京市：生活・讀書・新知三聯書店，2007年。
高郁雅：《國民黨的新聞宣傳與戰後中國政局變動》，臺北市：臺灣大學出版委員會，2005年。
龔　關：《國民政府與中國農村金融制度的演變》，天津市：南開大學出版社，2016年。

「國防部史政編譯局」編：《戡亂戰史》，臺北市：「國防部史政編譯局」，1981-1984年。

「國軍政工史稿編撰委員會」編纂：《國軍政工史稿》，臺北市：「國防部總政治部」，1960年。

郝柏村：《郝柏村解讀蔣公日記：一九四五～一九四九》，臺北市：天下遠見出版公司，2011年。

（美）胡素珊（Suzanne Pepper）著，啟蒙編譯所譯：《中國的內戰：1945-1949年的政治鬥爭》，北京市：當代中國出版社，2014年。

黃道炫、陳鐵健：《蔣介石：一個力行者的思想資源》，太原市：山西人民出版社，2012年。

黃道炫：《蔣家王朝：民國興衰》，北京市：中國青年出版社，2001年。

黃道炫：《張力與限界：中央蘇區的革命》，北京市：社會科學文獻出版社，2011年。

紀亞光：《國共全面內戰的緣起：抗戰勝利之初美蘇與國共和戰關係研究》，哈爾濱市：黑龍江人民出版社，2008年。

（日）家近亮子著，王士花譯：《蔣介石與南京國民政府》，北京市：社會科學文獻出版社，2003年。

姜克夫編著：《民國軍事史》，重慶市：重慶出版社，2009年。

江沛、紀亞光：《毀滅的種子：國民政府時期意識形態管理研究》，西安市：陝西人民教育出版社，2000年。

蔣永敬、劉維開：《蔣介石與國共和戰（1945-1949）》，西安市：山西人民出版社，2013年版。

蔣永敬：《毛澤東、蔣介石的談打與決戰》，臺北市：臺灣商務印書館，2016年。

金沖及：《決戰：毛澤東、蔣介石是如何應對三大戰役的》，北京市：北京大學出版社，2012年。

金沖及：《轉折年代──中國‧1947》，北京市：生活‧讀書‧新知三聯書店，2017年。

金以林：《國民黨高層的派系政治：蔣介石「最高領袖」地位的確立》，北京市：社會科學文獻出版社，2016年。

軍事科學院軍事歷史研究部編：《中國人民解放軍全國解放戰爭史》，北京市：軍事科學出版社，1996年。

李寶明：《「國家化」名義下的「私屬化」：蔣介石對國民革命軍的控制研究》，北京市：社會科學文獻出版社，2010年。

李寶明：《國民革命軍陸軍沿革史》，北京市：中華書局，2018年。

李劍農：《中國近百年政治史》，上海市：上海人民出版社，2015年。

李仲明等著：《解密何應欽與蔣介石》，北京市：人民出版社，2013年。

李仲明：《何應欽大傳》，北京市：團結出版社，2008年。

林桶法、田玄、陳英傑、李君山：《中華民國專題史》第16卷國共內戰，南京市：南京大學出版社，2015。

林桶法：《戰後中國的變局：以國民黨為中心的探討（1945-1949）》，臺北市：臺灣商務印書館，2003年。

劉大禹：《蔣介石與中國集權政治研究（1931-1937）》，杭州市：浙江大學出版社，2012年。

劉鳳翰：《國民黨軍事制度史》，北京市：中國大百科全書出版社，2009年。

劉馥著，梅寅生譯：《中國現代軍事史》，臺北市：東大圖書公司，1986年。

劉　統：《華東解放戰爭紀實》，北京市：人民出版社，1998年。

劉　統：《決戰東北》，瀋陽市：遼寧人民出版社，2021年。

劉　統：《歷史的真面目：現當代人物事件考信錄》，北京市：華夏出版社，2016年。

劉　統：《中國的1948年：兩種命運的決戰》，北京市：生活・讀書・新知三聯書店，2006年。
劉維開主編：《蔣中正與民國軍事》，臺北市：「國立中正紀念堂管理處」，2013年。
羅紅希：《民國時期對外貿易政策研究》，長沙市：湖南師範大學出版社，2017年。
羅禮太：《蔣桂矛盾與美國對華政策》，廈門市：廈門大學出版社，2001年。
羅平漢、王續添：《桂系軍閥》，北京市：中共黨史出版社，2001年。
呂　慧：《顧祝同傳》，北京市：中國文史出版社，2020年。
呂　迅：《大棋局中的國共關係》，北京市：社會科學文獻出版社，2015年。
馬振犢：《國民黨特務活動史》，北京市：九州出版社，2012年。
莫濟傑、（美）陳福霖主編：《新桂系史》，南寧市：廣西人民出版社，1995年。
戚厚傑、劉順發、王楠編著：《國民革命軍沿革實錄》，石家莊市：河北人民出版社，2001年。
「三軍大學」編：《國民革命軍戰役史》，臺北市：「國防部史政編譯局」，1989年。
（美）沙培德（Peter Zarrow）著，高波譯：《戰爭與革命交織的近代中國（1895-1949）》，北京市：中國人民大學出版社，2016年。
邵銘煌：《錢大鈞追隨蔣介石的日子》，臺北市：羲之堂文化出版，2014年。
孫宅巍：《蔣介石的寵將陳誠》，鄭州市：河南人民出版社，2005年。
譚肇毅：《桂系史探研》，北京市：中國文史出版社，2005年。
（美）陶涵（Jay Taylor）著，林添貴譯：《蔣介石與現代中國》，北京市：中信出版社，2012年。

汪朝光：《1945-1949：國共政爭與中國命運》，北京市：社會科學文獻出版社，2010年。

汪朝光：《和與戰的抉擇：戰後國民黨的東北決策》，北京市：中國人民大學出版社，2016年。

汪朝光、王奇生、金以林：《天下得失：蔣介石的人生》，太原市：山西人民出版社，2012年。

汪朝光主編：《蔣介石的人際網絡》，北京市：社會科學文獻出版社，2011年。

王　豐：《蔣介石父子1949危機檔案》，北京市：現代出版社，2016年。

王俯民：《蔣介石詳傳》，北京市：中國廣播電視出版社，1993年。

王建朗、黃克武主編：《兩岸新編中國近代史》，民國卷，北京市：社會科學文獻出版社，2016年。

王奇生：《黨員黨權與黨爭：1924-1949年中國國民黨的組織形態》，北京市：華文出版社，2010年。

吳昆財：《美國人眼中的國共內戰：美國參謀首長聯席會議對華主張之分析（1947-1950）》，北京市：九州出版社，2012年。

吳相湘：《陳果夫的一生》，臺北市：傳記文學出版社，1971年。

吳振漢：《國民政府時期的地方派系意識》，臺北市：文史哲出版社，1992年。

熊宗仁：《何應欽；漩渦中的歷史》，貴陽市：貴州人民出版社，2001年。

熊宗仁：《何應欽新傳》，北京市：東方出版社，2013年。

徐濟德：《陳誠的軍政生涯》，長春市：吉林文史出版社，1989年。

徐　矛：《中華民國政治制度史》，上海市：上海人民出版社，1992年。

嚴如平、鄭則民：《蔣介石傳》，北京市：中華書局，2013年。

楊奎松：《國民黨的聯共與反共》，廣西師範大學出版社，2016年版。

（美）易勞逸（Lloyd E. Eastman）著，王建朗等譯：《毀滅的種子：戰爭與革命中的國民黨中國（1937-1949）》，南京市：江蘇人民出版社，2010年。

張　皓：《派系鬥爭與國民黨政府運轉關係研究》，北京市：商務印書館，2006年。

張同新：《中國國民黨史綱》，北京市：人民出版社，2012年。

張　靜、李志毓、羅敏等著：《民國政治史研究》，北京市：中國社會科學出版社，2018年。

張明金、劉立勤主編：《國民黨歷史上的158個軍》，北京市：解放軍出版社，2007年。

張瑞德：《山河動：抗戰時期國民政府的軍隊戰力》，北京市：社會科學文獻出版社，2015年。

張瑞德：《無聲的要角：蔣介石的侍從室與戰時中國》，臺北市：臺灣商務印書館，2017年。

張憲文、方慶秋主編：《蔣介石全傳》，北京市：人民出版社，2010年。

張學繼、徐凱峰：《白崇禧大傳》，杭州市：浙江大學出版社，2012年。

十　期刊論文

陳傳剛：〈解放戰爭時期國民黨戰區級指揮機構的演變〉，《軍事歷史研究》第4期，1996年。

陳紅民：〈從〈陳誠日記〉看臺灣時期陳誠與蔣介石的關係〉，《浙江大學學報（人文社會科學版）》第4期，2015年。

程維達：〈解放戰爭初期國民黨軍事實力新探〉，《軍事歷史研究》第1期，1996年。

龔喜林：〈抗戰時期國民政府兵役制度研究之回顧及展望〉，《軍事歷史研究》第3期，2012年。

金沖及：〈蔣介石是怎樣應對三大戰略決戰的？〉，《近代史研究》第1期，2010年。

金沖及：〈三大戰略決戰中的毛澤東和蔣介石〉，《黨的文獻》第1期，2013年。

李寶明：〈東北野戰軍遼西會戰決策的演變〉，《軍事歷史研究》第3期，2016年。

里　凡：〈國民黨政府軍事委員會委員長侍從室沿革和文檔處理述略〉，《軍事歷史研究》第3期，2002年。

林平忠：〈以檔為據以史為魂——對加強軍事歷史研究與軍事檔案利用的幾點思考〉，《軍事歷史研究》第4期，2010年。

劉維開：〈兩岸如何共同書寫抗戰歷史〉，《抗日戰爭研究》第2期，2016年。

劉維開：〈陳布雷與蔣介石資料之整編〉，《南開史學》第1期，2019年。

劉志青：〈二戰後格局對中國人民解放戰爭的影響〉，《軍事歷史研究》第4期，2004年。

劉志青：〈評戰後美國駐華軍事顧問團〉，《中共黨史研究》第2期，1999年。

劉志青：〈戰後國民黨發動全面內戰的國際背景〉，《軍事歷史研究》第2期，1999年。

馬長林：〈戰時日記對戰爭細節反映之考察〉，《軍事歷史研究》第1期，2011年。

戚厚傑：〈國民黨政府軍政部組織機構簡介〉，《民國檔案》第2期，1988年。

戚厚傑：〈國民黨政府時期的軍事委員會〉，《民國檔案》第2期，1989年。

任東來：〈1946-1947年美國對華軍火禁運的幾個問題〉，《美國研究》第3期，2007年。

任東來：〈1941-1949年美國在中國的軍事機構及其沿革〉,《民國檔案》第1期，2003年。

時殷弘：〈解放戰爭時期的美國對華政策與中美關係——中國大陸學者近年研究述評〉,《近代史研究》第5期，1995年。

唐國東：〈解放戰爭時期我軍瓦解敵軍工作述論〉,《軍事歷史研究》第1期，2011年。

汪朝光：〈沉浮1949——兩岸著名史學家反思抗戰勝利後國共兩黨的大博弈〉,《理論視野》第3期，2014年。

汪朝光：〈簡論國共內戰時期國民黨的「戡亂動員」〉,《上海大學學報（社會科學版）》第3期，2005年。

汪朝光：〈示形與決勝——國共全面內戰初期的山東戰場〉,《軍事歷史研究》第2期，2015年。

王奇生：〈國民黨中央委員的權力嬗蛻與派系競逐〉,《歷史研究》第5期，2003年。

楊奎松：〈關於民國人物研究的幾個問題——以蔣介石生平思想研究狀況為例〉,《南京大學學報（哲學·人文科學·社會科學）》第3期，2016年。

楊奎松：〈一九四六年國共四平之戰及其幕後〉,《歷史研究》第4期，2004年。

楊奎松：〈戰後初期中共中央土地政策的變動及原因——著重於文獻檔案的解讀〉,《開放時代》第5期，2014年。

楊奎松：〈中國內戰時期美國在華情報工作研究（1945-1949）〉,《史學月刊》第3期，2009年。

楊慶華：〈試論國民黨聯勤體制的形成與發展〉,《軍事歷史研究》第1期，1994年。

楊天宏：〈政治史在民國史研究中的位置〉,《南京大學學報（哲學·人文科學·社會科學版）》第1期，2013年。

張建基：〈國民黨「復員整軍」述評〉,《軍事歷史研究》第2期，1994年。
張建基：〈國民政府軍事委員會演變述略〉,《軍事歷史研究》第1期，1988年。
趙　諾：〈南京國民政府「綏靖區」制度流變述論〉,《山西師大學報（社會科學版）》第1期，2015年。

史學研究叢書・歷史文化叢刊 0602031

國民黨政權綏靖體系研究（1945-1949）

作　　者	王　涵
責任編輯	丁筱婷
特約校稿	張逸芸

發 行 人	林慶彰
總 經 理	梁錦興
總 編 輯	張晏瑞
編 輯 所	萬卷樓圖書股份有限公司
排　　版	林曉敏
封面設計	黃筠軒
印　　刷	百通科技股份有限公司

發　　行　萬卷樓圖書股份有限公司
　　　　　臺北市羅斯福路二段 41 號 6 樓之 3
　　　　　電話 (02)23216565
　　　　　傳真 (02)23218698
　　　　　電郵 SERVICE@WANJUAN.COM.TW
香港經銷　香港聯合書刊物流有限公司
　　　　　電話 (852)21502100
　　　　　傳真 (852)23560735

ISBN 978-626-386-239-5
2025 年 02 月初版
定價：新臺幣 480 元

如何購買本書：
1. 轉帳購書，請透過以下帳戶
　合作金庫銀行　古亭分行
　戶名：萬卷樓圖書股份有限公司
　帳號：0877717092596
2. 網路購書，請透過萬卷樓網站
　網址 WWW.WANJUAN.COM.TW
大量購書，請直接聯繫我們，將有專人為您服務。客服：(02)23216565 分機 610

如有缺頁、破損或裝訂錯誤，請寄回更換
版權所有・翻印必究
Copyright©2025 by WanJuanLou Books CO., Ltd.
All Rights Reserved　　　Printed in Taiwan

國家圖書館出版品預行編目資料

國民黨政權綏靖體系研究(1945-1949)/王涵著.
-- 初版.-- 臺北市：萬卷樓圖書股份有限公司, 2025.02
　面；　公分.--(史學研究叢書.歷史文化叢刊；602031)
ISBN 978-626-386-239-5(平裝)
1.CST: 中國國民黨　2.CST: 綏靖主義
　　　　　　　　　　005.29　　　114001619